Staats- und sozialwissenschaftliche Forschungen

herausgegeben

von

Gustav Schmoller und **Max Sering.**

Heft 131.

Rudolf Claus, Das russische Bankwesen.

Leipzig.
Verlag von Duncker und Humblot.
1908.

Das
russische Bankwesen.

Von

Rudolf Claus.

Leipzig,
Verlag von Duncker & Humblot.
1908.

Vorwort.

Rußland begann mit dem staatlichen Bankwesen; bis zur Bankreform im Jahre 1860 kannte es neben einigen städtischen Banken fast nur staatliche Anstalten für kurzfristigen sowohl wie für langfristigen Kredit. Auch nach der Reform, welche die Bankorganisation von Grund aus umgestaltete, hat die Regierung durch die Staatsbank auf dem Gebiete des kurzfristigen Kredits eine hervorragende Bedeutung behalten und sie durch die staatliche Bauern- und Adelsbank auf dem Gebiete des langfristigen Kredites wieder erlangt. Nach der Reform erst begann das Privatbankwesen sich auszubreiten. Vorher hätte es keine Entwicklungsmöglichkeit gehabt: der Staat nahm das Notenrecht, durch das die Banken sich die nötigen Mittel hätten verschaffen können, für sich allein in Anspruch, und die Kapitalansammlung und Mobilisierung des Kapitals war in Rußland damals noch gering. Ein großer Teil der Banken in Westeuropa, besonders die bis zu den 1850er Jahren entstanden, suchten ihre Mittel aus der Notenausgabe zu gewinnen. Auch im Westen sind die modernen Banken erst Kinder der letzten Hälfte des vorigen Jahrhunderts, erst nach der Crédit mobilier-, der Pereïre-Periode entstanden. Kreditanstalten auf Grundlage der Gegenseitigkeit fanden nach der Reform zuerst in größerem Maße Eingang in Rußland; vorher waren nur 4 derartige Anstalten für den Bodenkredit und zwar in den nichtrussischen Gebieten, in den Ostseeprovinzen und in Polen, entstanden. Es folgten in den 60er und 70er Jahren die Aktienbanken. Entsprechend diesem Entwicklungsgange sind in der vorliegenden Arbeit zuerst die Kreditanstalten bis zur Bankreform behandelt, dann die staatlichen und städtischen Institute und schließlich die

Gegenseitigkeits- und die Aktienbanken. Die Kleinkreditanstalten, die eine Gruppe für sich bilden, sind in einem besonderen Abschnitt dargestellt. Der zweite Teil der Arbeit soll zeigen, in wie weit die einzelnen Bankarten für die einzelnen Geschäfte in Betracht kommen.

Die Arbeit war als Gegenstück zu dem Werk Jaffés über das englische Bankwesen (Jaffé, Edgar: Das englische Bankwesen. [Staats- und sozialwissenschaftliche Forschungen. Band 23, Heft 4] Leipzig 1904) gedacht. Bei der gewaltigen Bedeutung des Agrarkredits und des Kleinkredits für Rußland konnten diese bei einer Darstellung nicht übergangen werden. Die ganze Verschiedenartigkeit der Volkswirtschaft und der Entwicklung des Bankwesens in England und Rußland erforderte eine andere Behandlung. In Rußland entstand — im Gegensatz besonders zu England — im Bankwesen so ziemlich alles „von oben herunter"; deshalb mußten die Regierungserlasse, die übersichtlich in der „Vollständigen Sammmlung der Gesetze des Russischen Reiches" enthalten sind, als die wesentlichste Grundlage dienen, und deshalb muß hier die Gesetzesgeschichte einen breiten Raum einnehmen. Dies ist der eine wesentliche Unterschied in der Darstellung gegenüber Jaffé. Der andere besteht in der weniger ausführlichen Schilderung der tatsächlichen Geschäftsübung. Jaffé konnte sich auf eine hundertjährige große und hervorragende, z. T. klassische Spezialliteratur, auf ein langjähriges, vorzügliches Zeitschriftenwesen stützen. Derartige Hilfsmittel stehen bei einer Darstellung des russischen Bankwesens nur in geringem Ausmaß zur Verfügung, und die mangelhafte Organisation des Buchhandels in Rußland oder besser das Fehlen einer Organisation erschwert die Beschaffung des Vorhandnen ganz ungemein und macht sie oft — besonders wenn es sich um Broschüren handelt — unmöglich. Diese Lücke kann nur durch eigne Erfahrung und Anschauung ausgefüllt werden, was aber bei der Ausdehnung des russischen Reiches sehr viel schwieriger ist als anderswo. Sehr förderlich in dieser Richtung war mir meine frühere Tätigkeit in einem Moskauer Bankgeschäft, nachdem ich vorher in einer deutschen Kreditanstalt 3½ Jahre gearbeitet hatte. Aber eine so eingehende Darstellung der Arbeitsteilung im Bankwesen, wie sie Jaffé bietet, wäre nur nach jahrzehntelanger Tätigkeit in russischen Banken möglich. Die Kenntnis der russischen Sprache war ein anderes wesentliches Hilfsmittel; sie ermöglichte mir, überall auf die Quellen zurückzugehen. Leider wird so viel über Rußland geschrieben, ohne Kenntnis der Eigenart des russischen Volkes, die man erst durch die Sprache richtig verstehen kann. Ich möchte auch hierauf manche Abweichung in meiner Auffassung der russischen Verhältnisse von der wie sie in der letzten Zeit, besonders während des russisch-japanischen Krieges, vertreten worden ist, zurückführen. Ich sehe dabei von tendenziösen Schriften ab, die aus politischen Gründen — besonders von sozialistischer Seite — schlecht über den Zarenstaat urteilen, und den von der Regierung lanzierten Nachrichten, die alles im rosigsten Licht spiegeln. Politische Interessen beeinflußen übrigens vielfach auch die Ansichten der Russen selbst über das Bankwesen; fast jede Maßnahme der Regierung, auch die auf dem Gebiete des Bankwesens, ruft bei der Opposition eine scharfe und häufig unberechtigte Kritik hervor. Die russische Intelligenz, besonders auch die journalistisch tätige, rekrutiert sich zum großen Teil aus Kreisen, die von Haus aus unvermögend sind und deshalb weniger Verständnis für das Bankwesen und das praktische Wirtschaftswesen überhaupt mitbringen.

Durch einige Anmerkungen habe ich darauf hingewiesen, daß die eine oder andere Erscheinung auch im Westen zu finden ist; man neigt ja leicht dazu, vieles, was man von Rußland hört, für spezifisch russisch zu halten, während es bei uns auch vorkommt.

Zum Schluß möchte ich nicht versäumen, Herrn Prof. Schmoller zu danken, in dessen Seminar die Arbeit entstand, und der ihr durch Aufnahme in seinen Forschungen den Weg in die Öffentlichkeit ermöglichte, sowie Herrn Arthur Spiethoff für die Anregung zur vorliegenden Arbeit und die vielseitige, wertvolle Unterstützung derselben meinen herzlichsten Dank auszusprechen.

Berlin, März 1908.

Rudolf Claus.

Inhaltsverzeichnis.

Literatur.

Vollständige Sammlung der Gesetze des russischen Reiches (bis zum Jahre 1902). Petersburg (russ.).

Das Finanzministerium 1802/1902. Jubiläumsschrift. 2 Bd. Petersburg 1902. (russ.)

Jahrbuch des Finanzministeriums. Petersburg (russ.).

Handbuch der im Reich tätigen Aktiengesellschaften (Russ. Saling). Zusammengestellt im Finanzministerium. Petersburg 1905 (russ.)

Rußland am Ende des XIX. Jahrhunderts. Hrsg. vom Finanzministerium (Redaktion: W. J. Kowalewsky). Petersburg (russ.)

Kowalewsky, W. J.: Die Produktivkräfte Rußlands. Zusammengestellt im Kaiserl. russ. Finanzministerium. Dtsch. v. Davidson, Leipzig 1898.

Matthäi: Die wirtschaftlichen Hilfsquellen Rußlands und deren Bedeutung für die Gegenwart und für die Zukunft. Dresden 1883.

Wittschewsky, Valentin: Rußlands Handels-, Zoll- und Industriepolitik von Peter dem Großen bis auf die Gegenwart, Berlin 1905.

Salings Börsenpapiere. Berlin.

Hübner, O.: Die Banken. Leipzig 1853. 2 Bde.

Horn, A.: A history of banking in the Russian Empire. New York 1896.

Kreußler, J. v. u. Lexis: Die Banken in Rußland. (Handwörterbuch der Staatswissenschaften. 2. Aufl. Jena 1900.)

Migulin: Unsere Bankpolitik (1729—1903). Charkow 1904.

— Reform des Geldumlaufs und Industriekrisis. Charkow 1902.

Karpowitsch: Große Vermögen in Rußland. Petersburg 1874 (russ).

Lamansky, E.: Le développement du crédit commercial en Russie. (Sitzungsbericht der Société d'économie politique vom 5. Oktober 1881. Journal des Économistes. Paris. Bd. 16.)

Brandt: Ausländische Kapitalien. Ihr Einfluß auf die wirtschaftliche Entwickelung der Länder. Petersburg 1899 (russ.)

Archiv der Grafen Mordwinow. Bd. III, IV, V. Petersburg 1902 (russ.).

Cyon, E. de: M. Witte et les finances russes. Paris 1895.

Issaïeff, A. A., Zur Politik des Russischen Finanzministeriums. Stuttgart 1898.

Rohrbach, P.: Das Finanzsystem Witte. (Preuß, Jahrbücher, Bd. 109 (1902), Heft 1 und 2.)

Schiemann, Th.: Die Finanzpolitik Wyschnegradskis und Wittes und die gegenwärtige wirtschaftliche Lage Rußlands (Jahrb. f. Gesetzgeb., Verw. u. Volksw. 28. Jahrg. [1904]. Heft 2).

Clercq, Les finances de l'Empire de Russie. Amsterdam 1886.

Brsezny, N.: Die Entwickelung der russischen Staatsschuld. Deutsch von E. Berends (Finanz-Archiv. Zeitschrift f. d. gesamte Finanzwesen v. G. Schanz. Bd. 6).

Kreussler, Joh. v.: Das Finanzwesen Rußlands im Jahre 1891 (Finanz-Archiv. Zeitschrift f. d. gesamte Finanzwesen v. G. Schanz. Bd. 9).

Bloch: Les finances de la Russie au XIXe siècle 2 Bde. Paris 1899.

Brückner, A.: Die Geschichte des russischen Papiergeldes und die Einlösung desselben (Jahrb. f. Nat. u. Stat. Bd. 1. 1863).

— Napoleon I. als Fälscher russischen Papiergeldes. (Jahrb. f. Nat. u. Stat. Bd. 9. 1867.)

Wagner, A.: Die russische Papierwährung. Riga 1868.

Goldmann, W.: Das russische Papiergeld. Riga 1866.

Ratner, D.: Rubel- und Wechselkurse. 1885/1895. München 1898.

Raffalovich, A.: Le Rouble-Crédit 1768—1896. Paris 1896.

Zieliński, Ludwik: Der Rubel jetzt und vor hundert Jahren (Jahrb. f. Nat. u. Stat. III. Folge. Bd. 16 [1898]).

Kaschkarow, M.: Geldumlauf in Rußland. Eine historisch-statistische Untersuchung. Petersburg 1898 (russ.).

Sawadowsky: Reform des Geldwesens (russ.).

Kaufmann. J. J., Statistik russischer Banken. Petersburg 1872 (russ.).

Jewslin: Banken und Bankkontore. Petersburg 1904 (russ.).

Kreis: Banken und andere Aktiengesellschaften in Rußland. Petersburg 1902 (russ.).

Keußler, Joh. v.: Der Abschluß des großen Emanzipationswerkes vom 19. Februar 1861 (Russische Revue. Petersburg. Bd. 23).

— Zur Wirksamkeit der Bauernagrarbank (Russische Revue. Petersburg. Bd. 28).

Zakrzewski, L. v.: Die russische Bauernbank mit besonderer Berücksichtigung des Königreichs Polen (Jahrb. f. Gesetzgeb., Verw. u. Volksw. 20. Jahrg. [1896]. Heft 1).

Herzenstein, M.: Die Reform der Bauernbank in Rußland (Jahrb. f. Gesetzgeb., Verw. u. Volksw. 20. Jahrg. [1896]. Heft 3).

Woroponow, F.: Die Bauernbank und ihr Anfang. Persönliche Erinnerungen. (Europäischer Bote. Petersburg 1905. Heft 12 [russ.]. [Woroponow wurde bei der Gründung der Bauernbank Mitglied des Verwaltungsrates.])

Matthaei, Fr.: Über die Bodenkreditanstalten und die Lage des Realkredits in Rußland (Russische Revue. Petersburg. Bd. 23).

Blau, G.: Die Entwickelung der Bodenkreditinstitute in Rußland (Russische Revue. Petersburg. Bd. 26).

Goldberg: Über die Zentralbank. Petersburg 1883.

Hecht, F.: Hypothekenbanken (Handwörterbuch der Staatswissenschaften. 2. Aufl. Jena 1900).
Golodetz, Michael: Staatsaufsicht über Hypothekenbanken (Jahrb. f. Gesetzgeb., Verw. u. Volksw. 29 Jahrg. [1905]. Heft 3 u. 4).
Lemus, Wl. J., Privater und öffentlicher Unternehmungsgeist in der russischen Landwirtschaft. Im Auftrag der Moskauer Kaiserlichen landwirtschaftlichen Gesellschaft herausgegeben. Moskau 1903 (russ.).
La question agraire en Russie (Sitzungsbericht der Société d'économie politique vom 5. April 1906. Journal des Économistes. Paris. 65 Jahrg. 6 Serie).
Terner, F.: Der bäuerliche Kredit (Europäischer Bote. Petersburg 1899. Heft 1 [russ.]).
Bergmann, Eugen v.: Zur sozialen Bedeutung des bäuerlichen Kredites in Rußland (Festgabe für F. J. Neumann) Tübingen 1905.
Proseroff, G.: Aufsatzserie über die Agrarfrage in Rußland. „Der Tag" 1907, Nr. 29. 59. 109. 172. 224. 339. 368. 391.

Zeitschriften.

Finanzbote: Wochenschrift vom russ. Finanzministerium herausgegeben (russ.).
L'Economiste russe. Petersburg 1890/91. (Nur 12 Nummern erschienen; mit dem Tode des Herausgebers A. Wesselowsky eingegangen.)
Raffalovich: Le marché financier. Paris (jährlich).
Volkswirtschaftliche Chronik (Jahrb. f. Nat. u. Stat. Jena. Abschnitt: Geld, Kredit, Währung.
Jahresberichte und Satzungen der Staatsbank und verschiedener anderer Banken.
Der deutsche Ökonomist.
Plutus. Hgb. G. Bernhardt.
Frankfurter Zeitung und Börsenzeitung.

Erstes Kapitel.

Die staatlichen Kreditanstalten.

1. Die Kreditanstalten bis zur Bankreform (1860).

Die Kasse des Münzkontors. In Rußland hatte während der Regierung Peters d. Gr. und seiner Nachfolger das Kupfergeld das Silber aus dem Umlauf verdrängt, das nach dem Staatsbankerott von 1663 zum Währungsmetall gemacht war. Den großen Anforderungen, die die Kriege und die Umwälzungen der petrinischen Zeit stellten, konnte im unentwickelten Agrarstaat durch Steuern nicht entsprochen werden. So fand man, wie in Westeuropa, so auch in Rußland in der Prägung und Ausgabe unterwertiger Münzen eine Einnahmequelle. Dazu wurde von Privatleuten so viel falsches Geld in Verkehr gebracht, daß sich im Jahre 1733 in den Staatskassen allein 403 Pud [1] falsches Kupfergeld befand. Die Schwerfälligkeit der Zahlungsmittel war natürlich ein großes Hindernis für den Handel; ein weiteres bildete die Höhe des Zinsfußes. Am Wucher beteiligten sich selbst die Mönche mit dem reichen Besitz ihrer Klöster.

Der erste Versuch, den damals üblichen Zinsfuß von 12—20 % herabzusetzen und dem Wucher damit Abbruch zu tun, wurde von der Kaiserin Anna (1730—40) gemacht. Sie befahl [2] im Jahre 1733, eine Kasse in Verbindung mit dem Münzkontor zu errichten, die kurzfristige Vorschüsse auf Gold und Silber bis zu 75 % des Wertes gegen 8 % Zinsen geben sollte. Dörfer und Höfe, auch Edelsteine, waren von der Beleihung ausgeschlossen; Depositen wurden nicht genommen. Trotz des niedrigen Zinssatzes scheinen die Geschäfte keinen größeren Umfang angenommen zu haben; man findet wenigstens nichts darüber.

---

[1] Pud = 40 Pfd. russ. = 16,6 kg.

[2] Vollständige Sammlung der Gesetze (im folgenden als V. S. d. G. zitiert) I, Nr. 6300.

Der nächste Versuch ging von der Kaiserin Elisabeth (1741—62) aus. Generalbergdirektor Graf Minich schlug die Ausgabe von Assignaten[1] vor, die aber vom Senat mit der Begründung verworfen wurde, daß sie für Rußland ungewöhnlich sei, auch schädlich, da die Umwechselung Kosten und Verluste verursache, und gefährlich, da sie eine fristlose Schuld hervorrufen könne. Durch Ukas vom 13. Mai 1754[2] ordnete die Kaiserin Elisabeth die Gründung einer Adels-Leihbank in St. Petersburg und Moskau in Verbindung mit dem Senat und die Errichtung einer Handels-Leihbank in St. Petersburg in Verbindung mit den Kommerz-Kollegien[3], die von Peter d. Gr. errichtet waren, an.

Die Adels-Leihbank erstreckte ihre Tätigkeit nur auf den großrussischen Adel; 1766 dehnte sie diese auch auf die Ostseeprovinzen, 1776 auf Weißrußland, 1883 auch auf das Gouvernement Smolensk und Kleinrußland aus.

Die Bank, deren ursprüngliches Kapital von 750000 Rub. von Katharina II. (1762—96) auf 6000000 Rub. erhöht wurde, durfte Edelmetalle und Edelsteine bis zu $^1/_3$ des Wertes, aber auch Güter und Dörfer und von 1754 an auch Steinhäuser gegen 6 % beleihen. Maßstab für die Taxe der Güter war die Anzahl der dazugehörigen Bauern; zuerst wurden nur 10 Rub. pro Seele gegeben; durch Ukas vom 11. Dezember 1766[4] wurde die Summe auf 20 Rub. hinaufgesetzt. Die Vorschüsse wurden erst nur auf ein Jahr gegeben, konnten aber zweimal auf je ein Jahr verlängert werden; nach dieser dreijährigen Frist sollte das nicht eingelöste Gut verkauft werden, und dabei die nächsten Verwandten des Schuldners das Vorkaufsrecht haben.

Die Bank wurde reichlich in Anspruch genommen, hatte aber dennoch wenig Erfolge. Noch mehr als später wurde damals der Kredit von den Gutsbesitzern zu Konsumtivzwecken verwendet und nicht zu Meliorationen, wodurch die Sicherheit der Pfandobjekte stark beeinträchtigt wurde. Die Schuldner zahlten weder die Zinsen noch das Kapital zurück, so daß die Frist der Rückzahlung 1759 auf vier Jahre, 1761 auf sieben Jahre verlängert werden mußte. Die Bank wurde dazu so schlecht verwaltet — eine ordentliche Buch-

[1] Unter Assignaten ist hier und im folgenden nicht die bekannte französische, auf Grund von konfiszierten Gütern ausgegebene Art zu verstehen, sondern anfänglich nur Trassierungen des Staates auf den Metallfonds staatlicher Banken.

[2] V. S. d. G. I, Nr. 10235.

[3] Die Kommerz-Kollegien, die zuerst von Peter d. Gr. geschaffen wurden, setzten sich aus Kaufleuten und Beamten zusammen und hatten die Aufgabe, den Handel zu fördern; sie waren also eine Art Handelsministerium.

[4] V. S. d. G. I, Nr. 12800.

führung fehlte — daß sie 1779 von der Assignatenbank 300 000 Rub. Kupfer leihen mußte.

Die Bestimmung über den öffentlichen Verkauf verfallener Güter trat niemals in Kraft und wurde 1761 ganz zurückgezogen. Derartige Güter wurden, entsprechend dem Ukas vom 25. Oktober 1761[1], unter die Verwaltung der Konfiskationskanzlei gestellt; 10 % der Reineinnahmen erhielt der Besitzer, 90 % wurden zur Tilgung der Schuld verwendet.

Im Jahre 1786 wurde die Moskauer Abteilung der Adels-Leihbank aufgehoben und die Petersburger von der neugegründeten Staats-Leihbank übernommen.

Die Handels-Leihbank gab Kredite auf 1—6 Monate an russische Kaufleute, die am Petersburger Handel beteiligt waren, unter Verpfändung von Waren bis zur Höhe von $^3/_4$ des Wertes. Die Kaufleute mußten Bürgschaft leisten, und die Kommerz-Kollegien mußten dem Darlehnnehmer ein Zeugnis ausstellen. Von 1764 an war ein Verpfänden nicht mehr nötig, es genügte eine Bürgschaft des Magistrates und Rates. Groß wurde auch der Geschäftskreis dieser Bank nicht; 1770 stellte sie die Beleihungen ein, 1782 wurde sie ganz geschlossen. Sie ging erst auf die Adels-Leihbank und mit dieser an die Staats-Leihbank über.

Nach dem Muster der Petersburger Handels-Leihbank wurde eine solche in Astrachan im Jahre 1764 gegründet, die Wechsel auf Moskau diskontierte.

Die Kupferbanken. Um eine Erleichterung im Verkehr der unförmigen Kupfermünzen zu schaffen, wurden auf den Rat des Grafen Schuwalow durch Ukas vom 21. Juli 1758[2] zwei Kupferbanken in Petersburg und Moskau gegründet mit einem Kapital von je einer Million Rub. Kupfer. Sie diskontierten Wechsel und vermittelten den Giroverkehr zwischen den beiden Hauptstädten.

Mit Hilfe dieser Institute wurde ebenfalls auf Veranlassung des Grafen Schuwalow im Jahre 1760 die Bank des Artillerie- und Ingenieurkorps gegründet, deren Kapital aus dem Umschmelzen und Prägen von Kupferkanonen gewonnen wurde.

Alle diese Banken entsprachen nicht den Erwartungen, meist infolge ihrer ungenügenden Organisation und mißbräuchlichen Benutzung seitens der Kunden. Deshalb wurde unter Peter III. (1762) ein großzügiger Plan einer Staatszettelbank ausgearbeitet. Diese sollte ein Grundkapital von 2 Millionen Rub. aus der Staatskasse erhalten, das auf 5 Millionen Rub. zu bringen war; dagegen sollte sie Banknoten bis zur Höhe von 5 Millionen Rub. in Stückelung von 10,

[1] V. S. d. G. I, Nr. 11344.
[2] V. S. d. G. I, Nr. 10863.

50, 100, 500 und 1000 Rub. ausgeben, die zu allen Zahlungen an die Staatskasse dienen konnten. Der betreffende Ukas vom 25. Mai 1762[1] blieb infolge der Ermordung Peters III. unausgeführt.

Die Assignatenbanken. Katharina II. (1762—96) nahm den Plan der Errichtung einer Bank wieder auf; der Entwurf Peters III. war aber gänzlich verändert worden. Das Manifest vom 29. Dezember 1768[2] befahl die Errichtung von 2 Assignatenbanken in Petersburg und Moskau mit einem Einlösungsfonds von 1/2 Million Rub. Kupfer. Dagegen setzte die Regierung auf jede der Banken 1/2 Million Rub. Assignaten in Umlauf, die jederzeit gegen klingende Münze an den Banken umgetauscht werden konnten und von allen Staatskassen al pari in Zahlung genommen wurden. Die Assignaten waren also keine Banknoten; die Banken betrieben keine eigentlichen Bankgeschäfte, sondern dienten lediglich als Ausgabe- und Einlösungsstelle. Die Stückelung war erst zu 25, 50, 75 und 100 Rub. in gleichen Beträgen zu je 1/4 Million Rub. Im Jahre 1771 wurden die 75 Rubelassignaten wieder eingezogen, da sie zuviel aus 25 Rubelscheinen gefälscht wurden. Von 1771 an wechselten die beiden Banken ihre Assignaten gegenseitig ein. Um das Publikum an den Gebrauch des ihm fremden Zahlungsmittels zu gewöhnen, wurde befohlen, daß bei allen Abgaben an die Krone in den beiden Hauptstädten in Höhe von 500 Rub. mindestens 25 Rub. in Assignaten eingeliefert werden sollten; ferner wurden die Provinzialbehörden angewiesen, bei Zahlungen an die Regierung Assignaten miteinzusenden. Durch ihre große Bequemlichkeit dem Kupfergeld gegenüber, vor allem beim Versand, wurden die Assignaten bald sehr beliebt. In einer der ersten Wochen wurden 100 000 Rub. aus den Banken genommen, bald konnten sie 1/4—1/2 % Provision für das Umwechseln von Metall in Assignaten nehmen. Der glückliche Anfang führte zur Errichtung von Bankkontoren mit Einlösungsfonds und Assignatenausgabe von 100 000—300 000 Rub. in verschiedenen Städten, von denen die meisten jedoch bald wieder geschlossen wurden.

Dem Wortlaut des Manifestes nach sollten die Assignaten voll metallisch gedeckt sein. Als aber die glänzende Hofhaltung, der erste Türkenkrieg und die Niederwerfung des Pugatschowschen Aufstandes große Geldanforderungen stellten, eine entsprechende Vermehrung der Staatseinkünfte bei den unentwickelten Verhältnissen des Landes aber nicht möglich war, wurde zur Emission ohne Deckung geschritten. Im Jahre 1771 erhielten die Banken die Befugnis, Depositen anzunehmen und mit 5 % zu verzinsen. Die Einlösung der

---

[1] V. S. d. G. I, Nr. 11 550.

[2] V. S. d. G. I, Nr. 13 219 u. 13 220.

Assignaten erfolgte seit 1777 nur noch in Kupfer; dadurch erhielt das Silber ein Agio.

Nach Beendigung des ersten Türkenkrieges im Jahre 1774 wurde durch ein Manifest die Summe der umlaufenden Assignaten für immer auf 20 Millionen Rub. beschränkt und festgelegt; ihr Kurs hob sich dadurch zur Parität mit dem Silber. Trotzdem steigerte sich der Assignatenumlauf, sodaß er 1786 eine Höhe von fast 50 Millionen Rub. erreichte bei einem gesamten Zahlungsmittelumlauf von ca. 180 Millionen Rub. Dennoch wurde der Kurs nur um 2—3 % unter Pari Silber gedrückt, da wegen der großen Bequemlichkeit der Scheine gegenüber den Münzen die Nachfrage im Ausland, in das Rußland viel exportierte, groß war.

Inzwischen waren aber eine ganze Reihe anderer Kreditanstalten ins Leben gerufen worden. Nach dem Entwurf Betzkis, der das Findelhaus in Moskau gegründet hatte, befahl Katharina durch Ukas vom 20. November 1772[1] die Einrichtung von Witwen- und Depositenkassen in beiden Hauptstädten unter Aufsicht der kaiserlichen Waisenräte. Die Witwenkassen nahmen einmalige Kapitalzahlungen und zahlten nach dem Tode des Mannes an die Witwe jährliche Renten. Die Einrichtung blieb bedeutungslos.

Die beiden Depositenkassen nahmen terminierte und unterminierte Einlagen an gegen Ausgabe von Depositenscheinen, die durch Indossament unter dem Publikum wie bares Geld umliefen. Auch konnten bei ihnen Summen über 500 Rub. und verschlossene Packete mit Bestimmungen hinterlegt werden. Sie vermittelten den Giroverkehr zwischen den beiden Hauptstädten gegen $^1/_4$ % Provision und beliehen Güter auf 1—5 Jahre mit 1000—5000 Rub., wobei die Revisionsseele[2] mit 10 Rub. bewertet wurde. Fabriken und Steinhäuser beliehen sie mit $^1/_2$—$^2/_3$ des Schätzungswertes. Anfänglich war ihr Geschäftskreis gering; als aber die Kaiserin Maria Feodorowna mit den Findelhäusern auch sie unter ihr Protektorat nahm, dehnten sie sich rasch aus.

Durch den gleichen Ukas wurden auch 2 Leihkassen in Petersburg und Moskau geschaffen, die die Geschäfte von Leihhäusern betrieben und ebenso wie die Witwen- und Depositenkassen unter der Aufsicht der kaiserlichen Waisenräte standen.

Bei der Neueinteilung Rußlands in 50 Gouvernements wurde bei jedem durch Ukas vom 7. November 1775[3] ein

---

[1] V. S. d. G. I, Nr. 13909.

[2] Bei den Prüfungen der Volkszahl wurden die steuerpflichtigen männlichen Personen in Listen eingetragen, die bei jeder Revision ergänzt wurden.

[3] V. S. d. G. I, Nr. 14392.

Kollegium der allgemeinen Fürsorge eingerichtet, dem die Gründung von Volksschulen, Waisen-, Kranken-, Arbeits- und Armenhäusern, Irrenanstalten und Apotheken obliegen sollte. Alle für diese Zwecke bestimmten Gelder des Staates und Privater wurden den Kollegien überwiesen, die sie gemäß den Bestimmungen der Adels-Leihbank gegen Verpfändung von Gütern auf ein Jahr ausliehen. Die Kollegien der allgemeinen Fürsorge, die zuerst lediglich für Wohltätigkeitszwecke gegründet worden waren, erlangten als Hypothekenbanken große Bedeutung. Ihre Beleihungsbedingungen, sowie die der Depositenkassen, wurden später mit denen der Staats-Leihbank in Übereinstimmung gebracht. Die Kollegien und die Depositenkassen durften aber 10 Rub. pro Revisionsseele über die Norm hinausgehende Darlehne gewähren und für verfallene Zins- und Amortisationszahlungen Aufschub gewähren, wenn der Darlehnsempfänger durch Feuersbrunst, Hagelschlag, Mißernte oder Krankheit geschädigt worden war. Einige Kollegien beliehen unbewohnte Güter bis zur Hälfte ihres Wertes. Die Taxation der Güter geschah durch benachbarte Gutsbesitzer, die für die Richtigkeit ihrer Schätzung mit ihrem Vermögen hafteten.

Einen temporären Charakter trug eine 1779 [1] in Astrachan errichtete Leihbank zur Unterstützung der Armenier, die durch den Überfall der Kalmücken Schaden erlitten hatten.

Alle diese Banken genügten aber nicht, um den Anforderungen gerecht zu werden, die der Staat und der grundbesitzende Adel, der meist auch die schwach entwickelte Industrie in seinen Händen hatte, an sie stellte.

Der Assignatenumlauf hatte im Jahre 1786 eine Höhe von 50 Millionen Rub. erreicht. Vor einer weiteren Emission warnte Fürst Wyasemski vergeblich. Durch das Manifest vom 28. Juni 1786 [2] ordnete die Kaiserin auf das Gutachten einer Kommission hin, die den Betrag der umlaufenden Zahlungsmittel ungenügend gefunden hatte, eine Assignatenausgabe von 100 Millionen Rub. an und versprach abermals feierlich, daß nie und niemals mehr emittiert werden sollte. Bei dieser neuen Emission sollten 10% in 5 und 10 Rubelscheinen ausgegeben werden, um sie auch unter die unteren Schichten der Bevölkerung zu bringen. Hiervon waren 50 Millionen Rub. zum Umtausch der alten Assignaten bestimmt, die wegen ihrer Einfachheit selbst von Bauern und Tataren viel gefälscht wurden. An die Staatsleihbank waren 33 Millionen Rub. abzuführen, den Rest nahm der Staat für sich in Anspruch. Die beiden Assignatenbanken wurden zu einer Staats-Assignatenbank zusammengefaßt. Diese wurde mit der

[1] V. S. d. G. I, Nr. 14853.
[2] V. S. d. G. I, Nr. 16407.

Regulierung des Wechselkurses durch Kupferverkäufe und Gold- und Silberankäufe im Ausland betraut; auch sollte sie eine Münze in Petersburg anlegen und Münzen prägen lassen. Schließlich bekam sie noch die Erlaubnis, 9 Monatswechsel gegen 6% p. a. und 1% Prov. pro Semester zu diskontieren. Zur Durchführung der Umwechselungsoperation erhielt Graf Schuwalow, der Direktor der Assignatenbank, die Erlaubnis, eine Hilfsbank zu eröffnen.

Durch Ukas vom 18. Dezember 1797[1] wurden die kaufmännischen Geschäfte der Assignatenbank zu besonderen Kontoren abgetrennt unter der Bezeichnung Diskont- und Versicherungskontore. Sie sollten zur Belebung von Handel und Handwerk Wechsel ankaufen und Waren russischer Herkunft lombardieren. Diese wurden in Lagerhäusern untergebracht und mußten vor der Beleihung beim Versicherungskontor versichert sein. Derartige Kontore wurden noch 5 errichtet, ohne daß sie größere Bedeutung gewonnen hätten.

Durch das Manifest vom 28. Juni 1786[2] wurde auch die Staats-Leihbank geschaffen, die die Bestände der Adels-Leihbank übernahm. Das Kapital für ihre Operationen erhielt sie aus Einlagen, die sie mit 4½% verzinste, sowie von der Assignatenbank, die ihr 33 Millionen Rub. überwies. Hiervon sollte sie 11 Millionen Rub. auf in Städten gelegene steinerne Häuser und Fabriken gegen 4% Zinsen und 3% jährliche Amortisation auf 22 Jahre, 22 Millionen Rub. an den Adel gegen 5% Zinsen und 3% jährliche Amortisation auf 20 Jahre unter Verpfändung von Gütern ausleihen. Die Beleihungstaxe lieferte die Zahl der Leibeigenen; für jede Revisionsseele wurden 40 Rub. gegeben; jedoch durften nicht weniger als 25 und nicht mehr als 2500 Bauern von einer Hand verpfändet werden. Am 1. Januar 1830[3] wurden zugleich mit der Zinsherabsetzung von 5% auf 4% die Beleihungsbedingungen geändert. Darlehne auf Häuser, die auf 15 Jahre, und auf Güter, die auf 26 Jahre gewährt wurden, kosteten nun 5% Zinsen, 2% Amortisation und 1% einmalige Provision, Darlehen auf 37 Jahre auf Güter 5% Zinsen, 1% Amortisation und 1½% Provision. Der Maßstab für die Höhe der Beleihung bildete für Güter und Gutsfabriken die Revisionsseele, für die 30—75 Rub. gegeben wurden. Häuser wurden bis ¾ ihres Schätzwertes, dem der Roh- und Reinertrag der letzten 8 Jahre zu Grunde gelegt wurde, beliehen. Die Bank sollte in ganz Rußland tätig sein mit Ausnahme von Taurien, für das Fürst Potemkin, der Günstling der Kaiserin, 3 Millionen

[1] V. S. d. G. I, Nr. 18275 u. 18281.
[2] V. S. d. G. I, Nr. 16407, 16408 u. 16409.
[3] V. S. d. G. II, Nr. 3399.

Rub. zur geeigneten Verleihung bekam. Sie hatte auch die Versicherung von steinernen Häusern und Fabriken gegen Feuer für 1 1/2 % Prämie zu übernehmen. Die Verwaltung der Bank war teilweise in recht schlechten Händen. In den Jahren 1794/5 entwendete die Frau des Kassierers die für die damalige Zeit riesige Summe von 600 000 Rub. Der Direktor der Bank, Graf Sabadowski entnahm, obgleich er von der Kaiserin, deren Günstling er war, große Einkünfte und Besitzungen geschenkt erhalten hatte, beträchtliche Summen aus der Bank. Statt der vorgeschriebenen Zinsen wurden 12 und 15 % erhoben. Die Kreditsuchenden wurden an die Kaufleute verwiesen, die sie zur Einlage von Depositen in der Bank veranlassen sollten; bei einer derartigen Führung flossen natürlich keine Einlagen zu, und so blieben die Mittel und damit auch die Geschäfte der Bank sehr gering[1].

Paul I. (1796—1801) ordnete daher durch Ukas vom 18. Dezember 1797 die Eröffnung einer Staats-Hülfsbank für den Adel[2] an. Diese belieh Güter zu 6 % auf 25 Jahre und gab dagegen 5 %ige Pfandbriefe mit 25jähriger Laufzeit aus, die mit Zwangskurs versehen, wie Assignaten genommen werden mußten. Pro Leibeigenen wurden 40—75 Rub. gegeben, je nach der Klasse, der das Gouvernement, in dem das Gut lag, nach seiner Bodenbeschaffenheit zugeteilt war. Außer den Zinsen hatten die Schuldner im ersten Jahr 8 %, in den fünf folgenden Jahren je 6 % der ganzen Schuldsumme, dann pro anno 6 % des restierenden Betrages Amortisation zu zahlen. Die Güter der mit Zahlungen in Verzug geratenen Schuldner wurden von der Bank selbst verwaltet. Nach 1 1/2jähriger Tätigkeit, am 7. Mai 1799, wurde diese Hülfsbank wieder geschlossen, sie hatte die für die damalige Zeit bedeutende Summe von 60 Millionen Rub. ausgeliehen. Die Pfandbriefe hatten geringen Absatz gefunden; zum größten Teil waren sie an die Staatskassen gekommen. Zur Abwickelung der Geschäfte der Hülfsbank wurde bei der Staatsleihbank die 25jährige Liquidationskasse geschaffen.

Im Vordergrund des Staatsinteresses und der Volkswirtschaft standen aber die Assignaten und ihre Kursentwickelung. Der 2. Türkenkrieg, die Kriege mit Schweden und Persien veranlaßten neue Emissionen, die den Kurs mehr und mehr drückten, sodaß er 1795 bis auf 68 1/2 % fiel, bei einem Umlauf von 150 Millionen Rub. Die Assignaten waren nicht in irgendeinem Umfang bar gedeckt, sondern ruhten lediglich auf dem Staatskredit; die Einlösung konnte nicht aufrecht erhalten werden und wurde 1793 eingestellt. Da aber ausländische

---

[1] Karpowitsch: Große Vermögen in Rußland. Petersburg 1874. S. 320 (russ.).

[2] V. S. d. G. I, Nr. 18274.

Kapitalisten ihr Geld in Rußland anlegten, das sie während der Stürme der Revolution für sicher hielten, so stiegen die Wechselkurse und mit ihnen der Assignatenkurs, der sich 1797 auf $79^{1}/_{3}$% stellte, obgleich die Assignaten um ungefähr 12 Millionen Rub. vermehrt worden waren. Pauls I. Sorge galt mehr der äußern Schuld, die er bei Hope & Co., Amsterdam durch eine 5%ige Obligation über 88,3 Millionen Gulden unifizierte; in dieser Summe waren auch die übernommenen polnischen Schulden enthalten. Er erkannte die Assignaten als Staatsschuld an, zu welchem Zwecke sie auch emittiert seien. Im Lande begann das Silbergeld aus dem Verkehr zu verschwinden; vielfach wurden die Münzen eingeschmolzen und zu Hausgeräten verarbeitet, deren Gebrauch in Rußland seit Katharina II. in Aufnahme gekommen war. Ein Versuch Pauls, den Kurs der Assignaten zu fixieren, schlug fehl. Durch Ukas vom 18. Dezember 1797 [1] befahl er der Assignatenbank, Silber mit 30% Agio gegen Assignaten abzugeben. Da der Börsenpreis des Silbers höher war, wurden so viel Assignaten angeboten, daß die Bank sie nicht einlösen konnte. Am 21. Juli 1798 [2] wurde das Agio auf 40% festgesetzt. Die Kosten des italienischen Feldzuges und der steten Kriegsbereitschaft, zu der die europäische Lage Rußland zwang, riefen neue Emissionen hervor. Auch wurde auf die Bitte der Moskauer Kaufmannschaft, die die Geschäftsstockung und die Unzuträglichkeiten der Kursschwankungen auf den Mangel an Zahlungsmitteln schob, eine neue Ausgabe von 70 Millionen Rub. beschlossen, aber erst von Pauls Nachfolger, Alexander I. (1801—1825), ausgeführt. Das Fallen des Assignatenkurses infolge der Vermehrung wurde noch durch die ungünstige Gestaltung der Wechselkurse beschleunigt; die Kontinentalsperre lähmte die russische Ausfuhr; der 3. Türkenkrieg, die Kriege mit Persien und Schweden wirkten in gleicher Richtung. Die Kursschwankungen machten jedes reelle Geschäft unmöglich; es kam auf den Stand des Rubels am Erfüllungstag an, ob mit Gewinn oder Verlust gearbeitet war; so wurde alles in die Sphäre der Spekulation gedrängt. Am meisten litten darunter die Landwirte, deren Güter verschuldet waren, und die nun das 2- und 3fache an Zinsen zu zahlen hatten, während die Preise der Produkte nicht entsprechend stiegen.

Nachdem man erkannt hatte, daß nicht der Mangel, sondern der Überfluß an Assignaten die schädlichen Kursschwankungen hervorrief, suchte man den Umlauf einzuschränken; durch Manifest vom 2. Februar 1810 [3] wurden die Assignaten von neuem als Staatsschuld anerkannt. Zugleich wurde verkündet,

---

[1] V. S. d. G. I, Nr. 18278.
[2] V. S. d. G. I, Nr. 18594.
[5] V. S. d. G. I, Nr. 24116.

daß keine neuen Ausgaben erfolgen sollten. Der Ukas vom 13. April 1810[1] setzte die Höchstsumme des Umlaufs auf 577 Millionen Rub. fest und bestimmte, daß der darüber hinausgehende Betrag vernichtet werden sollte. Auch wurde nach dem Plan Speranskis durch Manifest vom 27. Mai 1810[2] die Schuldentilgungskommission geschaffen, die neben dem 1802 entstandenen Finanzministerium bestehend, durch Verkauf von Staatsgütern und durch innere Anleihen Mittel für die Einziehung von Assignaten aus dem Verkehr schaffen sollte. Die Regierung wollte den Staatskredit nicht durch eine gesetzliche Devalvation schädigen; man wollte durch Verminderung den Kurs auf Pari bringen[3]. Die Anleihen wurden in zwei Formen angeboten; 4½ % unterminiert, wobei 1½ Rub. Assignaten = 1 Rub. Silber genommen wurde, 6 % 1817 rückzahlbar, 2 Rub. Assignaten = 1 Rub. Silber. Die dabei eingehenden Assignaten sollten verbrannt werden. Die Bedingungen waren so überaus günstig, daß die 20 Millionen der 1. Auflage gleich vergriffen waren. Da das Publikum die Kapitalien, die es in den neuen Anleihen anlegen wollte, den Staatskreditanstalten entzog, so hätten diese die Depositenrückforderungen nur mit Hülfe von neuen Assignatenemissionen befriedigen können. Man nahm deshalb Depositenbillete in Zahlung, wodurch natürlich der eigentliche Zweck der Operation nicht erreicht wurde. Im ganzen sind nur 5 Millionen Rub. Assignaten vernichtet worden. Der Verkauf der Staatsgüter hatte auch nicht den gewünschten Erfolg; es konnten im ersten Jahr für kaum 2 Millionen Rub. veräußert werden.

Zur Besserung der Handelsbilanz wurde die Anzahl der Einfuhrhäfen und damit die Einfuhr selbst beschränkt, die Ausfuhr durch Aufhebung der Ausfuhrzölle gefördert; man hoffte, dadurch auch den Assignatenkurs zu steigern.

Zugleich wurde durch das Manifest vom 20. Juni 1810[4] die Silberwährung eingeführt. Der Münzumlauf war recht bunt. In den Ostseeprovinzen, in denen man dem Mangel an kleinen Zahlungsmitteln mit Stadt- und Klubmarken abzuhelfen suchte, zirkulierten noch preußische und polnische Scheidemünzen, im Südwesten türkische, im Zentrum selbst waren viele fremde Goldmünzen zu finden, die zu höherem Kurs umliefen als ihrem Metallgehalt entsprach. Die 1810 geschaffenen kleinen vollwichtigen Silbermünzen wurden sehr

---

[1] V. S. d. G. I, Nr. 24197.
[2] V. S. d. G. I, Nr. 24244.
[3] Im gleichen Jahr erschien von David Ricardo „High price of bullion, a proof of the depreciation of bank notes; London 1810"; in dieser Schrift beschäftigte er sich mit der Untersuchung der Frage, wie die Noten der Bank of England, die seit 1797 uneinlöslich waren, auf pari zu bringen seien.
[4] V. S. d. G. I, Nr. 24264.

bald exportiert, und unterwertige fremde Scheidemünzen eingeführt. Alle Verbote waren fruchtlos.

Die Zeit zu diesen Reformen war ungünstig; im „Vaterländischen Krieg" (Napoleons Zug nach Moskau) konnte keine aufrecht erhalten werden. Am 9. April 1812[1] wurde die Papierwährung eingeführt. Jetzt wurden die Assignaten gesetzliches Zahlungsmittel, sie waren also jetzt Papiergeld. Ferner wurde bestimmt, daß bei allen Abgaben und Steuern Assignaten zum Tageskurs berechnet würden, während sie bis dahin zu pari angenommen wurden. Während des Krieges wurden von neuem Assignaten emittiert, deren Summe durch die Fälschungen der Franzosen noch vermehrt wurde; ein Warschauer Bankier soll allein 20 Millionen Rub. falsche Assignaten in Umlauf gesetzt haben. Ihr Kurs sank entsprechend, bis er 1815 seinen tiefsten Stand mit 24 1/5 % (nach Kaschkarow 20 %) bei einem Gesamtassignatenumlauf von 826 Millionen Rub. erreichte.

Die Bankprojekte N. C. Mordwinos. Es seien hier noch einige Bankprojekte erwähnt, die von dem Admiral Grafen N. C. Mordwinow ausgingen, der zu dem geheimen Komitee gehörte, mit dem Alexander I. die wichtigsten Fragen beriet, und das sich aus seinen Freunden zusammensetzte. Ein Plan einer „Bank zur Förderung der Arbeit" wurde im Dezember 1801 von Mordwinow dem Kaiser vorgelegt. Die Bank sollte mit allen möglichen Mitteln die „Lust und Liebe zur Arbeit fördern, dieser Quelle, aus der Reichtum, Überfluß, Kraft und Volkswohlstand fließt; deshalb soll sie jedem, der ordentlich wirtschaften kann, aber nicht die nötigen Mittel besitzt, seine Kenntnisse zu verwerten", unterstützen. Die natürlichen Reichtümer des Landes soll sie erschließen, z. B. Sümpfe entwässern und nutzbar machen, den Boden verbessern usw., aber nicht Luxusindustrien hervorrufen. Nach der voraussichtlichen Rentabilität des Unternehmens, für das das Geld entliehen würde, sollte sich die Höhe des Zinsfußes richten. Landwirtschaftliche Betriebe sollten die ersten vier Jahre keine Zinsen zahlen, da sich bei ihnen in der ersten Zeit die Anlagen nicht verzinsen. Auch erzieherische Zwecke wollte Mordwinow mit der Bank verbinden; pro Seele konnte nach dem Plan 30 Rub. mehr Darlehn gegeben werden, wenn während der letzten drei Jahre auf dem Gute geimpft worden war; Leute, die ohne Unterpfand Geld bekamen, mußten Handwerker anlernen. Erfindungen bekanntmachen, selbständig Untersuchungen anstellen, Handwerker beschaffen, Farmen und Schulen anlegen, alle diese Aufgaben waren der Bank zugedacht. Um stets mit den Fortschritten des Auslandes in Fühlung zu bleiben,

[1] V. S. d. G. I, Nr. 25080.

hatte die Bank sechs Schüler in England, vier in den andern Ländern zu unterhalten. Jährlich sollte sie 100 000 Rub. als Prämien verteilen und 2 Millionen ausleihen, die die Assignatenbank vorschießen sollte. Die Prämien waren für alle möglichen Verbesserungen und Erfindungen, besonders auch für die Hebung der Landwirtschaft durch Einführung guten Zuchtviehs bestimmt; es sollte auch der eine Prämie erhalten, welcher zuerst im Dorf seine Kinder impfen ließe und auch der, welcher mehr als sechs lebende eigene Kinder erziehe, sobald das jüngste mindestens sechs Jahre alt sei. Die Vorlage Mordwinows wurde im Ministerrat verlesen, geriet dann aber in Vergessenheit. Im Jahre 1809 trat Mordwinow mit dem Projekt einer „Freien russischen Bank" auf. Er hielt den Staat nicht für geeignet, alle Bedürfnisse des Volkes zu befriedigen und wollte deshalb eine Privatbank nach dem Muster der Bank von England schaffen. Die Bank sollte Güter beleihen und als Darlehn eigene Noten ausgeben, die durch die Hypotheken sicher gestellt sein sollten. Mordwinow erwartete, daß die Noten der Bank ein viel größeres Vertrauen genießen würden als die Noten der Bank von England, da die russischen Noten durch Güter, die englischen nur durch Gold und Silber sicher gestellt seien. Er hoffte auch, daß durch eine derartige Bank die Unruhen im Lande beseitigt würden. Teilhaber der Bank sollten die Hypothekenschuldner sein, die auch bare Einlagen machen sollten. Der Kaiser sollte Ländereien verpfänden, mit den dadurch erhaltenen Bankassignaten wollte Mordwinow Reichsassignaten kaufen und diese vernichten und so die Schuld der Regierung vermindern.

In den Jahren 1811 und 1812 erschien ein Projekt über „Privat-Stadtbanken". Mordwinow wollte durch Gründung von privaten Banken in allen größern Städten die Vorteile einer Bank auch der Provinz zugängig machen. Die Diskont- und Versicherungskontore und die Kollegien der allgemeinen Fürsorge sollten den Banken übergeben werden. Die für die Hungersnot bestimmten Getreidevorräte sollten verkauft, der Erlös den Banken gegeben werden, die ihn in Notjahren wieder herausgeben sollten. Es kam Mordwinow darauf an, Silber anzuziehen; deshalb sollten die Banken durch hohe Zinsen, die nach der Länge der Kündigungsfrist abgestuft waren, besonders auch von kleinen Leuten Kapital anlocken. Sie sollten auch jederzeit einlösbare Banknoten ausgeben, wenn sie aber die Noten nicht einlösen könnten, so sollten sie eine Bescheinigung geben, wann sie dazu imstande seien, und für diese Zeit $^1/_2$ % pro Monat Zinsen zahlen. Mordwinow macht hier einen Unterschied zwischen lang- und kurzfristigen Einlagen und will danach das Kapital auf kurze oder lange Zeit angelegt wissen. Sein Entwurf lag dem Reichsrat vor, wurde aber mit 13 gegen 9 Stimmen abgelehnt.

Interessanter ist ein anderes Projekt, das Mordwinow in drei Auflagen im Druck veröffentlichte, und das eine lebhafte Diskussion hervorrief, da der Begriff einer Bank in weiten Kreisen völlig unbekannt war. Es sollte in England eine 6 %ige Anleihe von 24 Millionen £ aufgenommen werden, die zum Kurse von 16 Rub. 384 Millionen Rub. ergeben sollte. Von diesen sollte eine „Tilgungsbank“ 240 Millionen Rub. an „Privat-Gouvernementsbanken“ ausleihen. Durch deren Tätigkeit erwartete er eine Steigerung des Kurses auf 6 Rub., so daß dann die zurückbehaltenen 144 Millionen Rub. zur Rückzahlung der 24 Millionen £ reichen würden. Es sollten die Adeligen pro Revisionsseele 15 Kopeken, ebenso die Krons- und Apanagenbauern jährlich 25 Kopeken zahlen. Diese Summen sollten das Grundkapital der Gouvernementsbanken bilden, und diese Einlagen mit 4 % verzinst werden. Außerdem sollten die Banken Depositen annehmen und Handwerker durch Sparprämien anlocken. Weiter sollten sie eigene Billete ausgeben. Durch Diskont, Lombard und Hypotheken sollte Handel, Industrie, Handwerk und Landwirtschaft gefördert und die Reichsassignaten vermindert werden. Dadurch hoffte Mordwinow allmählich den Kurs der Assignaten zu heben, so daß an der englischen Anleihe 240 Millionen Rub. gewonnen würden. Ausführliche Berechnungen hatte er dem Plane beigefügt.

Was Mordwinow vorschlug, kam einer inneren Zwangsanleihe zur Hebung des Assignatenkurses — das war der Hauptzweck — eigentlich ziemlich nahe.

Obgleich das Projekt lange die Öffentlichkeit beschäftigte, — die III. Auflage erschien 1829 — hat es doch keine praktische Bedeutung erlangt.

Nach Beendigung des Krieges gegen Napoleon wendete man sich wieder der Finanzreform zu. Die äußere Schuld war auf 56 Millionen fl. gesunken, da England und Holland am 7. Mai 1815 je 25 Millionen fl. übernommen hatten. Zur Regelung der inneren Schuld wurde durch das Manifest vom 7. Mai 1817[1] das Aufsichtsamt der Staatskreditanstalten geschaffen, dem die Schuldentilgungskommission, die Assignaten-, Leih- und die neuzugründende Kommerzbank unterstellt wurde. Der Konseil setzte sich aus dem Vorsitzenden des Reichsrates, dem Finanzminister, dem Staatskontrolleur und je 6 Vertretern des Adels und der Kaufmannschaft zusammen. Er hatte die jährlichen Rechenschaftsberichte der Banken zu prüfen und dem Kaiser Bericht darüber zu erstatten.

Ferner wurde durch Manifest vom gleichen Tage die Staatskommerzbank geschaffen. Die Bank wurde von

[1] V. S. d. G. I, Nr. 26834.

einem Präsidenten und 7 Direktoren, die die Regierung ernannte, und 4 Direktoren, die von den beiden ersten Gilden gewählt wurden, verwaltet. Sie erhielt das Kapital der 1797 bei der Assignatenbank gegründeten Diskontkontore, die wegen ungenügender Betriebsmittel wenig geleistet hatten. Weiter sollte die 25jährige Liquidationskasse, die im Jahre 1799 zur Abwickelung der Geschäfte der Staatshülfsbank für den Adel errichtet worden war, eine jährliche Zahlung von 4 Millionen Rub. Assignaten leisten, bis mit dem Gewinn aus dem Unternehmen das Kapital auf 30 Millionen Rub. gebracht sei. Die Kommerzbank nahm Einlagen zur Aufbewahrung, zur Überweisung nach andern Städten gegen 1/4 % Provision und zur Verzinsung gegen Ausgabe von 5 % Billets, die pro Semester 1/4 % Provision kosteten und giriert werden konnten. Dagegen sollte sie Solawechsel und Tratten von russischen und fremden Kaufleuten und Bankers diskontieren. Die Wechsel durften nicht über 6 Monate laufen und mußten zwei gute Unterschriften tragen; ein Wechselverpflichteter mußte in Petersburg wohnen. Den Diskontsatz gab der Finanzminister alle 15 Tage bekannt. Ferner belieh die Bank Waren russischen Ursprungs zu denselben Bedingungen, wie es die Diskontkontore getan hatten. Im Jahre 1818 wurde eine Filiale in Moskau eröffnet, der bald solche in Archangelsk, Odessa, Nischni-Nowgorod zur Jahrmarktszeit, Riga und Astrachan folgten. Von 1820 an belieh sie auch die Billete der Depositenkassen.

Um den Transithandel zwischen Persien und Westeuropa über Rußland zu leiten und ihn von der türkischen Linie Trapezunt—Erzerum abzulenken, erhielten die Filialen in Odessa und Astrachan besondere Befugnisse. Letztere durfte auch asiatische Produkte beleihen, erstere kaufte auch fremde Gold- und Silbermünzen von den Kaufleuten an.

Das Warenlombardgeschäft hielt sich in den engsten Grenzen; während der ganzen Zeit des Bestehens zeigte es meist einen kleineren Jahresumsatz als 1 Million Rub. Der Wechseldiskont entwickelte sich im Anfang sehr rasch, sodaß schon 1820 über 38 Millionen Rub. angekauft wurden; später nahm er wieder ab. Die verzinslichen Einlagen wuchsen stetig; 1825 waren es 28,07 Millionen; 1850 175 Millionen Rub. Die Depositenbillets, die die Bank als Quittungen für die Einlagen ausgab, erfreuten sich großer Beliebtheit beim Publikum; auf den Messen wurde eine beträchtliche Menge Geschäfte durch sie ausgeglichen. Der größte Teil der Einlagen wurde aber der Leihbank überwiesen, die 1850 der Kommerzbank 170,87 Millionen Rub. schuldete. Großen Umfang nahm auch der Giroverkehr an.

Der Assignaten wurde ebenfalls im Jahre 1817 gedacht. Finanzminister Gurjew (1810—1823) wollte durch Verminderung den Kurs auf pari bringen, obgleich er damals $25\,^1/_6$ % war. Der Umlauf war durch Neuausgaben auf 836 Millionen Rub. gestiegen, die zum Umtausch gegen neue aufgerufen wurden. Dabei wurden 11 Millionen nicht vorgebracht. 6,8 Millionen Rub. gefälschte Assignaten ersetzte aber die Regierung, um das Vertrauen des Publikums zu den Papierrubeln nicht noch mehr zu erschüttern. Zur Kapitalbeschaffung gab die Schuldentilgungskommission 6%ige ewige Rentenbillets heraus. Außerdem wurde am 16. August 1820[1] der Abschluß einer 5%igen Anleihe von 40 Millionen Rub. Silber mit Baring Brothers & Co., London, und Hope & Co., Amsterdam, am 23. Juni 1822[2] der Abschluß der 5%igen russisch-englischen Anleihe von 43 Millionen Rub. Silber mit N. M. Rotschild & Sons, London, vom Kaiser genehmigt. Bis 1823 war die Summe der umlaufenden Assignaten auf 595 776 310 Rub. vermindert. Der Kurs hob sich infolge dieser Operation nur um 1%, von $25\,^1/_6$ (1817) auf $26\,^1/_4$ (1822).

Ein Wechsel im Finanzministerium brachte einen Wechsel im System mit sich. Graf E. F. Kankrin, ein Deutscher von Geburt, der am 22. April 1823 Graf Gurjews Nachfolger wurde, hielt es für „wild", eine unverzinsliche Schuld in eine verzinsliche zu verwandeln, die große Verpflichtungen an das Ausland zur Folge habe. Er wollte nicht die nun seit einem Jahrzehnt entwerteten Assignaten vermindern, um sie dadurch auf pari mit dem Silber zu bringen, wobei alle Kursschwankungen und damit alle Preisumwälzungen in rücklaufender Linie wieder durchzumachen gewesen wären. Alle Schuldner, die in Assignaten kontrahiert, wären dadurch um den Betrag der Kurssteigerung geschädigt worden, allen Gläubigern wäre dieser als unverdienter Gewinn zugefallen. Kankrin wollte den Kurs der Assignaten fixieren; so hoffte er eine Einheit in das Geldsystem bringen zu können. Die Regierung selbst hatte bei der Annahme der Zoll-, Paß- und anderen Abgaben 3 verschiedene feste Kurse eingeführt; außerdem gab es den Börsenkurs und den Volkskurs — die Hoffnung, daß die Assignaten mit der Zeit al pari eingelöst werden würden, und dadurch ein Gewinn zu machen sei, verlieh ihnen beim einfachen Volk ein Agio, das bis 27% ging, dessen Beseitigung trotz aller Maßregeln nicht gelang. Erst 1839, durch das Manifest vom 1. Juli[3] wurde die Münzreform durchgeführt. Der Silberrubel wurde wieder zum legalen Zahlungsmittel erklärt; alle Abmachungen mußten vom 1. Januar 1840 an auf Silber lauten. $3\,^1/_2$ Rub. Assignaten wurden gleich 1 Rub. Silber gesetzt; zu diesem Kurs mußten

---

[1] V. S. d. G. I, Nr. 28381.
[2] V. S. d. G. I, Nr. 29073.
[3] V. S. d. G. II, Nr. 12497 u. 12498.

sie überall genommen und auch von den Reichsrenteien eingetauscht werden. Das Kupfergeld wurde in dasselbe Verhältnis zum Silber wie die Assignaten gestellt; Goldmünzen behielten 3 % Agio gegenüber dem Silber. Alle anderen Kurse und Rechnungen wurden verboten; somit war allen Kursschwankungen ein Ende gemacht.

Rechtlich konnte Kankrin sich bei dieser Reform darauf stützen, daß den Assignatenbanken bei ihrer Gründung ein Einlösungsfonds in Kupfer gegeben worden war, daß der Staat mithin nur verpflichtet sei, die Assignaten dem Kupfer gleich zu stellen, wie es denn auch geschah. Das Manifest vom 29. Dezember 1768 bezeichnet auch nicht das Metall, in dem die Assignaten eingelöst werden sollten; es spricht nur ganz allgemein von: „Geld, klingender Münze".

Den Kreditanstalten waren unterdessen neue Bestimmungen gegeben worden. Am 1. Januar 1830 [1] wurde zugleich mit der Änderung der Beleihungsbedingungen der Zinsfuß für alle Einlagen von 5 % auf 4 % herabgesetzt. Trotz der Zinsherabsetzung flossen Depositen ein, so daß der Staat alle Budgetdefizite durch Anleihen aus den Anstalten decken konnte.

Das Jahr 1839 brachte für Rußland eine Mißernte durch Trockenheit; die Not wurde noch durch die durch die Dürre veranlaßten Feuersbrünste und durch die Choleraepidemie vergrößert. Infolgedessen wurden die Depositen in starkem Maße zurückgefordert, ohne daß in den Staatskreditanstalten genügend Barmittel zur Rückzahlung vorhanden gewesen wären. Die Staatskassen, die Schuldentilgungskommission, der Kriegsfonds wurden zur Aushülfe herangezogen, schließlich wurde die Rückzahlung verzögert. Da entwarf Kaiser Nikolaus I. einen Plan für die Ausgabe von Kreditbilleten, den er durch das Manifest vom 1. Juli 1841 [2] veröffentlichte. Die Leihbank und die Depositenkassen wurden dadurch ermächtigt bis 30 Millionen Rub. Kreditbillete in Stücken zu 50 Rub., die wie Silbergeld genommen werden mußten, auszugeben. Diese Billete sollten jederzeit an den Kassen einlösbar sein; bis 100 Rub. sollten auch die Renteien sie eintauschen, 1/6 des umlaufenden Betrages mußte in bar gedeckt sein. Diese Billete waren also auf Grund von Hypotheken ausgegebene Banknoten. Bis 1843 hatte

die Leihbank nur .	1958960	Rub.
die Depositenkassen	4551300	„
zusammen	6510260	Rub. ausgegeben.

Die Emission dieser Kreditbillete wurde 1843 wieder eingestellt, da Graf Kankrin eine neue Art herausgeben wollte.

[1] V. S. d. G. II, Nr. 3399.
[2] V. S. d. G. II, Nr. 14700.

Um das Publikum an Papierzahlungsmittel zu gewöhnen, das durch die bösen Erfahrungen mit den Assignaten mißtrauisch geworden war, war durch Ukas vom 1. Juli 1839[1] in Verbindung mit der Valutareform eine Depositenkasse bei der Kommerzbank errichtet worden, die gegen Hinterlegung von russischen Silbermünzen Depositenbillete zu 1, 3, 10, 25, 50 und 100 Rub. ausgab, die wie Silber genommen werden mußten und jederzeit einlösbar waren. Der Metallschatz dieser Kasse sollte getrennt von den Beständen der Kommerzbank gehalten werden und lediglich zur Einlösung der Depositenbillete dienen. Von 1841 an wurde auch Gold und Silber in Barren genommen. Am Ende des ersten Jahres waren bereits 24,16 Millionen Rub., 1843 schon 43,97 Millionen Rub. dieser Depositenbillete in Umlauf gesetzt. Aber nur $^1/_4$ war von Privaten, $^3/_4$ vom Staat genommen worden. Durch Ukas vom 1. Juni 1843[2] wurde diese Kasse in die Verwaltung (Expedition) der Staatskreditbillets unter Aufsicht des Konseils der Staatskreditanstalten umgewandelt, der der Umtausch der Assignaten und Depositenbillete in eine neue Art Kreditbillete übertragen wurde. Im Umlauf waren 595 776 310 Rub. Assignaten, zu deren Einlösung dem festen Kurs von 3 $^1/_2$: 1 entsprechend 170 221 802 Rub. Kreditbillete nötig waren, welcher Betrag auf 170 210 800 Rub. abgerundet wurde. Zum Eintausch der 49,13 Millionen Rub. Depositenbillete wurden weitere 17 Millionen Rub. in Anschlag gebracht, da nur die vom Publikum vorgebrachten Billete eingetauscht, die im Staatsschatz befindlichen aber gegen Metall eingelöst werden sollten. Der gesamte Betrag der Kreditbillete für diese Operation wurde auf 187 021 550 Rub. festgesetzt. $^1/_6$ dieser Summe sollte in bar hinterlegt, über diesen Betrag hinausgehende Emissionen sollten Rubel für Rubel in Metall gedeckt sein. Jeder Betrag mußte bei der Verwaltung in Petersburg sofort, in Moskau bis 3000 Rub., in den Kreisstädten von den Renteien bis 100 Rub. von einer Person eingelöst werden. Diese Kreditbillete waren keine Banknoten, sondern Papiergeld. Die Kreditbillete hatten Zwangskurs zur Parität mit Silber; Verträge in Silber abgeschlossen, konnten in Billeten erfüllt werden. Die Leihbank und die Depositenkassen behielten von den ihnen 1841 überwiesenen 30 Millionen Rub. Kreditbilleten 10 Millionen Rub., die anderen 20 Millionen Rub. sollten sie in Reserve halten und nur mit Genehmigung ausgeben. Der Umtausch der Assignaten in Kreditbillete sollte am 1. Januar 1848, an welchem Tage die Assignatenbank geschlossen wurde, beendet sein; es waren aber noch 10 Millionen Rub. Assignaten in Umlauf, deren Umtausch der

[1] V. S. d. G. II, Nr. 12498.
[2] V. S. d. G. II, Nr. 16903 u. 16904.

Verwaltung der Staatskreditbillete übertragen wurde. Erst 1852 war diese Operation beendet.

Dem Einlösungsfonds der Verwaltung der Kreditbillete wurden 14,5 Millionen Rub. Silber im Jahre 1843 aus dem Staatsschatz überwiesen; ferner wurde ihm der Gegenwert der dem Staatsschatz gehörigen 14 Millionen Rub. Depositenbillete zugeführt. Man erwartete, daß die im Verkehr sich befindenden Depositenbillete nicht alle zur Bareinlösung präsentiert, sondern in Kreditbillete umgetauscht werden würden, sodaß von den 35 Millionen Rub., die die Depositenkasse noch als Einlösungsfonds besaß, ein Teil dem Einlösungsfonds der Verwaltung der Kreditbillete zufließen würde.

Die Kreditbillete wurden in Abschnitten von 1, 3, 5, 10, 25, 50 und 100 Rub. ausgegeben.

Eine derartige $1/6$ Deckung, bei der die übrigen $5/6$ lediglich auf dem Kredit des Staates ruhen, war durch das in Westeuropa geltende Dogma von der $1/3$ Deckung hervorgerufen worden. Bei dem langsameren Umlauf der Zahlungsmittel in Rußland hielt man die $1/6$ Deckung für genügend; die Versuche mit den Kreditbilleten der 1841er Ausgabe und mit den Depositenbilleten hatten einen sehr geringen Rückfluß gezeigt.

Die Gefahren, denen die neuen Kreditbillete durch die geringe, nicht bankmäßige Deckung ausgesetzt waren, sind sicher auch Graf Kankrin [1], dem Schöpfer der Reform, nicht entgangen; es war dies aber alles, was er bei dem damaligen Stand der Finanzen erreichen konnte. Hätte er eine stärkere Deckung durchführen wollen, so hätte er mit Rücksicht auf den Metallvorrat Billete einziehen müssen; bei der geringen Entwicklung der metallsparenden Zahlungsmethoden in Rußland (Schecks, Giro) wäre eine Einschränkung der Umlaufsmittel bei der zunehmenden Bevölkerung wirtschaftlich sehr hinderlich gewesen.

Im Anfang bot dieses System der $1/6$ Deckung keinerlei Besorgnis. Zu dieser Zeit stand Rußlands Ansehen in Europa

---

[1] Kankrins Reform ist auf das heftigste angegriffen worden. Somary bezeichnet sie in einem Aufsatz: Geschichte der Staatsbankerotte (Plutus, 3. Jahrg. Nr. 15) als „Betrug, teuflische Arglist und den schmählichsten aller Bankerotte". Daß Kankrin die einmal entwerteten Assignaten ohne die schwerste Schädigung der Volkswirtschaft nicht auf Pari bringen konnte, ist oben schon hervorgehoben. Wenn Somary behauptet, daß den Inhabern der Depositenbillete das Recht der Einlösung genommen worden sei, so irrt er. Der Umtausch der Depositenbillete in Kreditbillete war 1848 bis auf einen geringen Betrag vollzogen. Diese Kreditbillete waren aber bis 1854 unbeschränkt einlösbar, also doch auch die Depositenbillete.

Die Kankrinsche Reform war keine Devalvation der Assignaten; diese war vielmehr bereits durch die Kriege am Anfang des Jahrhunderts hervorgerufen und durch den Ukas vom 9. April 1812 (V. S. d. G. I, Nr. 25080) mit Einführung der Papierwährung ausgesprochen.

sehr hoch. Kaiser Nikolaus sah sich nach dem persischen Kriege (1826/8), dem 4. Türkenkrieg (1828/9), nach der Niederwerfung des polnischen Aufstandes (1830/1) als Beschützer des europäischen Friedens an. Als solcher kam er den Türken gegen die aufständischen Ägypter, den Österreichern gegen die Ungarn (1849) zu Hilfe. Die Handelsbilanz war für Rußland günstig, und die Goldausbeute der Bergwerke hatte sich gesteigert. Die Budgetdefizite hörten aber nicht auf, besonders wegen der Eisenbahnbauten unter Graf Kankrins Nachfolgern, unter Graf F. P. Wronschenko (1845—52) und P. F. Brok (1853/8). Man deckte die Defizite durch Anleihen aus den Kreditanstalten und durch Kreditbilletausgaben. Bald war der über das Kontingent hinausgehende Betrag der Billete nicht mehr voll gedeckt, und außerdem erschienen seit 1847 Staatspapiere im Einlösungsfonds, obgleich er gesetzlich nur Metall enthalten sollte. Bis zum Ausbruch des Krimkrieges (1853/6) hielt sich der Kurs nur wenig unter pari, obgleich über 300 Millionen Rub. in Umlauf gesetzt waren. Um ohne neue Steuern die Kosten des Krieges zu decken, sollten alle Mehrausgaben durch Kreditbillete bestritten werden, die zu $^1/_6$ in bar gedeckt, als „zeitweilige" Ausgabe bezeichnet wurden. Zur Verstärkung des Metallfonds sollte die sechste 5%ige 50 Millionen Rub. Silber-Anleihe von 1855 dienen. Bis zum Januar 1857 waren 689,27 Millionen Rub. Kreditbillete in Umlauf gesetzt, während es zur selben Zeit 1854 333,41 Millionen Rub. waren. Der Einlösungsfonds besaß 1857 nur 146,55 Millionen Rub., davon 122,83 Millionen Rub. in Metall. Die Deckung betrug also 21,2%, die metallische 17,8%, während sie 1854 noch 39,4% gewesen war. Der Kurs schwankte in den Kriegsjahren zwischen 94 $^1/_4$ und 98 $^1/_4$; in Anbetracht der geringen Deckung und des unglücklichen Verlaufs des Feldzuges ein sehr geringes Disagio. Vom Jahre 1854 an war die Einlösung der Billete beschränkt und erschwert worden, 1857 wurde sie ganz eingestellt, der russische Kredit im Ausland wurde dadurch schwer geschädigt.

Zur allmählichen Einziehung der mehr ausgegebenen Kreditbillete, wie sie der Ukas vom 10. Januar 1855 [1] bis zum dritten Jahr nach dem Friedensschluß vorsah, wurden erst am 18. April 1858 60 Millionen Rub. aus Kronfonds bestimmt.

Die gewaltige Menge Kreditbillete, die in den Kriegsjahren emittiert waren, flossen zum großen Teil als Depositen in die Kreditanstalten, aus denen der Staat sie zu billigem Satz lieh. Über die Hälfte der über 1 Milliarde betragenden Einlagen hatte der Staat für sich verwendet [2]. Es lagen auch

[1] V. S. d. G. II, Nr. 28908.

[2] Daß der Staat die Depositen der Kreditanstalten für sich verwendete, kam auch in Westeuropa vor. Es sei hier nur daran erinnert,

große Barvorräte in den Anstalten nutzlos; 1857 waren sie auf über 140 Millionen Rub. angewachsen. Finanzminister Brok fand, daß die Depositen für den Staat zu teuer seien, daß auch die Anleihen aus den Banken zu teuer kämen. Durch Ukas vom 20. Juli 1857[1] wurde deshalb der Zinsfuß für Privatdepositen von 4 % auf 3 %, für Depositen öffentlicher Körperschaften auf 1 1/2 % herabgesetzt. Die Regierung vergütete für ihre Darlehen 4 % neben 1/2 % Amortisation auf 56 Jahre, während Private bei Darlehen auf 28 Jahre 2 % Amortisation, auf 33 Jahre 1 1/2 % Amortisation und auch nur 4 % Zinsen zahlten.

Da das Kapital aber eine bessere Verwertung als zu 3 % finden konnte, wurden den Kreditanstalten die Depositen so stark entzogen, — im Jahre 1857 wurden allein 239 Millionen Rub. zurückverlangt — daß die Regierung für 88 1/2 Millionen Rub. Kreditbillete ausgeben mußte, um die Banken in den Stand zu setzen, den Anforderungen gerecht zu werden.

Ein Anlaß zu dieser Zinsreduktion war mit die Absicht, den Bau von Eisenbahnen zu fördern, deren Notwendigkeit der Krimkrieg gezeigt hatte, dessen Mißerfolge zum großen Teil auf den Mangel an guten Verkehrsmitteln zurückgeführt wurden. Man wollte durch diese „Austreibung“ der Depositen aus den Staatsanstalten den privaten Eisenbahngesellschaften — den Staatsbahnbau der ersten Periode hatte man aufgegeben — Geld zuführen. Die große russische Eisenbahngesellschaft, die 1857 von Pereire, Hope, Baring Brothers und Stieglitz gegründet war, brachte allein im selben Jahre noch 75 Millionen Rub. Aktien und im folgenden 35 Millionen Obligationen an den Markt. Durch das durch die Zinsherabsetzung so plötzlich freiwerdende Geld wurde ein Gründungsfieber hervorgerufen, das sehr rasch zu einem großen Krach führte. Broks Maßnahme erwies sich als vollkommen verfehlt. Man verwandelte eine leicht fundierbare Schuld in eine schwer fundierbare Billetschuld. Broks Nachfolger, A. M. Knyaschewitsch (1858/62), versuchte eine Fundierung der Depositen. Durch Ukas vom 13. März 1859[2] wurde den Inhabern der Depositenscheine der Umtausch in

---

daß in Bayern eine Königliche Verordnung von 1823 den Gemeindesparkassen gestattete, überschüssige Kapitalien bei der Staatsschuldentilgungskasse verzinslich anzulegen. Als nach 20 Jahren mehr als die Hälfte der gesamten Sparkassengelder dem Staate geliehen war, wurde die fernere Annahme eingestellt. Die Unruhen im Jahre 1848 verursachten eine massenhafte Rückforderung der Spareinlagen, die den Staat in Schwierigkeiten versetzte. Durch Erhöhung des Zinssatzes von 3 1/2 auf 4 % im Juni 1848 und durch Rückdatierung dieser Erhöhung auf den 1. April 1848 wurde der Rückfluß der Sparkassengelder aufzuhalten gesucht. (Vgl. Roscher, Postsparkassen und Lokalsparkassen in Deutschland. Dresden 1885. S. 72.)

[1] V. S. d. G. II, Nr. 32082.

[2] V. S. d. G. II, Nr. 34243.

4 %ige ewige Rentenbillete angeboten, die mit großen Vorzügen ausgestattet waren. Von jeder Steuer befreit, konnten sie in große oder kleine Stücke unentgeltlich umgetauscht und nach Wunsch als Inhaber- oder Namenspapiere ausgestellt werden. Der Erfolg war gering; die 4 %igen Depositenscheine hatten keinen Kursschwankungen unterlegen, die 4,32 %igen Serien gaben mehr Zinsen und liefen wie bares Geld um, boten also mehr Vorzüge. So wurden nur gegen 22 Millionen Rub. Depositen in dieser Anleihe fundiert. Nun wendete man sich wieder zum auswärtigen Markt. Durch Ukas vom 20. März 1859[1] wurde eine 3 %ige Anleihe von 12 Millionen £ mit Tomson, Bonar & Co., London-Petersburg, und F. M. Magnus, Berlin, genehmigt, die aber wegen der schwierigen Lage des Geldmarktes zur Zeit des italienischen Krieges schwer zu realisieren war; es wurden nur 7 Millionen £ untergebracht. Der Ertrag war zur Stärkung des Einlösungsfonds bestimmt, wurde aber zu Depotrückzahlungen verwendet, ohne damit einen Stillstand im Rückfluß zu erreichen.

Landbeleihungen waren aus Mangel an Mitteln nicht mehr möglich; ein am 26. Dezember 1858 Allerhöchst bestätigtes Gutachten des Finanzkomitees empfahl, die Gewährung von Hypotheken so viel als möglich einzuschränken und die Bestätigung neuer Aktien-Gesellschaften zu verzögern, da die zurückgeforderten Summen gerade zur Erwerbung von Aktien verwendet würden. Am 16. April 1859 wurden die Landbeleihungen ganz eingestellt, was mit dem Vorwande der Statutenänderung bemäntelt wurde.

Die Kreditanstalten konnten so nicht aufrecht erhalten werden. Der Fehler aller Institute, so mannigfach sie gewesen, war das Mißverhältnis zwischen Aktiv- und Passivgeschäft: sie nahmen kurzfristige Einlage und liehen sie auf lange Termine aus. Bei jedem „run" mußte dieses System ins Wanken geraten. Die Banken waren rein staatlich, ohne Selbständigkeit und hingen mit ihrem Kredit lediglich von dem des Staates ab, dessen flüssige Mittel ihre einzige Reserve bildeten. Zur Untersuchung der Bankfrage wurde im Mai 1859 eine Kommission eingesetzt, die diese Gefahr richtig erkannte. In der Zeit der Bauernbefreiung richtete sie naturgemäß ihre Aufmerksamkeit mehr auf den Boden- als auf den Handelskredit. Der Bericht der Kommission wurde einem Ausschuß zur weiteren Prüfung überwiesen, dessen Gutachten am 10. Juli 1859 Allerhöchst bestätigt wurde. Der Ausschuß empfahl die Liquidation der bestehenden Kreditanstalten, die Umwandlung der Depositenschuld dieser Anstalten in eine 5 %ige Anleihe, die Einsetzung einer neuen Kommission zur Beratung der Frage einer neuen Regelung des Agrarkredits.

[1] V. S. d. G. II, Nr. 34263 u. 34379.

In Verfolgung dieses Vorschlages wurden im September 1859 die 5 %igen Bankbillete zum Umtausch gegen Depositenscheine aufgelegt. Diese Billete sollten in 37 Jahren durch Verlosung getilgt werden und waren durch alle Staatsgüter sichergestellt. Sie hatten großen Erfolg; es wurden 277 Millionen Rub. in ihnen plaziert und die Rückzahlungen damit etwas zum Stillstand gebracht,

Das Finanzministerium benutzte die Zeit zu einer durchgreifenden Umgestaltung des Kreditwesens. Am Schluß dieser Periode bestanden folgende rein staatliche Kreditanstalten:

1. Die Staatsleihbank, die 1786 gegründet war, Hypotheken gewährte und Darlehen entgegen nahm,

2. die Staatskommerzbank, die 1817 gegründet war und das reguläre Bankgeschäft betrieb,

3. die Verwaltung der Staatskreditbillete,

4. die Depositenkassen der beiden Hauptstädte, die Depositen annahmen und sie auf Hypotheken ausliehen,

5. Die Kollegien der allgemeinen Fürsorge, die ebenfalls Geld auf Hypotheken ausliehen,

6. die Witwenkassen und

7. die Leihkassen in Petersburg und Moskau, die Mobilien beliehen.

Die ersten fünf Anstalten unterstanden dem Finanzminister, — die Depositenkassen und die Kollegien der allgemeinen Fürsorge waren ihm erst im Jahre 1859 [1] untergeordnet worden — die übrigen, die alle von Katharina II. im Jahre 1772 gegründet waren, den kaiserlichen Waisenräten.

Der liberalen Strömung der Zeit entsprechend wurde die Aufgabe des Staatsmonopols für den Bankbetrieb befürwortet und die Zulassung einer privaten Notenbank empfohlen. Alexander II. (1855—81) entschied sich aber für eine Staatsbank, deren Errichtung er durch Ukas vom 31. Mai 1860 [2] anordnete.

[1] V. S. d. G. II, Nr. 34730.
[2] V. S. d. G. II, Nr. 35847.

Zweites Kapitel.

Die Staatsbank.

Organisation. Die neubegründete Staatsbank sollte zur Belebung des Handels und zur Sicherung des Geldsystems dienen. Sie ging aus der Vereinigung der Staatskommerzbank mit der Verwaltung der Staatskreditbillets hervor. Die Liquidation der Leihbank wurde der Petersburger Depositenkasse übertragen, der die Annahme von Einlagen ebenso wie der Moskauer Depositenkasse und den Kollegien der allgemeinen Fürsorge verboten wurde. Alle diese Anstalten wurden unter die Aufsicht des Finanzministers gestellt. Alle Hypothekengeschäfte mußten abgewickelt und die Erträge der Staatsbank überwiesen werden. Alle Depositen übernahm die Staatsbank zur Zurückzahlung; alle einzelnen Schulden der Regierung an die früheren Anstalten gingen im gesamt auf sie über.

Die Verwaltung der Bank wurde einem Präsidenten und dessen Gehülfen übertragen, die vom Kaiser ernannt wurden. Sechs Direktoren bestimmte der Finanzminister auf Vorschlag des Präsidenten und drei Vertreter, je einen aus dem Adel, der Kaufmannschaft und der Staatskontrolle berief das Aufsichtsamt der Staatskreditanstalten. Der erste Präsident war Baron Stieglitz, aus der Petersburger Bankfirma Stieglitz & Co. Die oberste Leitung der Staatsbank lag dem Finanzminister ob, dessen Genehmigung bei Emissionen, bei An- und Verkauf von Staatspapieren, von Gold und Silber, sowie bei Personalveränderungen in den höheren Stellen eingeholt werden mußte. Der Finanzminister erhielt wöchentlich Bericht und monatlich eine Bilanz. Die Kontrolle übte das Aufsichtsamt der Staatskreditanstalten aus. Einmal jährlich berief er eine Versammlung, in der der Präsident Rechenschaftsbericht ablegte und in der auf Vorschlag des Finanzministers über die Verteilung des Reingewinns beschlossen wurde.

Entsprechend ihrer Bestimmung und Entstehung aus der Verwaltung der Staatskreditbillets und der Kommerzbank hatte die Staatsbank einerseits die Ausführung der Staatsaufträge, besonders die Verwaltung der Notenschuld, zu übernehmen und anderseits Handelsoperationen auszuführen.

Aus den Beständen der Kommerz- und Leihbank wurden der Staatsbank 15 Millionen Rub. als Grund- und 1 Million Rub. als Reservekapital überwiesen, letzteres sollte durch Hinzufügung bis zu $^1/_8$ des jährlichen Reingewinns auf 3 Millionen Rub. gebracht werden. Bei etwaigen Verlusten, die einen Teil des Grundkapitals verzehren würden, sollte dieses vom Staate ergänzt werden. Für alle Geschäfte der Bank haftete der Staat mit seinem ganzen Besitz. Sie ist also als ein rein staatliches Institut, ohne jede Beteiligung von privater Seite gegründet.

Der Bank wurde die Zins- und Rückzahlung der Depositen der alten Kreditanstalten und der 5 %igen I. Bankbillets sowie deren Verlosung übertragen und ebenso der Umtausch von großen Kreditbillets in kleine und umgekehrt, von alten in neue, sowie deren Ausgabe gegen Münzen und Barren.

Sie nahm Depositen von Regierung und Privaten, die keinerlei Beschlagnahmung unterlagen, auf laufende Rechnung. Die Verzinsung richtete sich nach den Einlagebedingungen, ob das Geld ohne, nach kurzer oder langer Kündigung zurückgenommen werden konnte. Zur Aufbewahrung übernahm sie jede Art Wertpapiere und Dokumente, Gold und Silber in Barren, Geräten und Münzen und verschlossenen Kästen.

Der Bank wurde erlaubt, Wechsel, die nicht länger als neun Monate liefen, sowie sonstige befristete Schuldurkunden[1] zu diskontieren und zur Einziehung zu übernehmen, Gold und Silber in Barren und Münzen anzukaufen und Anweisungen der Goldbergwerke, Wertpapieren und Waren russischen Ursprungs zu beleihen. Sie besorgte ferner Geldüberweisungen und konnte Gold, Silber und Staatspapiere für eigene und fremde Rechnung, andre Wertpapiere nur für fremde Rechnung an- und verkaufen.

Ein richtiges Verhältnis zwischen Aktiv- und Passivgeschäft war hierdurch gegeben. Durch den veränderlichen Zinsfuß, wie er nun vorgesehen war, konnte sich die Bank leichter den Umständen anpassen, als dies den alten Kreditanstalten möglich gewesen war. Die völlige Abhängigkeit vom Staat blieb aber bestehen.

Zwei Jahre nach der Gründung der Staatsbank empfahl ihr damaliger Präsident Lamansky in Verbindung mit seinem

---

[1] Kupons, ausgeloste, noch nicht zahlbare Wertpapiere usw.

Projekt zur Wiederherstellung der Einlösbarkeit der Kreditbillete eine vollständige Reorganisation. Er forderte Unabhängigkeit der Bank vom Finanzministerium, Unterstellung unter den Konseil der Staatskreditanstalten und Hinzuziehung des privaten Kapitals. Es sollte eine Aktiengesellschaft mit einem Kapital von 20 Millionen Rub. die Bank übernehmen, die Regierung sollte mit dem von ihr gegebenen Grundkapital beteiligt bleiben. Der Präsident, sein Gehülfe und sechs Direktoren sollten von der Regierung aus der Zahl der Aktionäre, sechs weitere von diesen selbst ernannt werden. Die Regierung, der Adel und die Kaufmannschaft sollten durch je zwei Direktoren vertreten werden. Das Projekt wurde jedoch verworfen.

Durch Ukas vom 3. Juni 1885 [1] nahm die Staatsbank die Polnische Bank mit 8 Millionen Rub. Grund- und $1/2$ Million Reservekapital auf. Diese Bank war 1828 mit 30 Millionen pol. fl. (1 fl. pol. = $1/6$ Tlr. preuß.) zur Förderung von Kredit, Handel und Industrie gegründet worden. Das Kapital wurde 1834 auf 42 Millionen pol. Gulden, 1841 „zum Gedächtnis der Vermählungsfeier des Großfürsten Thronfolgers“ auf 53 $1/3$ Millionen pol. Gulden (= 8 Millionen Rub. Silber) erhöht. Sie nahm Einlagen zur Aufbewahrung, zur Überweisung und zur Verzinsung von Korporationen und Privaten an, diskontierte Wechsel, kaufte, verkaufte und belieh Wertpapiere, Produkte, Fabriken und Güter, beteiligte sich an industriellen Unternehmungen und verwaltete die Lotterie des Königtums Polen sowie dessen Schuld. Sie hatte auch das Recht, bis zur Höhe ihres Kapitals Noten auszugeben, die an allen Staatskassen wie bares Geld genommen wurden; im Jahre 1845 erhielt sie die Genehmigung, weitere 2 Millionen Rub. Noten auszugeben und diesen Betrag auf Güter auszuleihen. Bei ihrer Gründung hatte sie auch die polnischen Kassenscheine, die bis dahin das Finanzministerium ausgegeben hatte, zur Emission und Verwaltung überwiesen erhalten: von 1830 an sollte die Bank diese Scheine gegen ihre Noten einlösen. Sie betrieb also alle nur denkbaren Bankgeschäfte; diese Vielseitigkeit der Polnischen Bank schwebte Louis Blanc als Ideal vor.

Bis zur Revolution machte die Bank gute Geschäfte, dann beteiligte sie sich aber an Spekulationen und Gründungen. So hatte sie unter anderm eine Papierfabrik, mehrere Lagerhäuser, eine Dampfschneidemühle, Waldungen, eine Maschinenfabrik und eine Salzsiederei. Im Jahre 1846 wurde ein Teil der Betriebe von der Krone übernommen. Seit 1842 betrieb sie die Kohlen- und Eisenwerke Guta Bankowa. 1876 wurden diese Werke, nachdem sie acht Jahre stillgelegen, an zwei ver-

[1] V. S. d. G. III, Nr. 3019.

schiedene Gesellschaften verkauft, die jetzt die Kohlen- und Eisengruben getrennt ausbeuten [1].

Durch Ukas vom 26. März 1869 [2] wurde die Bank der Aufsicht des Finanzministers unterstellt und am 24. Januar 1870 die Liquidation der Geschäfte angeordnet, die der russischen Staatsbank verboten sind; es waren dies hauptsächlich die Industrieunternehmungen und die hochverzinslichen Depositen, die besonders der römisch-katholische Klerus unterhalten hatte. Von den 10 Millionen Rub. Noten, die die Bank ausgegeben hatte, wurden 9,6 Millionen in Kreditbillete umgetauscht; diese Operation war 1882 ganz beendet. 1885 wurde die Warschauer Niederlassung und die zehn Filialen in Kontore und Abteilungen der Staatsbank umgewandelt. Für die Geschäfte, deren Liquidation mit Verlust verknüpft sein konnte, wurde eine besondere Rechnung geführt.

Eine gänzliche Veränderung des Bank- und Geldwesens wurde vom Finanzminister Sergius Julewitsch Witte (1892 bis 1903) durchgeführt. Gleich nach der Übernahme des Portefeuilles berief er eine Kommission zur Revision der Satzungen der Bank. Der Staatsbank wurde die Annahme von zwölf Monatswechseln gestattet, was besonders dem asiatischen Handel zugute kam, der durch die glückliche äußere Politik und den Bau der Sibirischen Bahn sehr gefördert wurde. Die Mittel der Staatsbank vermehrte er dadurch, daß er die Barbestände der Eisenbahnen auf laufende Rechnung einzahlen ließ.

Am 6. Juni 1894 [3] wurden die neuen Satzungen der Staatsbank vom Kaiser bestätigt. Diese sollte nun ihr Hauptaugenmerk auf die Erleichterung des Geldumlaufes, Unterstützung des vaterländischen Handels, der Industrie und Landwirtschaft durch kurzfristigen Kredit und auf die Verbesserung des Kreditsystems richten. Das Kapital sollte von 25 Millionen Rub. auf 50 Millionen Rub., der Reservefonds auf 5 Millionen Rub. erhöht werden. Bis zu dieser Grenze sollten jährlich 10 % des Reingewinns zum Kapital, 5 % zum Reservefonds geschlagen werden. Aber bereits durch Ukas vom 6 Februar 1895 [4] wurden der Staatsbank 24,33 Millionen Rub. überwiesen, und so die gesetzliche Höhe des Grundkapitals erreicht. Etwaige Verluste sollten weiter nach Verbrauch des Reservefonds aus den Staatskassen ersetzt werden. Die oberste Leitung der Staatsbank blieb in den Händen des Finanzministers. An die Spitze der Verwaltung

---

[1] Brandt: Ausländische Kapitalien. Ihr Einfluß auf die wirtschaftliche Entwicklung der Länder. Petersburg 1899. Bd. II, S. 24 (russisch).

[2] V. S. d. G. II, Nr. 46900.

[3] V. S. d. G. III, Nr. 10767.

[4] V. S. d. G. III, Nr. 11351.

wurde der Präsident gestellt, der vom Kaiser ernannt wird; ihm stehen zwei Gehülfen zur Seite. Der Aufsichtsrat unter Führung des Präsidenten setzt sich aus dem Direktor der besonderen Kanzlei für Kreditangelegenheiten, einem Mitglied der Staatskontrolle, den beiden Gehülfen des Präsidenten, dem Direktor des Petersburger Kontors, aus Mitgliedern des Finanzministeriums, die auf Vorschlag des Finanzministers vom Kaiser ernannt werden, sowie aus je einem Vertreter des Adels und der Kaufmannschaft zusammen. Die beiden Vertreter werden vom Kaiser aus dem Kreis der Leute ausgewählt, die von dem Petersburger und Moskauer Adel bzw. von der Kaufmannschaft vorgeschlagen werden. Das Aufsichtsamt der Staatskreditanstalten, die frühere Aufsichtsbehörde, wurde aufgehoben und seine Funktionen dem Staatsrat übertragen.

Für die Handelsabteilung wurde der Geschäftskreis auf folgende Operationen festgelegt: 1. Diskont von Wechseln und andern befristeten Schuldverschreibungen, 2. Gewährung von Darlehen und Eröffnung von Krediten, 3. Annahme von Einlagen zur Verzinsung und zur Verwahrung, 4. An- und Verkauf von Wertpapieren, 5. Überweisungen und andre Kommissionsgeschäfte.

Mit der Währungsreform wurde durch Ukas vom 29. August 1897[1] die Kreditbilletausgabe der Staatsbank übertragen, die sie den Bedürfnissen der Volkswirtschaft und nicht denen der Staatskasse entsprechend ausgeben soll.

Dadurch ist die Bank in den Stand gesetzt, wie die westeuropäischen Notenbanken zu wirken.

F i l i a l e n. Die Kommerzbank, die Vorgängerin der Staatsbank, war vor ihrer Schließung nur in sieben Städten[2] tätig. Die Staatsbank vermehrte die Zahl der Kontore und Abteilungen ständig. Im Jahre 1885 besaß sie 8 Kontore (Moskau, Archangelsk, Odessa, Riga, Kiew, Charkow, Jekaterinburg und Rostow a. Don), 63 ständige und 4 zeitweilige Abteilungen. Archangelsk wurde später wieder zur Abteilung verkleinert. Bei der Übernahme der Polnischen Bank wurde deren Hauptstelle in Warschau in ein Kontor, deren 10 Filialen in Abteilungen umgewandelt.

Die Witte'sche Bankreform sah die Errichtung von Agenturen vor, die von einem Agenten, der auch Beamter sein konnte, verwaltet werden und nur einfache Geschäfte ausführen sollten. Dieser Plan kam nicht zur Ausführung, da mit der Überführung der Barbestände der Staatskassen auf

---

[1] V. S. d. G. III, Nr. 14504.

[2] Vgl. Bericht von E. L a m a n s k y in der Sitzung der Société d'économie politique vom 25. Oktober 1881. Journal des Économistes. Bd. 16, S. 141.

die Staatsbank durch den Ukas vom 29. April 1896[1] die Kreisrenteien dieser angegliedert und mit der Ausführung einiger einfacher Geschäfte, wie Auszahlung verloster Wertpapiere, An- und Verkauf von Serien, Inkasso, Scheck- und telegraphischem Zahlungsverkehr, betraut wurden.

Im Jahre 1905 standen der Staatsbank 8 Kontore (mit Petersburg), 108 ständige und 7 zeitweilige Abteilungen und 735 Renteien zur Verfügung.

Bilanz. Die Staatsbank trennte früher in der Bilanz nach dem Muster der Bank of England die Rechnungen für die Kreditbilletausgabe (Issue department) und für die sonstigen Bankgeschäfte (Banking department). Auf der Passivseite des Ausweises der Abteilung für die Kreditbilletausgabe stand der Betrag der in Umlauf gesetzten Kreditbillete, die Aktivseite wies den Einlösungsfonds für die Billete und die Schuld der Regierung für dieselben nach. Die Bankabteilung trennte die Rechnungen für die Petersburger Hauptstelle und die Kontore und Abteilungen, die alle gesonderte Bilanzen aufstellten. Ein dritter Teil der Bilanz umfaßte die Liquidation der alten Kreditanstalten, ebenfalls getrennt nach Hauptstelle und Filialen, da diese Geschäfte nicht in den Rahmen der neuen Bank hineinpaßten. Aus demselben Grunde wurde die Liquidation der den gesetzlichen Bestimmungen für die russische Staatsbank widersprechenden Geschäfte der polnischen Bank in besonderer Rechnung geführt.

Durch den Ukas vom 29. August 1897[2] wurde mit der Übertragung der Kreditbillete auf die Staatsbank die Trennung der beiden Abteilungen aufgehoben; alle Geschäfte werden nun in einer Bilanz zusammengefaßt, die für die Hauptstelle, die Filialen und die seit 1896 in den Geschäftsbereich der Staatsbank einbezogenen Renteien gesondert veröffentlicht wird.

Die Wochenausweise der Staatsbank sind außerordentlich ausführlich. Während der Ausweis der Bank of England 13, der der deutschen Reichsbank 12 Posten umfaßt, weist der der russischen Staatsbank 39 auf, ein Beweis des viel größeren Aufgabenkreises der russischen Bank.

Eine Besprechung der einzelnen Posten eines Ausweises wird am leichtesten die Tätigkeit der Staatsbank beleuchten. Als Beispiel ist auf S. 30 u. 31 der Ausweis vom 23. März/5. April 1905 wiedergegeben.

Liquidation der alten Kreditanstalten. — Ehe wir zur Besprechung der einzelnen Posten des Ausweises übergehen, sei ein Konto erwähnt, das bis 1887 auf der Aktivseite der Bilanz erschien, nämlich: Liquidation der alten Kredit-

[1] V. S. d. G. III, Nr. 12852.
[2] V. S. d. G. III, Nr. 14504.

anstalten, die die Bank für Rechnung des Staates besorgte. Die Staatsbank stellte für diese Operation eine besondere Bilanz auf, deren Saldo in den Ausweis der Bankabteilung eingesetzt wurde und hier als die Summe erschien, die der Bank durch die Liquidation entzogen wurde.

Am 1. Januar 1859 waren in allen Kreditanstalten 967,1 Millionen Rub. Depositen, davon 725,07 Millionen Rub. von Privaten, vorhanden. Im Laufe des Jahres wurden 638 ½ Millionen Rub. durch auswärtige Anleihen, durch Kreditbillet- und Schatzschein-(Serien) Emission, sowie durch Umwandlung in 4%ige Rente und 5%ige Bankbillets getilgt; am Schluß des Jahres blieben also noch 328 ½ Millionen Rub. Depositen, von denen die Hälfte öffentlichen Verbänden gehörte. Zur rascheren Abwickelung des Geschäfts wurde der Zinsfuß am 1. Januar 1860 auf 2% herabgesetzt. Für die weitere Rückzahlung wurde 1860 anstatt der 1859 nicht realisierten 5 Millionen £ der 3%igen englischen Anleihe eine 4½%ige Anleihe von 8 Millionen £ mit Baring Brothers & Co., London, und Hope & Co., Amsterdam, kontrahiert. Der Erlös, im ganzen 39,39 Millionen Rub., wurde nur zum Teil zu Rückzahlungen verwendet: 14¾ Millionen Rub. dienten zur Deckung des Budgetdefizits. Durch Ukas vom 16. Dezember 1860[1] wurde die Staatsbank zur Ausgabe von 100 Millionen Rub. 4%iger Metallbillets in 300 Rubelstücken ermächtigt, die in 41 Jahren durch Verlosung getilgt und wie Serien bei Zahlungen an den Staat genommen werden sollten. Man glaubte durch sie auch dem Mangel an klingender Münze abhelfen zu können. Im Jahre 1861 wurden 36 Millionen Rub. realisiert, im folgenden Jahre weitere 24 Millionen Rub., im ganzen also 60 Millionen Rub. Am 1. Januar 1862 blieben noch 181,6 Millionen Rub. alte Depositen, denen eine Forderung der Bank an die Regierung, für deren Rechnung die Liquidation stattfand, von 160 Millionen Rub. gegenüberstand. Mit Hilfe der neu in die Staatsbank einfließenden Einlagen und der Rückzahlung der Regierungsschuld wurden bis 1865 die alten Depositen auf 29,7 Millionen Rub. reduziert. Die Regierungsschuld hatte bis 1865 nur um 19 Millionen Rub. abgenommen. Der Erlös der I. 5%igen Prämienanleihe von 1864 wurde mit 98½ Millionen Rub. zur Rückzahlung verwendet. Die Liquidation nahm bedeutende Mittel der Bank in Anspruch, 1864 stand sie mit 165,3 Millionen Rub. in der Bilanz, am 1. Januar 1885 noch mit 75,5 Millionen Rub., während sie vorübergehend zu Beginn der 80er Jahre auf 53 Millionen gesunken war. Im Jahre 1885 erhielt die Bank für Rechnung der Staatskasse 75,3 Millionen Rub. nominal in Wertpapieren, die bei der Liquidation an Zahlungsstatt eingegangen waren.

---

[1] V. S. d. G. II, Nr. 36405.

Aktiva.

	Petersburg	Übrige Kontore u. Abteilgn.[1]	Renteien[1]	Zusammen
1. Kasse: Kreditbillete.	23 849 771.—	11 691 000	38 657 000	74 197 771,—
Gold	904 080,—	86 410 000	48 201 000	134 515 080,—
Vollwertiges Silber	8 170 187,80	14 764 000	21 295 000	44 229 187,80
Scheidemünze . . .	3 634 567,27 1/2	9 816 000	10 659 000	24 109 567,27 1/2
Insgesamt	36 558 606,07 1/2	122 681 000	117 812 000	277 051 606,07 1/2
2. Gold in Barren, Anweisungen der Bergwerksverwaltungen .	681 438 992,34 3/4	83 096 000	—	764 534 992,34 3/4
3. Gold im Ausland[2] . .	125 218 132,93 1/4	—	—	125 218 132,93 1/4
4. Tratten u. Anweisungen auf ausl. Plätze im Besitz d. Bank . . .	264 810,20	—	—	264 810,20
5. Diskontierte Wechsel u. befristete Papiere .	13 568 505,26	126 949 000	21 783 000	162 300 505,26
6. Spezial-Kto.-Krt. geg. Wechsel.	1 145 678,79	4 356 000	—	5 501 678,79
7. Spezial-Kto.-Krt. geg. Wertpapiere.	20 369 910,36 3/4	52 322 000	—	72 691 910,36 3/4
8. Darlehne auf Wertpapiere	7 416 476,21 1/4	23 677 000	—	31 093 476,21 1/4
9. Darlehne auf Waren	412 025,82	41 245 000	—	41 657 025,82
10. Darlehne auf Warendokumente	—	4 373 000	—	4 373 000,—
11. Darlehne an Landwirte	1 017 549,39	7 239 000	—	8 256 549,39
12. Darlehne an industr. Unternehmungen . .	34 951 825,71	5 965 000	—	40 916 825,71
13. Darlehne an Handwerker und Hausgewerbetreibende . .	—	196 000	—	196 000,—
14. Darlehne zum Ankauf von landw. Maschinen	—	772 000	—	772 000,—
15. Vorschüsse durch Vermittelung	14 281,—	161 000	—	175 281,—
16. Vorschüsse an Städte u. Semstwos.	—	14 000	—	14 000,—
17. Schuld d. Petersb. u. Moskauer Leihkassen	6 113 629,38	2 025 000	—	8 138 629,38
18. Protestierte Wechsel	42 795,90	649 000	—	691 795,90
19. Verfallene Schulden durch Immob. gedeckt	257,97	1 095 000	—	1 095 257,97
20. Wertpapiere, d. Bank gehörig	12 668 738,18 1/2	31 558 000	10 945 000	55 171 738,18 1/2
21. Wertpapiere, in Kommission erworben . .	1 593 591,90	—	—	1 593 591,90
22. Abrechnung m. Adels- u. Bauernbk. u. andern Staatsanstalten . . .	4 077 908,40	—	—	4 077 980,40
23. Unkosten d. Bank u. verschiedene Konten.	44 908 228,13 3/4	5 821 000	—	50 729 228,13 3/4
24. Konto der Kontore u. Abteilungen.	349 311 617,53 1/4	—	—	349 311 617,53 1/4
25. Konto der Renteien .	—	21 236 000	61 250 000	82 486 000.—
Insgesamt	1 341 093 561,51	535 430 000	211 790 000	2 088 313 561,51

[1] Laut telegraphischer Berichte (in 1000 Rubel).

[2] Dieser Posten weist nur das der Staatsbank im Ausland gehörige Gold nach; der Staatskasse im Ausland gehöriges Gold ist hierin nicht enthalten.

Passiva.

	Petersburg	Übrige Kontore u. Abteilgn.	Renteien	Zusammen
1. Kreditbill. im Umlauf	970 000 000,—	—	—	970 000 000,—
2. Tratten a. Ausl. ausgegeben	2 513 124,77 1/4	—	—	2 513 124,77 1/4
3. Grundkapital	50 000 000,—	—	—	50 000 000,—
4. Reservekapital	5 000 000,—	—	—	5 000 000,—
5. Hausbaukapital für die Filialen	36 590,59 1/2	—	—	36 590,59 1/2
6. Einlagen mit Kündigungsfrist	764 837,—	15 167 000	—	15 931 837,—
7. Einlagen ohne Kündigungsfrist	5 316 269,78 3/4	34 573 000	—	39 889 269,78 3/4
8. Kontokorrent:				
a) des Departements d. Staatskasse	122 242 769,22	—	—	122 242 769,22
b) der Spezialmittel u. Depositen	—	—	200 247 000	200 247 000.—
c) von Staats- u. Kommunal-Instituten	104 117 026,—	5 820 000	—	109 937 026,—
d) Privater, Kreditanstalten, Handelshäuser	3 290 064,22 1/4	7 605 000	11 543 000	22 438 064,22 1/4
e) bedingte	11 226 570,12 3/4	53 602 000	—	64 828 570,12 3/4
9. Abrechnungskonto zw. den Eisenbahnen	29 939 633,91 1/2	—	—	29 939 633,91 1/2
10. Außenstehende Überweisungen	1 480 996,17	6 395 000	—	7 875 996,17
11. Zinsen	1 451 478,44 3/4	6 012 000	—	7 463 478,44 3/4
12. Zinsen auf Einlagen u. verschiedene Summen	9 344 917,33 1/2	6 701 000	—	16 045 917,33 1/2
13. Kontokorrent d. Filialen mit der Bank	—	399 555 000	—	399 555 000,—
14. Kontokorrent d. Renteien	24 369 283,91 3/4	—	—	24 369 283,91 3/4
Insgesamt	1 341 093 561,51	535 430 000	211 790 000	2 088 313 561,51

Außerdem hat die Staatsbank zur Verwahrung: Depots verschiedener Personen und Anstalten:

a) Wertpapiere und Dokumente 4 159 782 162,69 1/2

b) Gold und Silber, nach Schätzung der Depotinhaber (am 1. März) . . . . 3 760 000,—

Die Staatsbank berechnet:

beim Diskont von Wechseln mit 3 monatlicher Laufzeit	5 1/2 %	auf Darlehne gegen andere zur Beleihg. zugelassene Wertpapiere	7 1/2 %
„ 6 „ „	6 1/2 %	auf Spezialkontokorrent gegen Wertpapiere:	
„ 9 „ „	7 1/2 %	gegen 4 %ige Rente	6 %
„ 12 „ „	8 1/2 %	gegen andere Staats- und vom Staate garantierte Papiere, Obligationen d. städt. Kreditgesellschftn. u. Pfandbriefen v. Hypothekenbanken	6 1/2 %
auf Spez-Kto-Krt. geg. Wechsel	6 1/2—7 %	gegen andere zur Beleihg. zugelassene Wertpapiere	7 1/2 %
auf Darlehne gegen Waren	5 1/2—7 1/2 %		
„ „ an Industrielle	6—8 %		
„ „ geg. Wertpapiere:			
gegen 4 %ige Rente	6 %		
gegen andere Staats- und vom Staate garantierte Papiere, Obligationen d. städt. Kreditgesellschftn. u. Pfandbriefen v. Hypothekenbanken	6 1/2 %		

Die Staatsbank vergütet:

auf Einlagen m. Kündiggsfrist 2—3 1/2 % | auf Einlagen ohne Kündigungfrist 1 %

Durch Ukas vom 19. Dezember 1886[1] wurde die Liquidationsbilanz aufgehoben; mit der Zahlung der Zinsen und der Tilgung der 5 %igen 1. Bankbillete und der Depositen der alten Kreditanstalten wurde die Staatskasse beauftragt, der auch die Eingänge auf die Außenstände der alten Kreditanstalten zugleich mit den Gewinnen der Handelsabteilung der Staatsbank überwiesen wurden.

Grund- und Reservekapital. Aus den Beständen der Kommerz- und der Leihbank erhielt die Staatsbank bei ihrer Gründung 15 Millionen Rub. als Grund- und 1 Million Rub. als Reservekapital. Von dem Grundkapital überwies die Bank den Filialen eine Summe, die in den Bilanzen der einzelnen Filialen als Grundkapital erscheint. Diese Summe schwankte für die Kontore zwischen 0,3—4,0 Millionen Rub. und betrug für die Abteilungen 50 000 Rub. Von den 15 Millionen Rub. Grundkapital entfielen bei Beginn 7,4 Millionen auf die Filialen.

Durch Überweisung eines Drittels des Reingewinnes sollte der Reservefonds satzungsgemäß auf 3 Millionen Rub. gebracht werden. Bereits 1863 hatte er diese Höhe erreicht. Da die notwendige Vermehrung der Filialen das Grundkapital der Bank schmälerte, wurde es 1865 um 2 Millionen, 1867 abermals um 2 Millionen, 1868 um 1 Million Rub. erhöht, die dem Reservefonds entnommen wurden, der durch die Überweisungen aus dem Reingewinn seit 1869 die satzungsmäßige Höhe mit geringen Abweichungen beibehalten hat. Von den 20 Millionen Grundkapital entfielen 1869 auf die 43 Filialen 9,85 Millionen Rub.

Die Übernahme der Polnischen Bank machte abermals eine Vermehrung des Grundkapitals nötig. Im Jahre 1875 wurde es um 2 Millionen, 1876 um 1 Million, 1878 um weitere 2 Millionen Rub. erhöht. Durch den Ukas vom 6. Juni 1894[2] wurde im Zusammenhang mit der Witte'schen Bankreform die Erhöhung des Grundkapitals von 25 auf 50 Millionen Rub., die des Reservefonds von 3 auf 5 Millionen Rub. angeordnet. Es sollten jährlich 10 % des Reingewinnes zum Kapital, 5 % zum Reservefonds geschlagen werden. Aber schon im folgenden Jahre wurden durch Ukas vom 6. Februar 1895[3] der Bank 24,33 Millionen Rub. überwiesen und so die gesetzliche Höhe des Grundkapitals erreicht. Der Reservefonds weist seit 1901 die statutenmäßige Höhe von 5 Millionen Rub. auf.

Kreditbillete und Barbestände. Eng zusammen gehören in der Bilanz die Posten 1, 2 und 3 der Aktivseite, nämlich Kasse, Gold in Barren, und Anweisungen und Gold

[1] V. S. d. G. III, Nr. 4108.
[2] V. S. d. G. III, Nr. 10767.
[3] V. S. d. G. III, Nr. 11351.

im Ausland, und Posten 1 der Passivseite: Kreditbillete im Umlauf. Diese Zusammenfassung entspricht ungefähr dem Geschäftskreis der früheren Abteilung der Kreditbilletausgabe, es fehlt dabei die unverzinsliche Schuld der Regierung für die Kreditbillete, die seit 1900 ganz aus der Bilanz verschwunden ist; es ist dagegen in dieser Zusammenfassung auch der Kassenbestand der früheren Bankabteilung enthalten.

Um den Betrag der wirklich in Umlauf sich befindenden Noten zu erhalten, muß man in der alten Bilanz vom ersten Passivposten der Abteilung für die Kreditbilletausgabe: nämlich Kreditbillete im Umlauf, den Betrag der in der Bankabteilung auf der Aktivseite nachgewiesenen Billete absetzen; in der jetzigen Bilanz entspricht der Umlauf der Differenz der ersten Posten der Aktiv- und Passivseite; er beträgt also in unserer Bilanz 970 Millionen Rub. abzüglich 74 197 771 = 895 802 229 Rub.

Bei Gründung der Staatsbank waren die ihr übertragenen Kreditbillete uneinlöslich. Im Jahre 1858 waren 60 Millionen vernichtet worden, dann aber wieder zur Depositenrückzahlung 88 1/2 Millionen neu begeben worden; am 1. Januar 1862 erreichte ihr Umlauf eine Höhe von 713 Millionen Rub. bei einem Einlösungsfonds von 98 Millionen Rub. Ihr Kurs fiel mit dem Wechselkurs. Der Krimkrieg hatte das Vertrauen zum russischen Kredit schwer geschädigt, so daß die Wertpapiere aus dem Ausland nach Rußland zurückflossen; die ausländischen Depositen wurden nach der Zinsherabsetzung zurückgezogen. Auch die großen Materialbestellungen für Eisenbahnbauten im Ausland trugen beim liberalen Zolltarif zur Verschlechterung der Zahlungsbilanz bei.

Nach dem Plan Lamanskys, des Präsidenten der Staatsbank, sollte der Kurs der Kreditbillete durch Einlösung gegen Gold und Silber zu allmählich sich erhöhendem Kurse auf pari gebracht werden. Kreditbillete sollte nur die Bank selbst ausgeben und zwar gegen volle Deckung. Dem Einlösungsfonds sollte die Regierung 200 Millionen Rub. 5 %iger Rente zum Verkauf, ferner 200 Millionen Rub. in einer 1 %igen, innerhalb 100 Jahren zu tilgenden Schuldverschreibung und weitere 200 Millionen Rub. in Hypotheken auf Domänen, Staatsforste und Staatsbahnen übergeben. Dadurch hoffte Lamansky das Vertrauen zu der Einlösungsfähigkeit der Bank zu heben. Nur ein kleiner Teil seines Planes wurde angenommen.

Im Umlauf befanden sich zu Beginn des Jahres 1862 722 Millionen Rub., denen ein Einlösungsfonds von 79 Millionen Rub. gegenüberstand; die Deckung betrug also 10,9 %. Durch die 8. 5 %ige 15 Millionen £ Anleihe bei den beiden Häusern Rotschild in London und Paris wurde der Fonds auf 25,4 % des Kreditbilletumlaufes gebracht. Am 1. Mai 1862 wurde die Einlösung aufgenommen. Anfangs wurden wenig Billete eingetauscht, dann aber schmolz der Metallvorrat rasch zusammen; in manchen Monaten wurden der Bank über 10 Millionen Rub. entzogen, da die Spekulation sich die Einlösung zu Nutze machte. Man brauchte nur Kreditbillete zu kaufen, sie einige Zeit zu behalten und dann an die Staatsbank zu verkaufen um den Kursgewinn einzustreichen. Der Polenaufstand, der im Januar 1863 ausbrach, trug hauptsächlich mit zum Mißlingen der Einlösungsoperation bei. Auch war die Goldproduktion infolge der Bauernbefreiung erheblich zurückgegangen; die Bauern verließen, als sie nicht mehr zur Arbeit gezwungen werden konnten, in Scharen die verhaßten Bergwerke. Das Gerücht, die polnischen Aufständigen hätten Kreditbillete in großen Mengen hergestellt und in Umlauf gesetzt, trug viel dazu bei, das Vertrauen zu den Billeten zu erschüttern[1]. Als in den ersten 3 Tagen des August allein 4,4 Millionen Rub. Metall der Bank entzogen wurden, stellte sie am 6. August die Einlösung gegen Gold ein.

Der Kurs der Kreditbillete war von 93,1 % im Januar 1863 auf 98,2 % im Oktober 1863 gestiegen. Durch das Versteifen der westeuropäischen Geldmärkte war die Bank gezwungen, durch Goldversendungen die Wechselkurse zu halten; dies erweckte die Befürchtung, daß die Bank die Einlösung nicht fortsetzen könne und veranlaßte einen neuen Sturm auf ihren Metallschatz, dem sie nicht gewachsen war. Am 5. November 1863 stellte sie auch die Einlösung gegen Silber ein.

Dieses Fehlschlagen der Einlösungsoperation drückte die Billete unter den früheren Kurs; im November 1863 standen sie auf 92,3 %, im Oktober 1864 auf 77,3 %. Im Verkehr waren im Jahre 1863 am 1. Dezember 642 Millionen Rub., denen ein Barfonds von 68 Millionen Rub. gegenüberstand. Vernichtet waren 45 Millionen Rub. Kreditbillete, die den Staat 107 Millionen Rub. gekostet hatten.

Die Summe der Billete vermehrte sich nun von Jahr zu Jahr. Seit 1864 war die Regelung dieser Schuld aufgegeben. Die Staatsbank war mit dem künstlichen Halten der Wechselkurse, der Prämienanleihen, mit der Unterstützung des Privatbankwesens, das nach dem Reformplan der 1860er

---

[1] In Wirklichkeit waren bis zum 1. Januar 1864 nur 0,57 Millionen Rub. falsche Kreditbillete bei den Kassen der Bank vorgekommen; im ganzen sind bis zum 1. Januar 1872 nur 1,9 Millionen Rub. Falsifikate von der Bank eingezogen worden.

Die Schädigung des Staatskredits ist in Rußland ein beliebtes Mittel der Revolutionäre zur Bekämpfung der Regierung. Im Jahre 1905 veranlaßten sie das Publikum, den Sparkassen in Massen die Einlagen zu entziehen. — Im Herbst 1906 forderte das Exekutivkomitee des internationalen sozialistischen Bureaus die Presse und die Abgeordneten auf, den Kredit Rußlands in jeder möglichen Weise zu schädigen.

Jahre geschaffen werden sollte, mit der Realisation der Staatsanleihen vollauf beschäftigt. Für ihre Handelsoperationen hatte sie nur wenig Mittel übrig. Ihr Diskontsatz war 8 1/2—9 1/2 %; durch diesen hohen Satz wurde die Zurückzahlung der Depositen angeregt. Im Jahre 1867 wurde ihr die „zeitweilige" Ausgabe von 35 Millionen Rub. Kreditbilleten, zu deren Deckung sie Schatzscheine (Serien) empfing, zur Verbilligung der Diskontosätze erlaubt und gleichzeitig die Erwerbung von Gold und Silber in Barren und Münzen gegen Kreditbillete gestattet. Zweck dieser Maßnahme war die Ansammlung eines Goldschatzes. Der Erlös der 3. 5 %igen Bankbillete wurde ebenfalls dem Fonds zugeführt. Bis zum 1. Januar 1876 war dieser auf 229,3 Millionen Rub. gebracht und stellte so bei einem Kreditbilletumlauf von 797,3 Millionen eine Deckung von 28,8 % dar.

Diese Metallanhäufung führte ein allmähliches Steigen des Kurses der Kreditbillete herbei, der sich von 1870—1875 von 79,9 % auf 92 % hob. Bei ruhiger Weiterentwickelung wäre ohne Zweifel die Parität erreicht worden. Als aber 1875 infolge der amerikanischen Konkurrenz die Getreidepreise stark fielen, und die Handelsbilanz Rußlands sich damit wesentlich verschlechterte, sanken auch die Wechselkurse. Der Finanzminister, Graf M. Ch. Reutern (1862—78), wollte sie halten, obgleich diese Operation 1862/3 bereits gänzlich fehlgeschlagen war. Am 26. Januar 1876 wurde der Staatsbank die Abgabe von Goldwechseln auf das Ausland gegen Kreditbillete zum Tageskurs befohlen. Die eingehenden Billete sollten vernichtet werden. Im Anfang wurden wenig Wechsel gekauft. Dann aber entzog eine Finanzgruppe der Bank das Gold systematisch. Sie kaufte russische Wertpapiere im Ausland, lombardierte sie bei der Staatsbank und verwendete die dabei erhaltenen Kreditbillete zum Ankauf von Goldwechseln, mit denen wieder russische Fonds erworben und der Kreislauf von vorne begonnen wurde.

Um diese Spekulation zu verhindern, erhöhte die Staatsbank den Diskontsatz von 6 1/2 % auf 8 1/2 %, den Lombardzins von 7 1/2 % auf 9 1/2 %, wies dann weitere Beleihungen zurück und forderte die Auslösung der alten Pfänder. Dadurch kamen die russischen Banken und Bankers, die sich an der Goldentziehung beteiligt hatten, in große Verlegenheit. Der Einlösungsfonds war aber im Laufe des Jahres von 231,2 Millionen auf 180,5 Millionen Rub. zusammengeschmolzen. Da die Bank auch die von England auf den Markt geworfenen Papiere aufnehmen mußte, so zeigten sich im Einlösungsfonds am 1. Januar 1877 31 1/2 Millionen Rub. Wertpapiere, während im Jahre vorher nur 1,8 Millionen Rub. vorhanden waren. Der Goldvorrat hatte sich also um 80 Millionen Rub. verringert. Der Kreditbilletumlauf betrug 735,2 Millionen Rub.; die

Gesamtdeckung machte demnach 24 1/2 %, die metallische 20,2 % aus. Bei den politischen Verwickelungen der zweiten Hälfte der 1870er Jahre war dieser Mißerfolg für Rußland doppelt empfindlich. Graf Reutern ließ, um den Metallschatz wieder zu stärken, vom 1. Januar 1877 an die Zollabgaben in Gold erheben.

Zur Deckung der Kosten des 6. Türkenkrieges (1877/8) wurde der Staatsbank erlaubt, Kreditbillete zu emittieren, um mit den Erträgen der Staatskasse Darlehen machen zu können. Diese Kreditbillete gab also nicht der Staat, sondern die Bank aus; sie wurden auch nicht in der Abteilung für Kreditbilletausgabe, sondern in der Bankabteilung verrechnet. Nach dem Kriege konnten die Vorschüsse nicht gleich eingestellt oder zurückgezahlt werden. Die drohende Haltung Rußlands gegen Deutschland, die vielen Attentate, denen schließlich auch Kaiser Alexander II. (1855—81) am 13. März 1881 zum Opfer fiel, waren Finanzreformen nicht günstig; erst 1881 wurde die Neuausgabe von Kreditbilleten eingestellt. Die Darlehen an die Regierung waren am 1. Januar 1881 auf 419 1/2 Millionen Rub. angelaufen, während die „zeitweilige" Kreditbilletausgabe am 1. Januar 1880 446 Millionen, am 1. Januar 1881 417 Millionen betrug. Der Kurs sank bis auf 63—64 %.

Von Finanzminister A. A. Abasa (1880/1), dem Nachfolger S. A. Greigs (1878/80), wurde ein Plan zur Verminderung der Kreditbillete aufgestellt. Die Schuld der Regierung sollte zunächst auf 400 Millionen Rub. herabgebracht werden, von denen dann jährlich 50 Millionen Rub. getilgt werden sollten. Für den gleichen Betrag sollten dann Billete eingezogen und vernichtet werden. Aus dem regulären Etat konnte diese Summe nicht genommen werden, da die Staatseinnahmen sich infolge der Aufhebung der Salzsteuer und der Mißernte von 1880, durch die die Zolleinnahmen sich verringerten, vermindert hatten. Die erste Ratenzahlung von 69 1/2 Millionen Rub. wurde, da eine äußere Anleihe wegen des Versteifens des Geldmarktes nicht möglich war, durch den Erlös der 5. 5 %igen 100 Millionen Rub. Bankbilletanleihe, die günstig untergebracht wurde, gedeckt.

Der neue Finanzminister N. Ch. Bunge (1882/7), früher Professor in Kiew, suchte vorerst die Staatsausgaben zu verringern, ohne jedoch die Defizite aus dem Budget beseitigen zu können. Im Jahre 1882 erfolgte die zweite Zahlung von 50 Millionen Rub. durch Gutschrift auf laufender Rechnung. Die dritte Zahlung wurde aus dem Erlös der 6 %igen ewigen steuerfreien 50 Millionen Goldrente, die durch Ukas vom 11. November 1883[1] genehmigt war, geleistet. Um „keine

---

[1] V. S. d. G. III, Nr. 1827.

plötzliche Bedrückung des Geldmarktes" hervorzurufen, wich man 1884 von der durch Ukas vom 1. Januar 1881[1] befohlenen Barzahlung ab und übergab der Staatsbank 5 %ige Goldrente zur Realisation.

Hatte Bunge in mäßiger Weise die Ansammlung eines Goldschatzes angestrebt, so tat dies sein Nachfolger J. A. Wyschnegradski (1888/92) mit aller Energie. Um die Zahlungsbilanz zu bessern, suchte er durch seine Fracht- und Tarifpolitik die Ausfuhr zu forcieren, die Einfuhr durch Zollerhöhung zu beschränken, die Schuldzinszahlung an das Ausland durch Konvertierung zu vermindern. Seine Konversionspläne wurden durch die Verstimmung zwischen Rußland und Deutschland Ende der 1880er Jahre vereitelt. Im Jahre 1887 war der deutschen Reichsbank und der preußischen Seehandlung die Lombardierung russischer Wertpapiere untersagt worden; dies Verbot wurde erst 1894 wieder aufgehoben. Durch rücksichtsloses Eintreiben der Steuern vermehrte Wyschnegradski zwar die Einnahmen des Staates, zwang aber die Bauern zum Getreidemehrverkauf; durch diese Politik, das berüchtigte „System Wyschnegradski", waren die Defizite zwar aus dem Budget verschwunden, die Bauern aber waren im Hungerjahr 1891 ohne Vorräte, und die Regierung mußte viel für ihre Unterhaltung aufwenden.

Bunges und Wyschnegradskis Ziel war die Währungsreform gestützt auf einen großen Goldschatz. Am 10. Juli 1887[2] wurde der Bank befohlen, 40 Millionen Rub. Gold aus der Bankabteilung in den Einlösungsfonds überzuführen, also aus der Bankabteilung diese Summe an die Abteilung für Kreditbilletausgabe abzugeben. Dieser Fonds wurde dadurch auf 211,47 Millionen Rub. gebracht, bei einem Kreditbilletumlauf von 1046,29 Millionen Rub. Im folgenden Jahre wurde dem Einlösungsfonds aus dem Erlös der 4 %igen äußeren Goldanleihe und aus dem Budgetüberschuß 37,64 Millionen Gold überwiesen. Wegen der stärkeren Ausfuhr war größere Nachfrage nach Kreditbilleten, und so wurde die Staatsbank am 8. Juli 1888[3] ermächtigt, zur Befriedigung der Handelsbedürfnisse Kreditbillete auszugeben, die Rubel für Rubel in Gold gedeckt sein und wieder aus dem Verkehr gezogen werden sollten, wenn sie sich für den Umlauf nicht mehr nötig erwiesen. Am 7. und 28. September gab die Staatsbank je 15 Millionen Rub. Kreditbillete aus, zu deren Deckung aus den Reichsrenteien 15 Millionen Rub. Gold und aus den Kassen der Bank, also der Bankabteilung, die gleiche Summe dem Einlösungsfonds zugeführt wurde. Der Rubelkurs war

[1] V. S. d. G. II, Nr. 61730.
[2] V. S. d. G. III, Nr. 4639.
[3] V. S. d. G. III, Nr. 5396.

seit 1888 in stetem Steigen begriffen, von 1888—1890 war er von 55,7 % auf 72,6 % gestiegen. Da man aber aufgegeben hatte, die Parität zu erreichen und den Kurs auf 66 $^{2}/_{3}$ % fixieren wollte, so brachte der Verkauf von Kreditbilleten zu höheren Kursen Gewinn. Am 16. August 1890 erhielt Wyschnegradski die Genehmigung, ausländische Goldwechsel anzukaufen, was er in ausgedehntem Maße tat, auch als der Kurs unter 66 $^{2}/_{3}$ % gefallen war. So wurde die „zeitweilige" Ausgabe um 150 Millionen Rub. erhöht und betrug nun im ganzen 416,26 Millionen Rub.

Der Nachfolger Wyschnegradskis, S. J. Witte, erwarb sich ein großes Verdienst durch die glückliche Durchführung der Währungsreform, die Bunge bereits begonnen hatte. An Kreditbilleten waren im Umlauf 716 Millionen Rub., ferner 75 Millionen Rub. „zeitweilige" Ausgabe für die Bedürfnisse des Handels entsprechend dem Ukas vom 8. Juli 1888[1], die Rubel für Rubel in Gold gedeckt waren, und 330 Millionen Rub. „zeitweilige" Ausgabe während des Türkenkrieges, die im zweiten Teil der Bilanz, in der Bankabteilung verrechnet waren. Der Ukas vom 9. Dezember 1894[2] vereinigte die beiden Ausgaben von 716 und 330 Millionen Rub. zu einer ständigen Ausgabe von 1046 Millionen Rub., während der Einlösungsfonds auf 277 Millionen Rub. gebracht wurde. Durch Ukas vom 3. März 1895[3] wurden dem Fonds weitere 98 Millionen Rub. aus dem Staatsschatz überwiesen, wodurch er auf 375 Millionen Rub. Gold gebracht wurde, außer den 75 Millionen Rub., die als Spezialdeckung für den gleichen Billetbetrag der „zeitweiligen" Ausgabe galten. Am 1. Januar 1896 wurden dem Fonds abermals aus dem Staatsschatz 50 Millionen Rub. Gold zugeführt. Die beiden Kreditbillet-Emissionen wurden nun vereinigt und um 52 $^{1}/_{2}$ Millionen Rub. verringert, so daß sich der gesamte Betrag auf 1068 Millionen Rub. belief. Auch die beiden Fonds wurden zusammengeschlagen und auf 500 Millionen Rub. Gold erhöht. Durch die durch Ukas vom 8. Juli 1896[4] genehmigte 3 %ige steuerfreie 100 Millionen Rub. Gold-Anleihe und durch Zuzahlung aus den Staatskassen wurde der Fonds auf 600 Millionen Rub. Gold gebracht.

Durch das Schwanken des Rubelkurses war für Ex- und Importeure eine sichere Kalkulation erschwert; der Kurs am Erfüllungstag entschied erst, ob mit Gewinn oder Verlust gearbeitet war. Deshalb waren sie genötigt, sich durch Termingeschäfte in Kreditbilleten zu sichern. Der Hauptrubelmarkt,

---

[1] V. S. d. G. III, Nr. 5396.
[2] V. S d. G. III, Nr. 11114.
[3] V. S. d. G. III, Nr. 11421.
[4] V. S. d. G. III, Nr. 13147.

der Ort der Preisbildung für russische Werte überhaupt, war Berlin; das war ganz natürlich, denn der deutsch-russische Handel machte ungefähr $^1/_3$ des gesamten Außenhandels Rußlands aus, und der größte Teil der russischen Auslandsanleihen war durch Berliner Bankhäuser untergebracht. Als Mitte der 1880er Jahre der Rubelkurs stark fiel, eröffnete die russische Presse leidenschaftliche Angriffe gegen die Berliner Börse, daß sie systematisch den Kurs zu drücken suche. Als dann der Kurs wieder stieg, konnte dies nicht mehr behauptet werden, und man warf nun den Berliner Spekulanten vor, daß sie die Kurse zum Schaden Rußlands bald steigen, bald fallen ließen. Die Bedeutung der Berliner Rubelbörse ist hier offensichtlich überschätzt. Rubel wurden gleichzeitig in Paris und London gehandelt; die Arbitrage hätte Kursveränderungen, die nicht durch die Kreditwürdigkeit Rußlands begründet gewesen wären, sich sehr bald zum Schaden der Berliner Spekulanten zu Nutzen gemacht. Eine einseitige Senkung des Kurses, wie es anfänglich den Berliner Spekulanten vorgeworfen wurde, lag gar nicht im Interesse derselben; sie wollten natürlich verdienen, und das ist sowohl bei steigenden wie bei fallenden Kursen möglich. Es waren politische und nationale Gründe, besonders das Gefühl der Abhängigkeit von Berlin, die die Angriffe veranlaßten, und die preisausgleichende, vermittelnde Tätigkeit der Berliner Börse in Rußland verkennen ließen. Während die Finanzminister Bunge und Wyschnegradski in der richtigen Erkenntnis, daß die Rubelbörse durch die Papierwährung Rußlands bedingt sei, nicht gegen die Börse einschritten, wie es von ihnen verlangt wurde, gab Witte dem Drängen nach. Die bevorstehende Einführung der Goldwährung nahm der Rubelbörse auch einen der Hauptgründe ihrer Existenzberechtigung. In einem Erlaß vom 16. Januar 1893 warnte er die russischen Banken und Bankers vor der Beteiligung und Begünstigung der Rubelspekulation und bedrohte die Firmen, die der Warnung entgegen handeln würden, mit Entziehung ihres Kredits bei der Staatsbank. Ein Reichsratsgutachten vom 8. Juli 1893 verbot die Differenzgeschäfte in Valuta ganz. Die russischen Börsenkreise wurden abgeschreckt, besonders als einigen Häusern der Kredit gekündigt wurde. Um auch dem Ausland diese Spekulation zu verleiden, legte Witte einen Ausfuhrzoll auf Papierrubel. Dann gelang es ihm, Ultimo Oktober 1894 die Baissepartei einzuklemmen, indem er per Ultimo durch die russischen Finanzagenten Kreditbillete aufkaufen und dann effektive Lieferung verlangen ließ, nachdem er vorher die Ausfuhr von Billeten verboten hatte. Am 27. Oktober notierten Billete $5^1/_2$ % höher als Auszahlung Petersburg. Um das Dekouvert decken zu können, mußten sich die Spekulanten an den russischen Finanzminister selbst wenden, der Billete nur zu höchsten Kursen abgab. Die empfindlichen Verluste, die die Baissepartei dadurch erlitt, machten der Rubelspekulation ein Ende.

Durch die Ansammlung eines so beträchtlichen Goldschatzes von 600 Millionen Rub. und durch die Festigung des Rubelkurses hatte Witte die Vorbereitung zur Durchführung der Währungsreform beendet. Durch das am 8. Mai 1895[1] Allerhöchst bestätigte Gutachten des Reichsrates wurde die Berechnung in Goldvaluta zugelassen. Das Verhältnis zwischen Gold- und Kreditbilleten wurde angeblich der bequemeren Rechnung wegen wie 2:3, also 1 Rub. Gold = 1½ Rub. Kredit festgesetzt, obgleich damals der Kurs etwas höher war; denn mit dem Wachsen des Goldschatzes war er gestiegen. Der Ukas vom 8. August 1896[2] behielt diesen Kurs bei, zu dem die Staatsbank nun Gold gegen Kreditbillete abgab.

Im Jahre 1895 noch überreichte Witte seinen Reformplan dem Reichsrat. Witte wollte die Goldwährung einführen; einen neuen Goldrubel im Werte eines Kreditrubels wollte er schaffen, um so äußerlich eine Devalvation zu vermeiden. Kreditbillete sollte fernerhin nur die Staatsbank nach den Bedürfnissen des Handels und der Industrie ausgeben; diese Billete sollten jederzeit einlösbar sein und bis 800 Millionen Rub. zur Hälfte, darüber hinaus voll in Gold gedeckt sein.

Für eine derartige Regelung der Einlösung sprachen dieselben Gründe wie s. Z. für die Kankrinsche Reform; der Kreditrubel war seit langem entwertet, die Inlandpreise waren dementsprechend gestiegen, wenn sie auch den Wechselkursen etwas nachhinkten. Eine allmähliche Steigerung des Kurses hätte die Schuldner, besonders die Landwirte, schwer geschädigt und das Gelingen der Reform von einer ununterbrochenen Reihe günstiger Jahre abhängig gemacht. Die Einführung der Goldwährung erschien für Rußland bei seiner starken Auslandverschuldung, die zum überwiegenden Teil auf Metall lautete, geboten. Die Zeit für die Durchführung der Reform war auch sehr günstig, denn Rußland stand hoch in Kredit.

Die Durchführung dieses großen Programms lehnte der Reichsrat jedoch ab. Witte setzte aber durch einzelne Ukase des Kaisers die hauptsächlichsten Punkte durch. Der Ukas vom 3. Januar 1897[3] schuf einen neuen Goldrubel, der in demselben Wertverhältnis zum alten Goldrubel stand, wie die Kreditbillete, nämlich wie 1½ : 1. Die alten 10- und 5 Rubelstücke (Imperial und Halbimperial) galten also jetzt 15 bezw. 7½ Rubel. Zu diesem Kurs, also zu 66⅔ % ihres früheren

[1] V. S. d. G. III, Nr. 11644.
[2] V. S. d. G. III, Nr. 13194.
[3] V. S. d. G. III, 13611 u. 13612.

Wertes, löst nun seit 1897 die Staatsbank die Kreditbillete wieder ein.

Durch den Ukas vom 29. August[1] 1897 wurde der Staatsbank die Kreditbilletausgabe übertragen, die sie nach den Bedürfnissen der Volkswirtschaft und nicht mehr nach denen der Staatskasse ausgeben und einziehen soll. Die Trennung der Abteilung für die Kreditbilletausgabe von der Bankabteilung wurde zugleich aufgehoben und alle Posten in einer Bilanz vereinigt. Die Kreditbillete müssen bis 600 Millionen Rub. (nicht 800 Millionen Rub., wie Witte gefordert hatte) zur Hälfte, darüber hinaus Rubel für Rubel in Gold gedeckt sein; das freie Kontingent beträgt also 300 Millionen Rub. Die Kreditbillete sind also Banknoten, die gesetzliches Zahlungsmittel sind. Die Billete behielten ihre frühere Benennung „Staats-Kreditbillete“ bei, obgleich sie nun „Staatsbankbillete“ sind. Ihre Einlösbarkeit ist außer durch die Aktiva der Bank noch durch den Staat garantiert. Jetzt war die Bank durch das Recht der Billetausgabe nach den Bedürfnissen der Volkswirtschaft in die Lage versetzt, wie die westeuropäischen Notenbanken zu wirken.

Seit 1897 werden Goldmünzen zu 5 Rub., seit 1898 auch 10 Rubelstücke geprägt und in den Verkehr gebracht. Dadurch hat sich der Kreditbilletumlauf verringert; vom 1. Januar 1898 bis zum Ende des Jahres sank er von 901,2 Millionen auf 683,2 Millionen Rub., die mit 151,6 % metallisch gedeckt waren.

Beim Ausbruch des russisch-japanischen Krieges verstärkte die Bank den Notenumlauf, der am 1. Januar 1904 578,7 Millionen Rub. betragen hatte, von Monat zu Monat, so daß am 1. Januar 1905 856,1 Millionen Rub. in Zirkulation waren. Es erhöhte sich aber auch beständig der Metallbestand, der im Laufe des Jahres 1904 von 981,8 auf 1093,1 Millionen Rub. stieg und eine Notendeckung von 127,6 % ausmachte. Da der Verkehr lieber die bequemen Billete nimmt, konnte die Bank ohne besondere Kunstgriffe den Notenumlauf so stark vermehren, indem sie ihre Zahlungen in Billeten leistete, wenn nicht ausdrücklich Metall verlangt wurde. Seit 1897 hatte sie es mit den Goldmünzen so gemacht, die anfänglich ungern genommen wurden, sich dann aber doch durch die Bemühungen der Bank im Verkehr hielten.

Schon bei Beginn der Einlösung und besonders zur Kriegszeit tauchte das unkontrollierbare Gerücht auf, daß Billete ausgegeben seien, die nicht gebucht wären. Diese Ausgaben seien mit Hilfe des Erneuerungsfonds gemacht worden, aus dem neue Noten zum Ersatz der alten, beschmutzten entnommen werden. Die außerordentliche Schwierigkeit einer derartigen Fälschung in größerem Maßstabe — und größere

---

[1] V. S. d. G. III, Nr. 14504.

Summen nur hätten ja für die Staatskasse Zweck — läßt sie höchst unwahrscheinlich erscheinen.

Das Gold, das sich in der Bank befindet, stellt sowohl deren Besitz als auch den der Regierung dar; der Regierung gehöriges Gold im Ausland ist nicht in dieser Summe enthalten, wie die Anmerkung 2 zum Ausweis angibt. Die Regierung läßt aber zuweilen den Erlös der ausländischen Anleihen nicht auf das Konto der Kreditkanzlei, sondern auf das der Staatsbank einzahlen und sich gutschreiben. Dann erscheint dieses Gold doch in der Bilanz; auf der Passivseite ist das Guthaben der Regierung um diesen Betrag dann höher.

Die Staatsbank hält also die einzige Metallreserve für das ganze Land. Dieser Goldschatz war 1897 der größte, der jemals bestanden hat.

Die Existenz dieses Goldschatzes und seine Höhe ist vielfach angezweifelt worden, z. B. von Cyon. Noch im März 1905 tat dies ein Korrespondent der Times, Lucian Wolf, indem er den Goldschatz als „Humbert-Safe" bezeichnete. Finanzminister Kokowzew bot der Zeitung an, sie solle sich durch einen Vertreter vom Vorhandensein des Goldes überzeugen; diese lehnte jedoch das Anerbieten ab.

Wechsel. Der wichtigste Posten unter den Handelsoperationen ist der Posten Nr. 5 der Aktiva: Diskontierte Wechsel und andere befristete Papiere. Die Bank nimmt zum Diskont Wechsel, die zwei gute Unterschriften tragen und auf einen Ort gezogen sind, in dem sich eine Filiale der Bank befindet. Die Laufzeit darf 6 Monate nicht überschreiten, mit Rücksicht auf die große Ausdehnung des Landes, den langsamen Verkehr und die Verkehrsstockungen im Winter durch Eis, im Frühjahr und Herbst durch Regen, ist diese längere Laufzeit durchaus am Platze. Witte ließ für einige Filialen sogar die Annahme von 12 Monatswechseln zu; dies kommt besonders dem asiatischen Handel zugute, der durch die anfänglich glückliche äußere Politik und den Bau der Sibirischen Bahn sehr gefördert wurde. Seit der Neuregelung der Satzungen nimmt die Bank nicht nur Warenwechsel, durch deren Einlösung ein Geschäft seinen Abschluß findet, sondern auch Finanzwechsel, die zur Kapitalbeschaffung für Handel und Industrie dienen. Um auch kleineren Leuten Kredit zu gewähren, soll die Staatsbank Wechsel auf niedrige Beträge annehmen.

Die Staatsbank bestimmt nach eingehender Prüfung der Kreditwürdigkeit eines Kunden die Höhe des ihm zu gewährenden Wechselkredits. Die zum Diskont eingereichten Wechsel werden dem Kunden auf seinem Konto (Posten 8c bedingte Kontokorrente) gutgeschrieben, über das er durch Scheck verfügen kann. Alle 3 Monate werden die Wechselkredite darauf geprüft, ob ihre Höhe noch der Kreditwürdigkeit des Kunden entspricht.

Über die Annahme oder Ablehnung der angebotenen Wechsel entscheidet ein Diskontkomitee, daß sich aus dem Präsidenten, seinem Gehülfen, 2 Direktoren und 4—8 Vertretern zusammensetzt, die von der Kaufmannschaft gewählt und vom Finanzminister bestätigt werden.

Da die von der Kaufmannschaft gewählten Vertreter meist Großkaufleute sind, so wird ihnen häufig der Vorwurf gemacht, daß sie nur die Interessen ihres engeren Kreises und nicht auch die der kleineren Leute vertreten.

Die starke Inanspruchnahme der Mittel der Bank durch den Staat und besonders in der ersten Zeit durch die Liquidation der alten Kreditanstalten machte sich bei diesem Posten besonders bemerkbar. Im zweiten Geschäftsjahr diskontierte die Hauptstelle in Petersburg 32,03 Millionen Rub., die Filialen 55,23 Millionen Rub. Wechsel; im folgenden Jahr aber sank der Petersburger Diskontbetrag auf 18,65 Millionen, 1864 sogar auf 12,88 Millionen Rub. Dieser Rückgang, den alle Aktivgeschäfte der Bank im Jahre 1862/3 zeigen, fällt mit dem verfehlten Versuch Graf Reuterns, die Kreditbillete zu allmählich steigenden Kursen einzulösen, zusammen. Die Mittel der Bank wurden zum Stützen der Wechselkurse und der Prämienanleihen verwendet; mit hohen Diskontsätzen, die zwischen 8½ und 9½ % schwankten, wurden die Handelsoperationen eingeschränkt. Die „zeitweilige" Ausgabe von 35 Millionen Rub. Kreditbillete vom Jahre 1867, die das Geld verbilligen sollte, trug etwas zur Hebung des Diskontbetrages bei. Die Summe der an die Hauptstelle und die Filialen verkauften Wechsel stieg mit Ausnahme der Jahre 1871/2 bis zum Jahre 1876, in dem sie trotz des zweiten verunglückten Versuches, die Kreditbillete einzulösen, 243,59 Millionen Rub. betrug. Infolge des Türkenkrieges (1877/8) ging das Diskontgeschäft etwas zurück; im Jahre 1880 wurden aber bereits wieder 200,8 Millionen Rub. Wechsel angekauft.

Das Diskontgeschäft nahm unter Witte bedeutend zu; während 1892 für 158 Millionen Wechsel angekauft wurden, stieg diese Summe jährlich, bis sie 1896 ihren Höhepunkt mit 552 Millionen Rub. erreichte.

Die Übertragung der Kreditbilletausgabe auf die Staatsbank durch den Ukas vom 29. August 1897[1] gab dieser größeren Spielraum für ihre Handelsoperationen. Der Wechseldiskont stieg trotz der Krise, die im Jahre 1898 begann, bis auf 1205 Millionen Rub. in 1901; in der Bilanz erschien am 1. Januar 1902 ein Bestand von 252 Millionen Rub. Wechsel.

---

[1] V. S. d. G. III, Nr. 14504.

Beim Ausbruch des russisch-japanischen Krieges im Februar 1904 erhöhte die Bank den Diskont auf 5 ½ % und 6 ½ % für 3 bzw. 6 Monatswechsel, während er sich seit 1902 auf 4 ½ % bzw. 5 ½ % gehalten hatte. Trotz der Erklärung, daß die Kredite auch während des Krieges unbeschränkt aufrecht erhalten werden würden, weist das Wechselkonto am 1. Januar 1905 in der Bilanz 78,6 Millionen Rub. Bestand weniger auf als im Vorjahr.

Die Bank stützte während des Krieges den Devisenkurs, indem sie Goldwechsel auf das Ausland abgab. Diese wurden aber nur von der Zentrale ausgestellt, nicht auch von den Filialen, um diese Operation einheitlich und für die Bank übersichtlicher zu gestalten.

Früher hatten die Filialen verschiedene Diskont- und Lombardsätze. Sie berechneten ½—1 % mehr als die Hauptstelle und die Kontore in Moskau und Odessa. Die starken Unterschiede in der wirtschaftlichen Entwicklung der verschiedenen Gegenden des Reiches lassen diese Differenz berechtigt erscheinen[1]. Da alle Zinssätze sich nach denen des Zentralinstituts zu richten pflegen, so war auch darauf Rücksicht zu nehmen, daß wegen der bestehenden Schuldverhältnisse keine schroffen Umwälzungen durch starken Rückgang der Leihsätze hervorgerufen wurden. Jetzt sind die Zinssätze für Zentrale und Filialen dieselben; diese Gleichheit trägt viel zum wirtschaftlichen Ausgleich der verschiedenen Gebiete bei.

Um lange Kreditgewährungen im Handel möglichst einzuschränken, erhebt die Bank verschieden hohe Sätze je nach der Laufzeit der Wechsel. Das Publikum begegnet dieser Maßnahme nicht selten dadurch, daß es die Stücke zerlegt, z. B. ein 6 Monatspapier in 2 à 3 Monate.

Der Posten Nr. 5 enthält außer den diskontierten Wechseln noch „andere befristete Papiere“. Dies sind zum größten Teil Koupons, die noch nicht fällig sind, und verloste Wertpapiere. Wie früher auch in Deutschland, so laufen jetzt noch in Rußland später fällige Koupons als Zahlungsmittel um und werden von den Banken diskontiert.

Im engen Zusammenhang mit diesem Posten Nr. 5 steht der Posten Nr. 18: Protestierte Wechsel. Die Höhe dieses Kontos hängt naturgemäß mit der Konjunktur zusammen. Die Krise, in der Rußland sich seit 1898 befindet, hat die Proteste stark anschwellen lassen; während 1897 für 9,22 Millionen Rub. protestiert wurden, waren es 1902 17,92 Millionen Rub.,

---

[1] Auch an die deutsche Reichsbank ist mehrfach die Forderung gestellt worden, daß sie zwischen dem industriell entwickelten Westen und dem agrarischen Osten einen Unterschied in der Zinsrate machen solle.

1904 32 Millionen Rub. Im folgenden Jahre wurden nur für 16,2 Millionen Rub. Wechsel protestiert, da durch die Ausstände der Post- und Telegraphenbeamten die Aufnahme der Proteste erschwert war.

Die Höhe dieses Kontos spricht dafür, daß die Güte der Wechsel nicht durchgängig einwandfrei ist.

Die Geschäfte, die die Posten 6 und 7: Spezial-Kontokorrent gegen Wechsel und Wertpapiere, nachweisen, sind für die Börsenspekulanten von besonderer Bedeutung; da die russische Effektenbörse das Termingeschäft nicht kennt, ist das Publikum auf den Kassakauf unter gleichzeitiger Lombardierung der gekauften Papiere angewiesen. Vom gewöhnlichen Lombard weichen diese Vorschüsse, die sog. „on call"-Darlehne dadurch ab, daß sie einer Kündigungsfrist von nur 7 Tagen unterliegen. Daß sie nicht wie die Lombarde für das breite Publikum bestimmt sind, geht auch schon daraus hervor, daß die Staatsbank diese Kredite nur Leuten einräumt, die des Lesens und Schreibens mächtig sind.

Früher wurden diese Kredite auch gegen Waren und Immobilien gegeben.

Die gegen Hinterlegung von Wertpapieren gegebenen Darlehne unterliegen einer Staatssteuer von 0,216 % pro anno.

Die Umsätze auf diesen Konten stiegen beträchtlich; 1897 wurden gegen Hinterlegung von Wechseln 134,5 Millionen, von Wertpapieren 144,8 Millionen ausgeliehen, 1903 aber 426,7 bzw. 205,2 Millionen Rub. Beide Posten zusammen standen mit 31,7 Millionen am 1. Januar 1893, am gleichen Tage 1902 mit 118,8 Millionen Rub. in der Bilanz. Seitdem sind sie etwas zurückgegangen.

Darlehne auf Wertpapiere. Bei der Beleihung von Wertpapieren, Posten 8 der Aktivseite unseres Ausweises, scheidet die Bank bei der Berechnung der Zinsen gewöhnlich zwischen 1) 4%iger Rente, 2) sonstigen Staats- und vom Staate garantierten Wertpapieren, Obligationen von städtischen Kreditgesellschaften und Pfandbriefen der Hypothekenbanken und 3) sonstigen zur Beleihung zugelassenen Wertpapieren. Für die zweite Gruppe ist der Lombardsatz ½ %, für die dritte 1½ % höher als für die erste. Über die Zulassung von Wertpapieren, die nicht vom Staat garantiert sind — die garantierten sind alle zugelassen — entscheidet der Aufsichtsrat der Bank. Die Darlehne werden höchstens auf 6 Monate gegeben, können dann aber 3 Monate verlängert werden. Staats- und vom Staate garantierte Wertpapiere beleiht die Bank bis 85 %, andere Wertpapiere bis 50 %. Auf Quittungen über Einlagen mit Kündigungsfrist gibt sie 90 %.

Oft hat die Bank, um Emissionen zu erleichtern, die neuen Papiere hoch beliehen; dies geschah z. B. bei der Ausgabe der 1. Prämienanleihe von 1864 und der Prämienpfandbriefe der Adelsbank. Die Höhe des Postens ist deshalb starken Schwankungen unterworfen. Bei Beginn der Krise im Jahre 1898 wurden viele Papiere zur Beleihung neu zugelassen. Die Bank kam auch einzelnen Gesellschaften durch Beleihung ihrer Papiere zu Hülfe; so belieh sie 8 Millionen Rub. 4 1/2 % ige Obligationen der Briansker Stahlwerke, die diese nicht emittieren konnten. Die Summe der Neubeleihungen stieg von 35,4 Millionen Rub. in 1898 auf 41,0 Millionen in 1900; dann sank sie wieder auf 23,2 Millionen in 1903. In der Bilanz erreichte sie am 1. Januar 1904 mit 22,7 Millionen ihren tiefsten Stand.

Darlehne auf Waren und Warendokumente. Dauerhafte Waren russischen Ursprungs beleiht die Bank bis zu 2/3 des Wertes; sie kann bis 75 % des Wertes geben, wenn der Darlehnnehmer der Bank als kreditfähig bekannt, oder wenn er einen Bürgen stellt und der Bank einen Solawechsel übergibt. Wenn der Preis der beliehenen Waren sinkt, so daß das Darlehn nur mit 25 % bzw. 15 % überdeckt ist, so kann die Bank eine Zuzahlung fordern, und wenn dieser Forderung nicht innerhalb 6 Tagen nachgekommen ist, die Waren versteigern. Unter ausnahmsweisen Umständen kann die Bank davon Abstand nehmen. Bei Krisen hat sie häufig die Zuzahlungen nicht eingetrieben und dann beim Verkauf Verluste erlitten.

Die verpfändeten Waren verwahrt die Bank selbst oder nimmt sie unter Siegel. Aus Mangel an geeigneten Silos wurde beliehenes Getreide häufig bei Privaten untergebracht, wodurch die Überwachung sehr erschwert und der Betrug erleichtert wird.

Anfangs hielt sich dieses Geschäft in den engsten Grenzen. In den 60er Jahren wurden durchschnittlich nur für 5—8 Millionen Rub. Waren beliehen, zwischen 1871 und 1875 sogar nur für 1 1/2—3 Millionen. Am 11. Dezember 1885 wurde allen Filialen die Beleihung von Zucker erlaubt, um die Zuckerfabrikanten zu unterstützen. Größeren Umfang gewann dieses Geschäft jedoch erst, als durch Witte 1894 die Beleihung auf 9—15 Monate ausgedehnt wurde, während vorher die Darlehne nur auf 1—6 Monate gegeben wurden. Während am 1. Januar 1893 die Bilanz nur 5,06 Millionen auf Waren ausgeliehen aufwies, war dieser Posten 1894 schon auf 24,7 Millionen, 1896 auf 47,1 Millionen Rub. gestiegen. Die folgenden Jahre zeigt das Konto einen scharfen Rückgang. der erst 1902 wieder eingeholt wurde. Im Laufe des Jahres 1903 lombardierte die Bank für 101,1 Millionen Rub. Waren; am 1. Januar 1904 stand der Posten mit 45,4 Millionen in der Bilanz.

Warendokumente wie Warrants, Konnossemente beleiht die Bank bis zu 80 % des Wertes auf 9—15 Monate. Erst

1899 nahm dieses Geschäft größeren Umfang an; 1903 wurden für 33,5 Millionen Dokumente lombardiert, am Schluß des Jahres erschienen 6,8 Millionen in der Bilanz.

Darlehne an Landwirte. Seit 1885 erscheint in der Bilanz der Posten Nr. 11: Darlehne an Landwirte. Diese Vorschüsse gewährt die Staatsbank gemäß den am 28. Mai 1883 und am 24. Januar 1884 Allerhöchst bestätigten Reichsratsgutachten gegen Hinterlegung von Solawechseln und gleichzeitiger Verpfändung von Immobilien. In die Bilanz trat der Posten 1886 bereits mit 3,1 Millionen Rub., 1897 war er auf 22,1 Millionen Rub. angewachsen. Am 1. September 1897 wurde jedoch die Kreditgewährung so erschwert, daß der Posten am Schluß des Jahres 1898 auf 9,5 Millionen Rub. gefallen war. Ausgeliehen wurden im Jahre 1903 14,7 Millionen Rub.

Darlehne an industrielle Unternehmungen. Ein Posten, über dessen Höhe häufig Vorwürfe gegen die Staatsbank erhoben worden sind, ist Nr. 12, Darlehne an industrielle Unternehmungen. Bei 50 Millionen Grundkapital scheint eine Festlegung von 40,9 Millionen, wie sie der Ausweis zeigt, nicht unbedenklich. Die Gewährung von Krediten aus Staatsmitteln an einzelne Unternehmer zur Errichtung und zum Betriebe von Fabriken ist seit Peter dem Großen ständig vorgekommen. Früher wurde die Kommerzbank mit dieser Aufgabe betraut, später die Staatsbank. Aber erst unter Witte sind größere Summen in industriellen Unternehmungen festgelegt worden.

Die Bank gewährt ihre industriellen Kredite gegen Solawechsel unter Verpfändung von Immobilien und Inventar russischer Herkunft oder unter Bürgschaft. Die Darlehne müssen so verwertet werden, daß sie den wirtschaftlichen Interessen des Landes dienen; der Empfänger muß sich verpflichten, sie nur zu dem Zwecke zu verwenden, zu dem er sie erhalten hat. Er muß auch Sorge tragen, daß der Wert des Pfandobjekts nicht vermindert wird. Der Maximalkredit, der einem Industriellen gewährt wird, ist auf ½ Million Rub., für einen Kleingewerbetreibenden auf 600 Rub. festgesetzt, die jedesmal auf ein Jahr gegeben werden, dann aber verlängert werden können.

Diese Darlehne waren mit vielen Formalitäten verbunden, so daß sie anfänglich wenig verlangt wurden. Die Krise, die 1898 begann, erweiterte die Aufgaben der Bank auf diesem Gebiet. Die westlichen Geldmärkte hatten sich durch das Aufhören des Kapitalzuflusses aus Amerika und durch den Abfluß nach Afrika und Asien versteift. Auf sie war aber Rußland zur Beschaffung der Kapitalien durch sein Streben, eine Großindustrie im eigenen Lande ins Leben zu rufen, angewiesen. Viele industrielle Gründungen, die in den letzten Jahren, besonders im Süden, entstanden waren, gerieten in

Schwierigkeiten, nicht wenige auch durch ihre schlechte Verwaltung. Die Staatsbank wurde mit der Sanierung der gefährdeten Unternehmungen, die meist der Metallindustrie gehörten, betraut. Die Zahl dieser Unternehmungen war beträchtlich. Scherzweise sagte man, daß für diese Aufgabe ein besonderes Ministerium errichtet werden könne. Die Summen, die die Bank in einzelnen Unternehmungen festlegte, waren recht bedeutend; so war sie z. B. bei Kertsch, einer Tochtergesellschaft der Briansker Werke, obgleich nach den Satzungen der Höchstkredit ½ Million Rub. nicht überschreiten darf, mit 6 Millionen Rub. beteiligt[1].

Bis zum 1. Januar 1895 weisen die Bilanzen nur 3—4 Millionen Rub. Darlehne an industrielle Unternehmungen auf; im folgenden Jahr war der Posten bereits auf 16,74 Millionen Rub. gestiegen. Er ging zwischen 1897—99 etwas zurück, nahm dann aber wieder sehr rasch zu und stand am 1. Januar 1903 mit 39,23 Millionen Rub. in der Bilanz. Neu ausgeliehen wurden im Jahre 1903 64,14 Millionen Rub., von denen allein 59,68 Millionen auf das Petersburger Kontor entfallen.

Darlehne an Handwerker und Hausgewerbetreibende. Um auch die Handwerker und Hausgewerbetreibenden die Vorteile eines billigen Kredites genießen zu lassen, gibt die Staatsbank seit 1895 an sie Kredite (Posten Nr. 13 der Aktivseite). Zur Hebung des Schiffbaues wurde auch die Beleihung von Fluß- und Kaspischen Meerschiffen, die aus russischem Material auf russischen Werften gebaut sind, bis zu ⅔ des Wertes zugelassen.

Diese Kreditgewährungen sind stets in engem Rahmen geblieben und haben ½ Million Rub. im Jahr seit 1898 nicht überschritten.

Darlehne zum Ankauf von landwirtschaftlichen Maschinen. Um den Übergang von den rückständigen Arbeitsmethoden, wie sie in Rußland in der Landwirtschaft vorwiegen, zu rationellen Betrieben zu fördern, gewährt die Staatsbank Darlehne zum Ankauf von landwirtschaftlichen Maschinen (Posten Nr. 14 der Aktivseite). Auch dieses Geschäft ist unbedeutend geblieben. Nur 1896 erschien dieser Posten in der Bilanz mit 2,3 Millionen Rub. Im Jahre 1903 wurden 0,57 Millionen Rub. für diesen Zweck ausgeliehen.

Darlehne durch Vermittelung. Die Darlehnsgewährungen, die die Posten Nr. 11, 13 und 14 aufweisen, sind für die Bank sehr beschwerlich, weil den Kreditnehmern häufig das richtige Verständnis für die Darlehne fehlt, die sie für staatliche Geschenke halten. Deshalb wurde 1896 die

[1] Die Preußische Seehandlung war bei den Nordischen Elektrizitäts- und Stahlwerken, die in Konkurs gerieten, mit 2 Millionen Mark beteiligt.

Gewährung von Krediten durch Vermittelung von Verbänden, wie Semstwos, Artele, Eisenbahngesellschaften, die dann der Bank gegenüber haften, eingeführt. Auf diese Weise sollte den kleinen Landwirten, den Hausgewerbetreibenden und Handwerkern unter Verpfändung von Produkten Kapital zur Erwerbung von Inventar, sowie Betriebsmittel zu billigem Zinssatz zugängig gemacht werden. Ein großer Umsatz ist bis jetzt auch auf diesem Konto nicht erzielt worden; seit 1900 erst haben die jährlichen Kreditgewährungen 1 Million Rub. erreicht, 1903 betrugen sie 1,6 Million; am 1. Januar 1904 standen sie mit 0,2 Million in der Bilanz. Zumeist haben sich die Eisenbahngesellschaften, um Getreide zu beleihen, und die Semstwos, um an die Bauern Darlehne geben zu können, diese Art der Kredite der Staatsbank zunutze gemacht.

Bedeutungslos ist der Posten Nr. 16, Darlehne an Städte und Semstwos.

Schuld der Leihkassen. Den beiden staatlichen Leihhäusern in Petersburg und Moskau schießt die Staatsbank die nötigen Mittel für ihre Operationen vor, nachdem ihnen mit der Bankreform im Jahre 1860 die Befugnis zur Annahme von Depositen entzogen worden ist. Das Konto lautete früher: Darlehne auf Faustpfand durch Vermittelung der Leihhäuser. Seit Gründung der Staatsbank ist die an die Leihhäuser ausgeliehene Summe ziemlich auf derselben Höhe geblieben, die auch unser Ausweis aufweist, nämlich 8 Millionen Rub., von denen 6 Millionen auf Petersburg und 2 auf Moskau entfallen.

Wertpapiere. Die Bank übernimmt russische Staatsanleihen und sucht deren Kurse durch Käufe und Verkäufe zu regeln. Sie muß bei ihren Filialen und bei den Renteien stets einen starken Besitz an Staatspapieren vorrätig halten, um der Nachfrage genügen zu können, da die Banken in Rußland ja noch dünn gesät sind. Sie hat auch den Vertrieb der staatlich garantierten Wertpapiere, besonders den der Eisenbahnobligationen in die Hand genommen, da die Gesellschaften sich auf dem Geldmarkt gegenseitig bekämpften und dadurch die Kurse der Staatsanleihen schädigten. Sie realisierte auch den größten Teil der Pfandbriefe der Bauernbank und der Adelsagrarbank. Um die Gründung von Aktiengesellschaften zu fördern, zeichnet sie Aktien und Obligationen; so übernahm sie 1864 1 Million Rub. Aktien der St. Petersburger Privathandelsbank. Die bei der Liquidation der alten Kreditanstalten an Zahlungsstatt eingehenden Wertpapiere erhielt sie ebenfalls zur Veräußerung, die natürlich nur allmählich vor sich gehen konnte. In Krisenzeiten suchte sie die Kurse der Aktien und Obligationen durch Käufe zu schützen. Dieser Posten ist deshalb starken Schwankungen unterworfen. Anfang 1885 wies er 73,9 Millionen, am Schluß des Jahres 198,6 Millionen Rub. auf. In der Zeit der Konversion der Staatsanleihen stieg der Effektenbestand beträchtlich; am 1. Januar 1894 besaß die Bank für 228,3 Millionen Rub. Wertpapiere, im folgenden Jahr nur 44,8 Millionen, und 1897 war der Posten auf 24,3 Millionen zurückgegangen. Die Ankäufe während der Krise erhöhten den Bestand wieder auf 51,5 Millionen im Jahre 1900. Der Effektenbesitz besteht zum größten Teil aus Staatsanleihen und garantierten Wertpapieren, zum Teil aber auch aus Industriewerten, wie Obligationen der Orientgesellschaft für Warenlager usw.

Über Posten Nr. 22: Kontokorrent der Adelsagrar- und Bauernbank und anderer Staatsanstalten, werden die Beträge geführt, die die Staatsbank durch den Verkauf der Pfandbriefe der beiden staatlichen Agrarbanken, denen sie die bei ihrer Errichtung nötigen Summen vorgeschossen hatte, erhält.

Unkosten und verschiedene Konten. Ein Posten, der in der letzten Zeit die Aufmerksamkeit sehr auf sich gezogen hat, ist Posten Nr. 23, Handlungsunkosten und verschiedene Konten. Es ist ohne weiteres einleuchtend, daß das Handlungsunkostenkonto bei der riesigen Ausdehnung der Bank sehr hoch sein muß. Indessen hat die Höhe dieses Kontos, das in unserem Ausweis mit 50,72 Millionen Rub. — also mehr als das Grundkapital der Bank — auftritt, den Verdacht erregt, daß dieser Posten benutzt wird, um einzelne Geschäfte der Bank zu verdecken. Da das Konto im Frühjahr 1906 vor der Anleihe stark anstieg — bis auf 131,5 Millionen Rub. im Mai 1906 —, nach Beginn der Einzahlungen aber rasch fiel, liegt der Gedanke nahe, daß hier Entnahmen der Regierung gebucht waren.

Kontokorrent der Regierung. Außer der unverzinslichen Schuld der Staatskasse für die Kreditbillete, die erst 1901 ganz aus der Bilanz verschwunden ist und im Zusammenhang mit den Kreditbilleten und dem Einlösungsfonds schon behandelt ist, finden sich drei Posten, die ihrer Natur nach zusammengehören, nämlich Nr. 25 der Aktivseite und 14 der Passivseite: Konto der Renteien und Posten 8a der Passiva: Kontokorrent der Staatskasse. Sie weisen die Geschäfte nach, die die Bank für Rechnung des Staates ausführt, wie die Verwaltung der Schuld, der Einnahmen und Ausgaben. Die durch Ukas vom 29. April 1896 [1] angeordnete Überführung aller Barbestände der Staatskassen an die Bank vermehrten deren Mittel beträchtlich. — Die Höhe dieser Konten wechselt ständig entsprechend dem Bedarf der Regierung. Der Umsatz für Rechnung des Staates betrug im Jahre 1903 4,85 Milliarden

[1] V. S. d. G. III, Nr. 12852.

Rub., bei einem Gesamtumsatz der Bank von 123,54 Milliarden Rubel.

Depositen. Außer dem Grund- und Reservekapital bestehen die Betriebsmittel der Bank aus den Summen, die die Posten Nr. 6—9 der Passivseite nachweisen.

Die Bank nimmt Depositen, Posten 6 und 7, von Privaten entgegen, deren Verzinsung sich nach den Einlagebedingungen richtet, ob das Geld ohne, nach kurzer oder langer Kündigungsfrist zurückgenommen werden kann.

Beide Posten sind in ständiger Abnahme begriffen. Am 1. Januar 1895 waren noch 128,74 Millionen Depositen vorhanden, am gleichen Tage 1904 nur noch 52,66 Millionen Rub.

Posten 8b der Passiva: Spezialmittel und Depositen enthält die Summen, die von Behörden eingezahlt und für besondere Zwecke, wie z. B. für Bauten usw. bestimmt sind, sowie Kautionen aller Art.

Posten 8d und e des Ausweises bringen die Kontokorrent-Guthaben von Privaten, Banken und Handelshäusern. Bis 1899 vergütete die Bank Zinsen auf diese Guthaben. Um den Privatbanken, die durch die Krise in Mitleidenschaft gezogen waren, Mittel zuzuführen, hörte die Staatsbank am 22. November 1899 auf, Zinsen auf Kontokorrent zu zahlen; dadurch wurden diese Einlagen natürlich den Banken zugetrieben, die meist 3 % vergüten. In der Bilanz von 1899 erschienen auf diesem Konto noch 75,3 Millionen Rub., am 1. Januar 1904 waren es nur noch 17,3 Millionen Rub. Die „bedingten“ Kontokorrente sind die Girokonten, auf die auch die Gegenwerte der diskontierten Wechsel gutgeschrieben werden. Die Guthaben dürfen nicht unter 300 Rub. sinken; für Banken ist dieser Betrag ihrem Umsatz entsprechend höher. Die Erleichterung des Giroverkehrs im Jahre 1901, den Witte erst eingeführt hatte, ließ den Umsatz auf diesem Konto beträchtlich steigen; während 1898 nur 470 Millionen Rub. umgesetzt wurden, waren es 1902 13,04 Milliarden Rub. Der Bestand auf diesem Konto, der mit 64,82 Millionen Rub. in unserer Bilanz erscheint, liefert der Bank erhebliche Mittel für ihre Geschäfte und zwar Mittel, die ziemlich beständig sind, da das Guthaben der Kontoinhaber unter eine gewisse Summe nicht sinken darf; bei Geldklemmen bleiben der Bank auch diese Mittel, während die übrigen rasch abgezogen werden können. Dieses Konto macht die Bank auch etwas unabhängiger vom Staat, von dem sie den größten Teil ihrer Betriebsmittel bezieht, und der bei Geldnot leicht durch Zurückziehung seiner Einlagen den Geschäftsgang der Bank in Gefahr bringen kann. Posten 8a, b, c, die in unserer Bilanz einen Bestand von zusammen 422,42 Millionen Rub. aufweisen, hängen vom Staat ab, während nur 143,08 Millionen

Rub. (Posten 6, 7, 8d und e) von Privaten stammen (außer Posten 9, Abrechnungskonto der Eisenbahnen).

Man hat in Rußland auch gefordert, daß die Staatsbank keine Zinsen auf Depositen zahlen solle. Wenn in der letzten Zeit in Deutschland die Annahme verzinslicher Depositen durch die Reichsbank empfohlen wurde, um dadurch der Geldknappheit zu begegnen, so wird hiergegen richtig eingewendet, daß durch die Zinsaussichten keine verborgenen Kapitalien hervorgelockt und keine Umlaufsmittel gespart würden [1]; es wird auch mit Recht darauf hingewiesen, daß Depositen „ungetreue Freunde" sind, die in Krisenzeiten leicht abfließen, und daß die Rückforderung der Depositen die Preußische Bank im Jahre 1806 zu Fall gebracht habe. Für Rußland ist die Zinszahlung aber durchaus gerechtfertigt, da die eigenen Mittel der Staatsbank sehr gering sind, und sie demgemäß Kapitalien heranziehen muß, um ihrem vielseitigen Aufgabenkreis gerecht werden zu können. Da sie eine Reihe langfristiger Aktivgeschäfte laufen hat, die sie teilweise den besonderen Verhältnissen verdankt, und die sie ohne durchgreifende Umgestaltung nicht fallen lassen kann, so ist ein Gegengewicht in Gestalt eines langfristigen Passivpostens — eben der verzinslichen Depositen durchaus am Platz.

Abrechnungskonto der Eisenbahnen. Um die Mittel der Staatsbank zu stärken und unnötige Barzahlungen zu vermeiden, ließ Witte seit 1893 alle Barbestände der Eisenbahnen bei ihr einzahlen und die Abrechnungen der Eisenbahnen untereinander über dieses Konto (Posten Nr. 9 der Passiva) führen. Im Oktober 1899 wurden von diesen Eisenbahndepositen 9 Millionen Rub., im November abermals 15 Millionen Rub. den Privatbanken überwiesen, um diesen flüssige Mittel zu schaffen. In der Bilanz erschien der Posten am 1. Januar 1898 mit 32,66 Millionen, am 1. Januar 1900 mit 22,96 Millionen Rub.; am 1. Januar 1904 war er auf 45,93 Millionen gestiegen.

Überweisungen. Besondere Bedeutung haben für Rußland die Geschäfte, die Posten Nr. 10: Außenstehende Überweisungen andeutet. Die Bank gibt Überweisungsschecks auf jede Filiale und Rentei aus, die auf den Namen lauten und giriert werden können. Ihren Kunden berechnet sie hierfür keine Gebühr, Fremden nur eine geringe. Bei der großen Ausdehnung des Reiches und der Langsamkeit des Verkehrs haben sich telegraphische Überweisungen sehr eingebürgert.

Seit dem 1. Januar 1904 gibt die Staatsbank auch Kreditbriefe aus, auf die innerhalb 6 Monaten bei sämtlichen Kontoren, Abteilungen und Renteien Beträge erhoben werden können,

[1] Bankarchiv VI. Jahrg. Nr. 19. Heyn, Das Projekt der Annahme verzinslicher Depositen seitens der Reichsbank.

während sie vorher nur auf wenig Plätze ausgestellt wurden.

Die Überweisungen sind in den letzten Jahren zurückgegangen; im Jahre 1897 wurden 1,7 Milliarden Rub., 1903 die noch immer beträchtliche Summe von 0,92 Milliarden Rub. durch Billete oder Telegraph überwiesen. Diese Überweisungen häufen sich naturgemäß an den Quartalen, besonders am 1. Januar; es erscheint daher dieser Posten Nr. 10 in der Bilanz zum Jahresschluß bedeutend höher als in unserm Ausweis; so wies dieses Konto am 1. Januar 1904 einen Bestand von 24,19 Millionen, in unserm Ausweis nur einen solchen von 7,87 Millionen Rub. auf. Die Überweisungen ersparen eine erhebliche Menge Metall, das ohne sie der Verkehr brauchen würde; bei der verhältnismäßig geringen Entwicklung der sonstigen metallsparenden Zahlungsarten gewinnen die Überweisungen in dieser Hinsicht erhöhte Bedeutung.

Die Ausstellung von Kreditbriefen hat keinen großen Umfang angenommen; im Jahre 1903 wurden nur für 2,05 Millionen Rub. ausgegeben.

Besondere Aufgaben. Eine ganze Reihe besonderer Aufgaben erwachsen der russischen Staatsbank aus ihrer Abhängigkeit von der Regierung bei dem Einfluß, den diese auf die Entwicklung von Handel und Industrie ausübt. Bei der Gründung der ersten Handelsbank auf Aktien mußte sie helfen; der Bauern-Agrarbank und der Reichs-Adels-Agrarbank schoß sie die Mittel zum Beginn der Geschäfte vor und besorgte den Verkauf ihrer Pfandbriefe. Durch Ukas vom 10. April 1890[1] wurde ihr die Liquidation der Alexanderbank in Tula[2] übertragen, die sie mit einem Verlust von über 1 Million Rub. durchführte. Die Förderung des ländlichen Kreditgenossenschaftswesens war hauptsächlich in ihre Hand gelegt.

Während der Krise gewährte die Staatsbank den Privatbanken Kredite, damit sie kleinen Leuten Wechsel zu 10% abnehmen konnten. Die Verluste aus diesen Geschäften sollten Staats- und Privatbanken gemeinsam tragen. Als am 23. September 1899 die Petersburger Börse einen „schwarzen

---

[1] V. S. d. G. III, Nr. 6705.

[2] Die Gründung der Alexanderbank in Tula war am 23. Dezember 1845 (V. S. d. G. II, Nr. 19546) genehmigt worden. Sie nahm Depositen, diskontierte Wechsel und belieh Immobilien. Das Kapital in Höhe von 20000 Rub. wurde Fonds, die für wohltätige Zwecke bestimmt waren, entnommen; die Gewinne sollten wieder für wohltätige Zwecke verwendet werden. Die Bank stand unter dem Protektorat der Kaiserin Maria. Im Jahre 1885 konnte sie die Depositengläubiger nicht befriedigen und wurde als selbständiges Institut dem Finanzminister unterstellt (Ukas vom 12. Dezember 1885. V. S. d. G. III, Nr. 3420). Im Jahre 1887 bekam sie von der Staatsbank 2 Millionen Rub. vorgeschossen, ohne daß ihr dadurch geholfen war.

Tag" zu verzeichnen hatte, wurde unter Führung der Staatsbank ein Syndikat von Banken und Bankers gebildet, zum Ankauf von Effekten, um allzuheftigen Kursrückgängen entgegen zu wirken[1].

Einzelnen in Schwierigkeiten geratenen Banken half die Staatsbank durch große Darlehen. So schoß sie der Charkower Agrarbank, die durch den Zusammenbruch der Charkower Handelsbank schwer geschädigt war, 6 Millionen Rub. vor. Die Alexandrowsky-Stahlwerke wurden 1900 durch das Eingreifen der Staatsbank vor der Liquidation bewahrt.

Abrechnungsstelle. Im Jahre 1898 wurde bei der Staatsbank in Petersburg eine Abrechnungsstelle eingerichtet, der im Jahre 1905 12 Aktienhandelsbanken, 4 Bankhäuser und eine gegenseitige Kreditgesellschaft angehörten. In Moskau, Warschau, Kiew und Odessa sind gleichfalls Abrechnungsstellen eröffnet worden. Im Jahre 1901 wurden 3370,63 Millionen Rub. Zahlungen durch sie ausgeglichen. Ihr Umsatz erweitert sich beständig; 1905 betrug er 6336,94 Millionen Rub., von denen allerdings 4376,81 Millionen auf Petersburg, 1526,12 Millionen auf Moskau entfallen, während Warschau 202,55 Millionen, Odessa 147,87 Millionen und Kiew nur 83,58 Millionen ausglich.

Gewinne. Der Ukas vom 31. Mai 1860[2] bestimmte, daß 1/3 des jährlichen Reingewinns zur Bildung eines Reservefonds in Höhe von 3 Millionen Rub., der Rest zur Tilgung der 5 %igen Bankbillete und der Schuld der Staatskasse an die alten Kreditanstalten verwendet würden. Die Verteilung des Reingewinns geschah durch das Aufsichtsamt der Staatskreditanstalten nach Prüfung der Jahresbilanz im Einvernehmen mit dem Finanzminister. Durch Ukas vom 19. Dezember 1886[3] wurden die Gewinne der Bank zugleich mit der Aufhebung der gesonderten Liquidationsbilanz der Staatskasse überwiesen. Auch die neuen Satzungen der Bank sehen die Überweisung des Reingewinns nach Abzug von 10 % für Gratifikationen an die Beamten und an die Unterstützungskasse der Angestellten — so lange der Reservefonds die gesetzliche Höhe hat — an die Staatskasse vor. Verluste sind aus dem Reservefonds zu decken, und, falls dieser erschöpft ist, von der Staatskasse zu tragen.

Die Höhe der Reingewinne stieg mit der Zunahme des Betriebskapitals und schwankte seit 1876 meist zwischen 5 und 10 Millionen Rub. jährlich, seit 1899 betrugen sie mehr

---

[1] Beim Zusammenbruch von Baring Brothers im Jahre 1890 leitete die Bank of England ein gemeinsames Vorgehen der Banken und Bankers.

[2] V. S. d. G. II, Nr. 35847.

[3] V. S. d. G. III, Nr. 4108.

als 10 Millionen Rub. Auf die 50 Millionen Rub. Grund- und 5 Millionen Rub. Reservekapital betrug der Rohgewinn des Jahres 1902 mit 36,14 Millionen Rub. 65,7 %, der Reingewinn mit 11,63 Millionen Rub. = 21,1 %. Dem Staatssäckel fließen also nicht unbeträchtliche Einnahmen aus dem Gewinn der Staatsbank zu.

Beurteilung. Hat nun die Staatsbank ihre Aufgabe erfüllt, und ist sie den Anforderungen, die an sie gestellt werden, gerecht geworden?

Sie wird von den verschiedensten Seiten stark angegriffen; besonders sind es die Kredite, die sie an industrielle Unternehmungen gab, die man rügt. Allerdings ist es nicht Sache einer Notenbank, ihre Mittel in dieser Weise festzulegen. Die Unternehmungen, die mit vieler Mühe und vielen Kosten geschaffen waren, um den landarmen Bauern Arbeit zu schaffen, um Rußland unabhängig vom Ausland zu machen und durch Verminderung der Einfuhr Handels- und Zahlungsbilanz zu bessern, diese Unternehmen konnte der Staat in der Krise nicht fallen lassen. Es wären noch mehr Arbeiter brotlos geworden, als es schon durch die Geschäftsstockung waren. Andere Institute, die der bedrängten Industrie tatkräftig zu Hilfe kommen konnten, gab es nicht; es blieb also nur die Staatsbank übrig.

Eine gänzliche Unabhängigkeit der Bank von der Regierung wird von vielen als Sicherung gegen Übergriffe des Staates in Finanznöten gefordert, doch dürfte diese wenig Zweck haben. Die Regierung würde in Rußland, wie wohl ebenso in Westeuropa, auch beim Widerstand der Bankverwaltung eine Vermehrung der Noten erzwingen und ihnen nötigenfalls Zwangskurs beilegen. Im kritischen Augenblick würde dieses Mittel also versagen.

Öfters ist auch empfohlen worden, die Staatsbank in eine Privatbank umzuwandeln, damit ihre Bestände im Falle eines Krieges nicht der Konfiskation unterlägen. In Wirklichkeit würde auch das wenig Zweck haben Bei der geschützten Lage Rußlands ist eine Überraschung schwer auszudenken, und die Barbestände der Filialen an der Grenze, auf die es doch allein ankäme, pflegen nicht allzugroß zu sein.

Für den riesigen Aufgabenkreis, den das Protektionssystem der Staatsbank zuweist, scheint das eigene Kapital der Bank (50 Millionen Grund- und 5 Millionen Reservekapital) zu gering, besonders da ein Teil des Kapitals in unveräußerlichen Papieren und industriellen Unternehmungen festgelegt ist. Durch Einbehaltung eines Teiles des Reingewinns ließe sich diese Stärkung der eigenen Mittel ohne schwere Opfer für die Staatskasse durchführen. Sie wäre dann auch in der Lage, ihre Kredite der Handelswelt unbeschränkter zur Verfügung zu stellen, aus der jetzt mannigfache Klagen erhoben werden, daß die Staatsbank nicht genügend freigebig sei.

Einige Geschäfte, wie die Darlehne an Landwirte, an Handwerker und Hausgewerbetreibende, zum Ankauf von landwirtschaftlichen Maschinen (Posten 11, 13, 14 der Aktivseite), widersprechen dem Prinzip einer Notenbank. Diese Kredite haben sich, obgleich sie die besten Dienste leisten können, in engem Rahmen gehalten. Sie ließen sich vielleicht einem neu zu errichtenden Institut, ähnlich der Preußischen Zentralgenossenschaftskasse[1], übertragen, dem dann auch die Pflege des Kreditgenossenschaftswesens obliegen müßte.

Die Hauptaufgabe einer Notenbank ist es, die Währung zu regeln und sie in Zeiten der Not zu stützen. Hat eine Bank dieses in schweren Zeiten durchzuführen verstanden, so kann man ihr ein Verdienst nicht aberkennen. Anläßlich der Diskussion über die Erneuerung des Notenprivilegiums der deutschen Reichsbank schrieb Lexis[2]: „aber man darf sich keine Illusion darüber machen, daß nicht auch die Reichsbanknoten in einem unglücklichen Kriege Zwangskurs erhalten würden“ und Stroell[3] (Direktor der Bayerischen Notenbank) schrieb bei derselben Gelegenheit: „Heute scheint mir, daß überhaupt kein Festlandstaat einen größeren europäischen Krieg ohne vorübergehend eingeführtes Zwangsgeld wird durchführen können.“ Einen unglücklichen Krieg hat Rußland gegen Japan geführt, innere Unruhen haben Handel und Industrie und damit den Kredit schwer geschädigt, aber dennoch hat die Bank die Währung gehalten und die Billete unbeschränkt eingelöst, trotzdem von einem Ausweis zum andern von den verschiedensten Seiten der Zusammenbruch prophezeit wurde. Ihre Hauptaufgabe hat sie also erfüllt.

[1] Die Preußische Zentralgenossenschaftskasse (Preußenkasse) soll den Personalkredit der zu Genossenschaften zusammengeschlossenen produktiven Klasse des Mittelstandes in Stadt und Land auf billigem Wege befriedigen; sie steht mit der Börse direkt in Verbindung und übermittelt das dort erhaltene billige Geld den Genossenschaften, bewirkt also einen Ausgleich des Zinsunterschiedes der Kredite für den Handel und für die Landwirtschaft.

[2] Bankarchiv VI. Jahrg., Nr. 23, S. 309.

[3] Ebenda, S. 314.

Drittes Kapitel.

Die Bauern-Agrarbank.

Die Veranlassung zur Gründung. Die staatliche Bauern-Agrarbank, deren Gründung durch Ukas vom 18. Mai 1882[1] angeordnet wurde, ist im Grunde genommen eine Weiterführung der Bauernbefreiung; es soll hier deshalb kurz auf sie eingegangen werden. Der Zusammenbruch des ancien régime im Krimkrieg brachte Reformen und Umwälzungen auf allen Gebieten mit sich; Justiz, Verwaltung, Militärdienst, Kreditsystem wurden neu organisiert; durch das Manifest vom 19. Februar 1861[2] wurde die Leibeigenschaft abgeschafft, der freigewordenen Landbevölkerung die Selbstverwaltung gegeben und die Ablösung der von den Bauern benützten gutsherrlichen Ländereien angestrebt.

Den Gutsbesitzern wurde als Vergütung für die Abtretung des Landes 5 % Ablösungszertifikate, die auf Namen lauteten, und 5 % II. Bankbillete, die in 37 Jahren durch Verlosung zu pari getilgt werden sollten, gegeben, Die 5 % Zertifikate wurden später in Bankbillete umgewandelt. Für die Ablösung der frohndienstpflichtigen Bauern erhielten die Gutsbesitzer 5½ % Rente. Der Staat zahlt die Zinsen und Amortisation dieser Papiere und treibt von den Bauern zugleich mit den Steuern 6 % der Ablösungssumme ein, wovon 5 % für Zinsen, ½ % für Amortisation, ½ % für Deckung der Unkosten gerechnet werden. In 49 Jahren mußte nach diesem Plan die Tilgung beendet sein. Der Staat spielt dabei die Rolle einer Abrechnungsstelle.

Vielfach erhielten die Bauern aber nicht genügend Land, um sich und ihre Familien durch dessen Bearbeitung zu ernähren. Das Bauernland war häufig auch ungeschickt aus dem Gutsland ausgeschieden worden, so daß es an einzelnen Landarten fehlte; besonders entbehrten die Bauern die Weide,

---

[1] V. S. d. G. III, Nr. 894.
[2] V. S. d. G. II, Nr. 36650.

da sie nach der Ablösung nicht mehr auf dem gutsherrlichen Land hüten durften. Den durch die lange drückende Leibeigenschaft vollkommen unselbständig gemachten Bauern konnte ein Ukas nicht zu intensiver Wirtschaft bringen, die ihm das fehlende Land durch bessere Ausnutzung des vorhandenen ersetzt hätte. Eine günstige Entwicklung erschwerte ferner die russische Agrarverfassung, der Mir.[1] Bei den Umteilungen hat kein Bauer ein Interesse daran, sein Land zu verbessern oder auch nur im Stand zu halten, da er es ja kaum wiederbekommt. Der Flurzwang und die Gemenglage waren weitere Hindernisse für einen Übergang zu besseren Betriebsmethoden. Mit jeder Umteilung wurde aber der einzelne Landteil kleiner, da die Zahl derer, die sich in das Gemeindeland teilen mußten, größer wurde; nur intensivere Wirtschaft hätte die Abnahme des Landes ersetzen können.

Von allen Seiten erschollen bald Klagen der Bauern über Mangel an Land; die Rückstände der Ablösungszahlungen wuchsen rasch an. Abgesehen von Ermäßigungen, die den polnischen Bauern nach dem Aufstand des Jahres 1863 gewährt wurden, um den dortigen Adel zu schwächen, erreichte erst Finanzminister Bunge eine Herabsetzung der Loskaufszahlungen und teilweise Erlassung der Rückstände. Der Beitrag zu den Verwaltungskosten, den die Bauern in Höhe von $^1/_2$ % jährlich mit der Ablösungszahlung entrichteten, war zu hoch bemessen und wurde für diesen Zweck nicht verbraucht; aus dem Überschuß wurden die Ermäßigungen bestritten.

---

[1] Das Wort Mir bedeutet zugleich Welt und Gemeinde. Es wird darunter die Form des bäuerlichen Grundbesitzes verstanden. Nicht der Einzelne besitzt den Grund und Boden, sondern die Gemeinde; das einzelne Gemeindemitglied hat nur ein Nutzungsrecht am Land, das nach einer Reihe von Jahren unter die männlichen Seelen durch Los neu verteilt wird.

Die Slavophilen sahen die regelmäßigen Umteilungen als ein Zeichen eines besonderen Gerechtigkeitssinnes des großrussischen Volkes an. Die Verhandlungen des „Geheimen Komitees" zu Zeiten Alexanders I. zeigen deutlich, daß den Mitgliedern desselben die Eigenheiten der bäuerlichen Verfassung, an deren Besserung sie arbeiteten, nicht bekannt waren. Der Mir wird als eine Folge der Einführung der Schollenpflichtigkeit und der Kopfsteuer angesehen. Für die Verpflichtungen der Gemeinde dem Staate und den Gutsbesitzern gegenüber haften alle Gemeindemitglieder solidarisch. Der einzelne Bauer kann seinen Verpflichtungen nur nachkommen, wenn er eine Möglichkeit zur Arbeit hat; diese gibt ihm das Feld, das er bestellen kann. Das Recht auf Land, das jedes Gemeindemitglied hat, schließt die Pflicht in sich, die Lasten der Gemeinde mitzutragen. Der Bauer, der nach der Stadt zieht, um dort sein Brot zu verdienen, muß aber immer noch zu den Lasten der Gemeinde beitragen, während er keinen Nutzen vom Land hat. Merkwürdig ist, daß ein Teil der deutschen Kolonisten, die in Rußland angesiedelt wurden, aus freien Stücken die periodischen Umteilungen einführten (Lavelaye: Das Ureigentum. Deutsch von K. Bücher. Leipzig. 1879. S. 18).

Dem „Landhunger“ der Bauern abzuhelfen, gab es drei Mittel; einmal die Auswanderung zu fördern, dann das Pachten und den Erwerb von Land durch die Bauern zu erleichtern. Vor der Bauernbefreiung hatte der Staat sowohl wie die Gutsherrn sobald durch die natürliche Volksvermehrung ein Mangel an Land eingetreten war, die in einem Dorf überschüssigen Leibeigenen auf dünn- oder unbevölkerten Ländereien angesiedelt. Mit der Aufhebung der Leibeigenschaft hatten die Gutsherrn kein Recht mehr, diese Aussiedelung vorzunehmen. Die Regierung suchte sie in den 60er und 70er Jahren zu hindern, um den Gutsbesitzern nicht durch Abwandern der Bevölkerung die Arbeitskräfte zu nehmen oder zu verteuern. Die Bauern wanderten aber trotzdem aus, teils um sich vorübergehend — selbst im Sommer — Arbeit zu suchen, teils um sich in Gegenden anzusiedeln, in denen Land noch billig zu haben war. Erst zu Beginn der 80er Jahre erleichterte der Staat wieder die Auswanderung, später förderte er sie und lenkte sie nach Asien, um die Strecken in der Nähe der Sibirischen Bahn zu besiedeln. Gleichzeitig wurde auch der Kautionszwang und einige andere Vorschriften, die das Pachten von Domänenland erschwerten, aufgehoben. Da die Bauern selten in der Lage waren, die Kaution zu stellen, so pachteten Zwischenhändler das Land und verpachteten es dann an die Bauern — natürlich mit großem Gewinn — weiter. Infolge dieser Erleichterungen wurde bald doppelt so

---

Die Altrussen, wie Katkow, hofften vom Mir, daß er eine Verarmung des Einzelnen verhüten könne, da ja bei jeder neuen Umteilung jeder arbeitsfähige Bauer ein Stück Land erhalte. Diese Erwartung hat sich ganz und gar nicht erfüllt. Sehr bald sammelten sich mehrere Landanteile in den Händen einzelner Bauern, die dann die übrigen aussaugen; der Volksmund gab diesen, die durch ihr gutes Ansehen von den anderen schlecht ernährten Bauern abstechen, den Namen „Gemeindefresser“.

Die Gemeinde konnte früher mit $^2/_3$ Stimmenmehrheit die Aufteilung des Gemeindelandes beschließen; der Gemeindebesitz ist aber noch in ganz Rußland vorherrschend mit Ausnahme der baltischen Provinzen, Polens und einiger Teile Südrußlands.

Stolypins Reform im Jahre 1906, der Gegenstoß gegen das Agrarprogramm der Opposition, die Enteignung der Privatländereien forderte, wollte den Mir beseitigen. Ein Ukas vom 5. Oktober schränkte die Strafbefugnisse des Mir ein und machte den Bauern frei von dem Recht des Mir, den Paß zu verweigern, dessen er bedarf, um nach einem anderen Ort zu wandern. Ein Ukas vom 9. November gab jedem Bauern das Recht, zu verlangen, daß sein Anteil am Gemeindeland ihm als Privatbesitz ausgeschieden werde, daß er aber zur Benutzung der gemeinsamen Weide berechtigt bleibe. Ein Ukas vom 15. November 1906 gestattete den Bauern, ihr Land hypothekarisch zu belasten. (Raffalovich. Le marché financier 1906/7, S. 606.)

Die oppositionelle Presse hat die Reform Stolypins heftig angegriffen, weil sie eine Klasse kleiner Grundbesitzer schaffe, auf die die Regierung sich stützen könne, ihr aber einen Teil der unzufriedenen Leute entziehe.

viel Domänenland an Bauern verpachtet wie früher. Die Erwerbung von Land suchten die Semstwos[1] durch Gewährung von Darlehen zu fördern; so beschloß z. B. das Semstwo des Gouvernements Twer bereits 1875, den Bauern zum Landankauf aus seinen Mitteln Vorschüsse zu gewähren, und das Semstwo des Gouvernements Taurien stellte 50000 Rubel für diesen Zweck zur Verfügung und leistete bis zur Höhe von im ganzen 150000 Rubel Bürgschaft für rechtzeitige Zahlungen der Bauern für die erworbenen Ländereien.

Organisation. In größerem Maßstab sollte eine staatliche Bank den Bauern im ganzen Reich bei der Erwerbung

---

[1] Die Semstwos lassen sich am besten mit den Kreistagen und Kreisausschüssen und den Provinziallandtagen und Provinzialausschüssen vergleichen.

Die Bauernbefreiung (1861) hatte der Bevormundung des Volkes durch die Verwaltung, die auf dem Gouvernementsstatut vom Jahre 1775 (V. S. d. G. I, Nr. 14392) beruhte, den letzten Rest einer Berechtigung genommen. Durch die „Ordnung der Gouvernements- und Kreis-Semstwoinstitutionen“, die am 1. Januar 1864 (V. S. d. G. II, Nr. 40457) in Kraft trat, sollte der Bevölkerung die örtliche Selbstverwaltung verliehen werden. Diese Selbstverwaltung sollte die Semstwoversammlung (sobranie) ausüben, der das Semstwoamt (uprawa) als ausführendes Organ zur Seite steht; jedes Gouvernement hat diese Einrichtung und ebenso jeder Kreis (ujäst), von denen mehrere ein Gouvernement bilden. Nach der Verordnung von 1864 wählten drei Klassen (Kollegien) Wähler nach einem Vermögenszensus die Abgeordneten für die Kreis-Semstwoversammlungen, nämlich 1. die Privatgrundbesitzer, 2. die städtischen Gemeinden, 3. die Bauerngemeinden. Die Mitglieder der Gouvernements-Semstwoversammlung werden von der Kreis-Semstwoversammlung gewählt. Den Vorsitz führt der Adelsmarschall des Kreises bezw. Gouvernements. Die Mitglieder der Semstwoämter werden von den Versammlungen, die meist im Herbst zusammentreten, gewählt; der Vorsitzende und seit 1890 auch die übrigen Mitglieder der Ämter bedürfen der Bestätigung seitens der Regierung. Den Semstwos liegt die Befriedigung der wirtschaftlichen örtlichen Bedürfnisse ob (z. B. Straßenbauten, Förderung von Landwirtschaft, Industrie und Handel, Versicherungen, Gesundheitspflege usw.); zur Durchführung ihrer Aufgaben erheben sie Steuern.

Diese Gewährung der Selbstverwaltung wurde von der Bevölkerung mit Begeisterung aufgenommen; die besten Männer arbeiteten in den Semstwos, die sich rasch das Vertrauen erwarben; z. B. werden ihnen bei Hungersnöten usw. am sichersten und liebsten die zur Verteilung bestimmten Gelder und Vorräte überwiesen. Die Reaktion, die der Befreiungszeit folgte, suchte die Befugnisse der Semstwos mehr und mehr herabzudrücken; infolgedessen zogen sich die besseren Elemente von den Semstwos zurück. Durch den Ukas vom 12. Juli 1889 (V. S. d. G. III, Nr. 6196) wurden den Kreisen die Landeshauptleute beigegeben, die dem Minister des Innern unterstehen und die Bedeutung der Semstwos dadurch, daß ihnen einige Funktionen übertragen wurden, verminderten. Der Ukas vom 12. Juni 1890 (V. S. d. G. III, Nr. 6922) brachte eine Neuordnung der Semstwos. Es wurde durch sie der Standesunterschied stärker hervorgehoben, und dem Adel ein noch größeres Übergewicht verliehen, als er es bereits besaß. Die Semstwos wurden noch dadurch in ihrer Selbständigkeit beschränkt, daß fast alle ihre Beschlüsse der Bestätigung des Gouverneurs oder des Ministers des Innern bedürfen.

von Land behilflich sein. Am 20. Mai 1881 wurde die Ausarbeitung des Entwurfes einer derartigen Bank angeordnet, der am 18. Mai 1882[1] bestätigt wurde. Die neue Bauern-Agrarbank konnte ihre Tätigkeit erst im folgenden Jahr beginnen, da vorher zwei Gesetze erlassen werden mußten, die die Eigentumsübertragung von mit Hilfe der Bank erworbenen Landes (22. März 1883[2]) und die Versteigerung von Grundstücken, die der Bank verpfändet sind, regeln.

Die Bauern-Agrarbank untersteht dem Finanzminister, der den Direktor und die drei Verwaltungsmitglieder ernennt. Für jede Filiale, die selbständig oder in Verbindung mit den Kontoren und Abteilungen der Staatsbank oder den Renteien errichtet werden, ernennt ebenfalls der Finanzminister einen Direktor, während von drei Verwaltungsmitgliedern eins der Gouverneur bestimmt, und zwei von dem Semstwo des Gouvernements gewählt werden. Die Aufgabe der Bank sollte es sein, durch Kreditgewährung den Bauern aller Art den Kauf von Grund und Boden zu ermöglichen, wenn die Besitzer ihn veräußern, die Bauern ihn erwerben wollen. Die Bank sollte also die Rolle einer Vermittlerin zwischen Gutsbesitzern und Bauern spielen und Fehler, die bei der Ausführung des Bauernbefreiungsgesetzes durch unzweckmäßige Abgrenzung und zu geringe Zumessung des Landes begangen waren, wieder gutmachen. Ihr Zweck unterscheidet die Bauernbank von sonstigen Bodenkreditanstalten also dadurch, daß diese an Grundbesitzer unter Verpfändung ihres Besitzes Darlehen geben, während jene erst die Mittel zum Erwerb von Land liefern soll.

Die Bank bekam von der Staatsbank zum Beginn ihrer Operationen ½ Million Rubel vorgeschossen. Die weiteren Mittel sollte sie durch Ausgabe von 5½%igen vom Staat garantierten Zertifikaten der Bauern-Agrarbank erwerben, die in Abschnitten zu 100, 500 und 1000 Rubel ausgegeben wurden. Jährlich sollten bis 5 Millionen Rubel dieser Papiere mit Genehmigung des Finanzministers emittiert werden, darüber hinausgehende Beträge nur mit Allerhöchster Erlaubnis. Die Realisation dieser Papiere übernahm die Staatsbank, die sie bis zur Unterbringung zum Nennwert gegen 5½% Zinsen belieh. Ihre Darlehen gibt die Bank in bar ohne Rücksicht auf den Emissionskurs der Zertifikate, sodaß Gewinn und Verlust aus der Realisation ihr zufallen. Den Kredit der Bank können ländliche Gemeinden, Genossenschaften von mindestens drei Bauern, die Land unter solidarischer Haftung erwerben, und auch einzelne Bauern in Anspruch nehmen. Beim Gemeindebesitz durfte nicht mehr wie 125 Rubel pro

[1] V. S. d. G. III, Nr. 894.
[2] V. S. d. G. III, Nr. 1453.

männliche Seele der Gemeinde oder Genossenschaft, bei Privatbesitz bis 500 Rubel pro Hofbesitzer gegeben werden. Es soll jedem Bauern nur zu soviel Land verholfen werden, wie er ohne fremde Kräfte selbst bewirtschaften kann und wie zur ordentlichen Führung der Wirtschaft nötig ist. Für jede Gegend wurde ein Normalsatz, der 75 % des Wertes entsprach, für das pro Deßjatine zu gewährende Darlehen festgesetzt; besonders wertvolle Grundstücke wie z. B. Gartenland, Flußwiesen waren bis 75 % des Schätzungswertes beleihbar. Infolge dieser Beschränkung konnten nur die Bauern Land erwerben, die etwas Vermögen besassen, oder sie mußten die fehlenden 25 % von Privathand borgen; das war aber meist nur zu Wucherzinsen möglich. Die Bank sollte im europäischen Rußland mit Ausschluß von Finnland, Polen und der Ostseeprovinzen, in denen die Entwicklung eine andere war, und in denen Kreditanstalten bestanden, ihre Tätigkeit entfalten. Für Polen wurde sie 1888 mit geringen Änderungen ihrer Bestimmungen[1] zugelassen; dort gibt sie bis 90 % des Schätzungswertes.

Die Schuldner hatten 5½ % Zinsen, 1 % zur Bildung eines Reservefonds und zur Unterhaltung der Bank, und bei 24½jähriger Frist 2 %, bei 34½jähriger 1 % Amortisation postnumerando in halbjährlichen Raten zu zahlen. Im ganzen waren es also 7½—8½ %; dies war zwar bedeutend niedriger als der Satz, zu dem die Bauern sonst Geld erhalten konnten, für Landhypothek war es aber immerhin noch hoch genug. Für Rückstände wurden ½ % Verzugszinsen monatlich berechnet; wenn der Darlehennehmer aber durch unverschuldetes Unglück, wie Hagelschlag, Mißernte, Viehseuche usw. in eine Notlage gekommen war, so konnten ihm die Verzugszinsen erlassen und die Rückstände auf 2—3 Jahre gestundet werden. Erfolgte dann keine Regelung, so sollte das Grundstück versteigert werden, wenn der Schuldner nicht den Nachweis erbringt, daß sein sonstiger Besitz seine Verpflichtungen deckt.

Tätigkeit bis zur Reform. Die Bank begann ihre Tätigkeit am 10. April 1883. Im ersten Jahr eröffnete sie 11 Filialen, die sich im Laufe des nächsten um 7 vermehrten; 1886 waren bereits 34, 1892 43 in Wirksamkeit. Durch ihre Vermittelung wurden im Jahre 1883 bereits 60 529 Deßjatinen von Bauern erworben; 1886 hatte sie beim Ankauf von 883 226 Deßjatinen, 1892 im ganzen von 1 890 350 Deßjatinen die Mittel geliehen. Insgesamt hatte sie in dem Jahrzehnt 1883 bis 1892 65,17 Millionen Rubel vorgeschossen, von denen die Bauern 1892 noch 49,74 Millionen schuldeten. Den größten Teil des Landes, nämlich 1,02 Millionen Deßjatinen hatten Bauerngenossenschaften erworben, nur 25 994 Deßjatinen ein-

[1] V. S. d. G. III, Nr. 5131.

zelne Bauern, den Rest ganze Gemeinden. An dem Landerwerb waren 268 499 Hofwirte oder 866 698 männliche Seelen beteiligt.

Im 2. Jahre gelang es der Staatsbank, 6,1 Millionen Rubel 5½ % Zertifikate für Rechnung der Bauernagrarbank abzustoßen, im dritten Jahre weitere 14 Millionen Rubel. 1886 waren 28,9 Millionen untergebracht, ein Betrag, der sich unter Wyschnegradski auf 51 Millionen vermehrte. Die beiden ersten Jahre hatten Verluste gebracht, da die Zertifikate unter pari begeben werden mußten. Mitte der 80er Jahre stiegen aber alle russischen Fonds, mit ihnen die Zertifikate, deren Realisasion nun Gewinn brachte, da vom 5½ % Zinsfuß nicht abgewichen wurde. Aus diesen Gewinnen und den Zahlungen der Bauern wurde ein Reservefonds gebildet, der im Jahre 1889 eine Höhe von 0,8 Millionen Rubel erreichte, in dem Hungerjahr 1891/92 aber fast ganz aufgezehrt wurde, da die Bank viele Erleichterungen gewähren mußte.

N. Ch. Bunge sah in der Bank ein geeignetes Mittel, den Bauern zu helfen; er suchte Leute, die der Bauernfrage reges Interesse entgegenbrachten, an die Spitze dieses eigenartigen Unternehmens zu stellen. Bei seiner Fürsorge für den Bauernstand begegnete er dem Widerstand des Ministers des Innern, des Grafen D. A. Tolstoi, der die Interessen des Adels übermäßig in den Vordergrund schob.[1]

Es stellten sich aber wesentliche Mängel der Bank heraus. Sie überließ es den Bauern, sich über die erworbenen Ländereien auseinanderzusetzen; das führte zu Streitigkeiten, die manchmal selbst zur Wiederaufgabe des neu erworbenen Gutes führten. Wo Gemeindebesitz herrschte, wurde auch das neue Land nach der Güte des Bodens eingeteilt, und von jedem dieser Teile erhielten die einzelnen Mitglieder wieder ein Stück, so daß ganz kleine Parzellen herauskamen, die weniger rentabel sind. Viele Klagen wurden auch über die Langsamkeit des Verfahrens erhoben; oft hatten die Bauern das Land schon lange in Benutzung genommen, ehe alle Formalitäten erledigt waren. Da sich die Bank nicht genügend um die Kaufbedingungen kümmerte, wurden die Bauern, die der Landhunger unvorsichtig gemacht hatte, häufig übervorteilt.

[1] Derartig verschiedene Kurse zweier Ministerien begegnen uns häufiger. So versuchte das Ministerium des Innern die Fabrikinspektion vom Finanzministerium zu trennen und sich anzugliedern; die Tätigkeit der Fabrikinspektion würde das Ministerium des Innern, dessen Aufgabe es in erster Linie ist, die Ordnung aufrecht zu erhalten, auf dieses Ziel gerichtet (Protokoll der Sitzung des Ministerrats am 28., 29. und 31. Januar 1905) und seiner eigentlichen Bestimmung entfremdet haben. — Auch im Schulwesen vertritt das Finanzministerium die fortschrittlichere Richtung; die von ihm eingerichteten und unterhaltenen Schulen (Polytechnikum, Kommerzschulen), sind durchweg besser und moderner als die Anstalten, die dem Ministerium des Innern unterstehn.

Gewerbsmäßige Güterschlächter brachten mit Hilfe von Wodka die Bauern zum Abschluß des Kaufvertrages. Die Bauern konnten dann bei einem zu hohen Kaufpreis die Zinsen, die mitunter den Bodenertrag überstiegen, nicht aufbringen und gerieten mit ihren Zahlungen an die Bank in Verzug. Diese Rückstände waren bereits unter Bunges liberaler Leitung angewachsen; daß sie unter Wyschnegradski abnahmen, ist neben der guten Ernte auf die strenge Eintreibung zurückzuführen, durch die er allerdings mehr schadete als nützte. Die Bank mußte auch Güter selbst übernehmen, deren Bewirtschaftung durch Inspektoren und Pächter sie teuer zu stehen kam.

Sie besaß 1891 für 7,04 Millionen Rubel Land; das waren 15,2 % von den 46,39 Millionen Rubel betragenden Darlehen.

Manchmal nahmen die Bauern auch Strohmänner in die Gemeinde oder Genossenschaft auf, um möglichst hohen Kredit bei der Bank zu bekommen, da diese nach der Zahl der männlichen Seelen die Höchstsumme des Darlehns berechnete. Besonders hinderlich aber war der hohe Zinsfuß, der den Bauern berechnet wurde; sie hatten $5^1/_2$ % Zinsen, mit Amortisation und Unkostenbeitrag $7^1/_2$—$8^1/_2$ % zu zahlen, während die Schuldner der Adelsbank damals nur 4 % Zinsen entrichteten.

Die Bank vermittelte während des Jahrzehnts 1883/1892 den Erwerb von 1,89 Millionen Deßjatinen Land durch die Bauern. Diese Zahl erscheint gering, wenn man sie mit der ganzen, in Nutzung der Bauern stehenden Fläche vergleicht. Es erhielten nämlich bei der Emanzipation die Bauern 110 Millionen Deßjatinen Anteilsland, 11 Millionen pachteten sie hinzu, und $5^1/_2$ Million hatten sie bis 1892 ohne Vermittelung der Bank erworben. Die Tätigkeit der Bank gewinnt aber etwas größere Bedeutung, wenn man berücksichtigt, daß 60—70 % der durch sie erworbenen Grundstücke unmittelbar an das Bauernland angrenzen, und daß durch die Abrundung und Ergänzung des früheren Besitzes eine bessere Ausnutzung desselben ermöglicht wird.

Reform. Eine durchgreifende Reform ging von Finanzminister S. J. Witte aus, der reges Interesse am Wohl und Weh des Bauernstandes nahm, der für Rußland, dessen städtische Bevölkerung nur 13,4 % der gesamten Einwohnerzahl ausmacht, so wichtig ist; wichtig nicht nur, weil er die Mehrzahl darstellt, sondern auch, weil er der Hauptsteuerzahler ist. Zuerst suchte Witte die Mittel zu erhalten, den Zinsfuß zu ermäßigen durch Konversion der Zertifikate. Durch Ukas vom 23. März 1893[1] wurden die $5^1/_2$ %igen Zertifikate, von denen 51,07 Millionen Rubel im Umlauf waren, gekündigt und den Besitzern $4^1/_2$ % Zertifikate zum Kurs von 99 % an-

[1] V. S. d. G. III, Nr. 9445.

geboten. Es wurden 43,78 Millionen Rubel konvertiert, der Rest zu 98 % begeben; am 1. Januar 1894 befanden sich 54,02 Millionen Rubel 4½ %ige Zertifikate im Verkehr; außerdem schuldete die Bank der Staatsbank 6½ Millionen Rubel. Die Zuzahlungen bei der Konversion und die Verluste bei der Realisation der nicht eingetauschten Stücke, im ganzen 0,58 Millionen Rubel, wurden aus dem „Kapital für gemeinnützige Zwecke im Königreich Polen", das der Bank überwiesen war, bestritten. Durch Manifest vom 14. November 1894 [1] wurde ferner der Bank vom Jahre 1895 an ein Teil der Ablösungsgelder überwiesen. Die Bank erhält 1 % der im Jahre eingehenden Ablösungszahlungen, so lange diese 9/10 des Sollbetrags nicht übersteigen; fließen mehr ein, so erhält die Bank weiter 1/8 des letzten Zehntels des Sollbetrages und die Hälfte der über diesen hinausgehenden Summe. Das Vermögen der Bank soll aber nicht über 50 Millionen Rubel steigen. Durch die Konversion der Zertifikate und die aus den Ablösungszahlungen fließenden Beträge war die Bank in den Stand gesetzt, 1894 den Zinsfuß für die Darlehen von 5½ auf 4½ % herabzusetzen und die Beleihungsfristen von 24½ und 34½ Jahren auf 26½ bezw. 38½ Jahre zu verlängern.

Die Bank selbst wurde durch Ukas vom 27. November 1895 [2] umgestaltet. Sie soll nun aus ihrer passiven Rolle heraustreten; sie wurde ermächtigt, im Betrag ihres eigenen Kapitals selbst Güter anzukaufen, sie den Bedürfnissen entsprechend aufzuteilen und an Bauern weiter zu veräußern. Das eigene Kapital der Bank setzt sich aus den Beträgen, die ihr nach dem Manifest vom 14. November 1894 zufallen, aus dem „Kapital für gemeinnützige Zwecke im Königreich Polen" und aus den Gewinnen zusammen. Die Erlaubnis zum Ankauf von Land wurde der Bank erst auf fünf Jahre erteilt, nach Ablauf dieser Frist aber auf weitere zehn Jahre verlängert. Den Ankauf, welcher der Genehmigung des Finanzministers bedarf, beschließt der Verwaltungsrat der Bauern- und der Adelsagrarbank gemeinsam. Die Bank teilt einzelne Parzellen ab und veräußert sie; sie kann sie auch verpachten, jedoch auf nicht länger als 9 Jahre. Sie stundet dem Käufer 90 %, in besonderen Fällen die ganze Kaufsumme. Sie schießt, wie früher, den Bauern Geld zum Ankauf von Land vor und beleiht nun auch Grundstücke, die nicht durch ihre Vermittelung erworben sind; Beleihungsgrenze ist hier ebenfalls 90 %, in besonderen Fällen 100 % des Wertes. Sie darf bis zu 90 % des Wertes, auch für die von ihr verkauften Grundstücke, Zertifikate ausgeben; wenn sie bis 100 % ausleiht,

[1] V. S. d. G. III, Nr. 11035, 1, Abs. 8.
[2] V. S. d. G. III, Nr. 12195.

muß sie die 10 % aus ihren eigenen Mitteln decken, aus denen sie auch die Landankäufe bestreiten muß, da sie für den Gegenwert der in ihrem Besitz befindlichen Grundstücke keine Pfandbriefe ausgeben darf. Als Darlehennehmer können nun außer Gemeinden, Genossenschaften und einzelnen Bauern auch Kleinbürger, wenn sie auf einem Dorfe wohnen und Ackerbau betreiben, auftreten. Der Leihfrist wurde eine größere Mannigfaltigkeit verliehen; sie wurde auf 13, 18, 28, 41 und 55½ Jahre zugelassen, wobei vorzeitige Tilgung in bar gestattet wurde. Die Beleihungen wurden auch auf den Kaukasus, Sibirien und die Ostseeprovinzen ausgedehnt. Die Stundung der Rückstände und laufenden Zahlungen wurde bei Unglücksfällen wie Hagelschlag usw. auf drei Jahre ausgedehnt, bei wiederholten Unfällen auf sechs Jahre. Um die früheren Mißbräuche zu vermeiden, wurde der Bank zur Pflicht gemacht, die Bauern beim Ankauf zu beraten, Kostenanschläge aufzustellen und die Kaufverträge zu prüfen. Die Bank blieb dem Finanzministerium unterstellt; sie wird geleitet von einem vom Finanzminister ernannten Direktor, dem ein zweiter Direktor zur Seite steht, und einem fünfgliederigen Verwaltungsrat, bestehend aus dem Direktor und vier Mitgliedern, die ebenfalls vom Finanzminister auf Vorschlag des Direktors, des Vertreters des Ministeriums des Innern, Abteilung für Aussiedlung, und der Staatskontrolle bestimmt wird. Zur Verbilligung der Verwaltung wird die Direktorstelle der Bauernbank vom Direktor der Adelsbank mit versehen. Diese enge Verbindung der beiden ständischen Kreditanstalten hat vielfach zu der Klage Anlaß gegeben, die Bauernbank nehme hauptsächlich die Interessen der Adligen wahr und ermögliche diesen die Abstoßung selbst des schlechtesten Landes zu übertrieben hohen Preisen.

Zertifikate. Von den Zertifikaten wurden 1894 10 Millionen Rubel realisiert; der Erlös wurde zum größten Teil zur Rückzahlung der Schuld an die Staatsbank verwendet. Der Kredit derselben wurde aber im folgenden Jahr wieder in Anspruch genommen, um die Darlehnsbedürfnisse zu befriedigen, ohne Zertifikate auszugeben. Am 2. Juni 1895 [1] wurde die Emission von 10 Millionen Rubel 4 % Zertifikaten genehmigt, denen 1897 zwei Anleihen zu 15 und 10 Millionen und 1898 eine weitere zu 50 Millionen 4 % Papiere folgten. Am 27. Februar 1898 [2] wurde die Konversion der 4½ % Zertifikate, von denen noch 57,06 Millionen im Verkehr waren, in 4 % befohlen, und 1899 diese Operation glücklich durchgeführt. Nun konnte auch der Zins für die Darlehen von 4½ % auf 4 %, sowie die Provision von 1 % auf ¾ % er-

[1] V. S. d. G. III, Nr. 11783.
[2] V. S. d. G. III, Nr. 15081.

mäßigt werden. Bis 1901 steigerte die Bank den Pfandbriefumlauf auf 213,34 Millionen Rubel und brachte ihr eigenes Kapital auf 16½ Millionen Rubel. Das Reservekapital wurde aber durch die Verluste bei der Realisation der Anleihe fast ganz aufgezehrt. Mit der Versteifung des Geldmarktes wurde der Absatz der Zertifikate erschwert; die IX. 50 Millionen Rubel Anleihe mußte von den Sparkassen übernommen werden, die sie mit Verlusten abstießen. Auch die X. und XI. Emission brachte Verluste, so daß das eigene Kapital angegriffen werden mußte. Im ganzen hatte die Bank am 1. Januar 1904 376,35 Millionen Rubel Zertifikate im Umlauf. Infolge des Anziehens der Zinssätze sah sich die Bank genötigt im Jahre 1905 zum 4½%igen Zinsfuß zurückzukehren. Sie hatte am 1. Januar 1906 6 Millionen Rubel 4½%iger und 443,48 Millionen Rubel 4%iger Pfandbriefe im Verkehr.

Darlehen zum Ankauf von Land durch Vermittelung der Bank. Mit dieser Vermehrung der Mittel konnte die Bank ihre Darlehnsgewährung von Jahr zu Jahr steigern. Mit der Verbilligung des Zinssatzes wuchs auch die Nachfrage. Während bis 1896 durchschnittlich jährlich 5 bis 7 Millionen Rubel Darlehen gegeben wurden, stieg diese Summe von 21,08 Millionen im Jahre 1897 auf 60,04 Millionen im Jahre 1903. Der größte Teil der Darlehen wurde Genossenschaften gegeben (1903: 50,63 Millionen), nur ein geringer Teil Gemeinden und einzelnen Bauern (1903: 7,99 bez. 1,42 Millionen). Die meisten Darlehen waren auf 55½ Jahre (1903: 53,39 Millionen) abgeschlossen.

Mit dem Ausbruch des russisch-japanischen Krieges wurden die Geschäfte der Bauernbank eingeschränkt. Durch Ukas vom 26. März 1904[1] wurde die Beleihungshöhe auf 60% des Schätzungswertes, wenn das Darlehn von einem einzelnen Hofbesitzer, auf 75%, wenn es von einer Gemeinde oder Bauerngenossenschaft gefordert wird, herabgesetzt. Die Agrarunruhen trugen auch dazu bei, die Geschäfte der Bank zurückgehen zu lassen. Bei der Bank gingen in den Jahren 1904 und 1905 nur halb soviel Gesuche um Beleihungen zum Ankauf von Gütern wie in den frühern Jahren ein (1903: 7041, 1905: 3754).

Der größte Teil des Landes, zu dessen Ankauf die Bank Darlehen gibt, ist von Adligen erworben (1905: 54%), ein nicht geringer Teil von Bauern (1905: 13,2%), z. T. waren auch Bauern gezwungen, Land, das sie selbst erst erworben hatten, aber nicht halten konnten, wieder zu veräußern. Die

[1] Tätigkeit der Bauernbank im Jahre 1904. Finanzbote, 1906, Nr. 32.

Hälfte dieses Bauernlandes, stammte von den Baschkiren (Erbbesitzer) in den Gouvernements Ufa, Perm und Orenburg[1]. Seit die Bank selbst in größerm Maßstab für eigene Rechnung Güter erwirbt, also seit 1898 ist auch der Prozentsatz des Landes, den sie an Bauern abgibt, gestiegen; 1905 waren es 19,6 %. Der größte Teil der Käufer sind Bauern, die nur ihren Anteil am Gemeindeland haben (1904: 62 %, 1905: 54 %); nicht unbedeutend ist jedoch auch die Zahl der Käufer, die vor dem Erwerb kein Land besaßen, für die die Bank anfänglich überhaupt nur geplant war (1905: 13 %). Bis zum 1. Januar 1906 hat die Bauernbank in den 23 Jahren ihrer Tätigkeit 60 185 Vorschüsse in Höhe von 492,33 Millionen Rubel zum Ankauf von 8,27 Millionen Deßjatinen Land gegeben; der Kaufpreis betrug 644,73 Millionen Rubel; es benutzten den Kredit der Bank 1,28 Millionen Hofbesitzer oder 4,06 Millionen männliche Seelen; am 1. Januar 1906 blieben der Bank 7,71 Millionen Deßjatinen mit 440,61 Millionen Rubel verpfändet.

Darlehen auf Land, das ohne Vermittlung der Bank erworben ist, zu gewähren, war bei der Reform im Jahre 1895 der Bauernbank gestattet worden, ein Geschäft, wie es die sonstigen Bodenkreditanstalten betreiben. Großen Umfang hat es jedoch nicht angenommen; von 1896 bis zum 1. Januar 1906 hatte die Bank in 1530 Fällen 142 632 Deßjatinen mit 7,25 Millionen Rubel beliehen. Diese Darlehen benutzten 18 674 Hofbesitzer mit 63 661 männlichen Seelen. Die Kapitalschuld betrug am 1. Januar 1906 noch 6,82 Millionen Rubel, gegen die 141 424 Deßjatinen der Bank verpfändet waren.

Der Ankauf von Gütern für eigene Rechnung, der ebenfalls durch Ukas vom 27. November 1895 genehmigt wurde, hat aber recht große Bedeutung erlangt; es wurden von 1896 bis zum 1. Januar 1906 im ganzen 504 Güter mit 0,96 Millionen Deßjatinen Land von der Bank erworben und dafür 68,18 Millionen Rubel gezahlt. Gleichzeitig mit der Herabsetzung der Beleihungsgrenze wurde durch den Ukas vom 26. März 1904 der Bank der Ankauf von Gütern für eigene Rechnung verboten; es wurde ihr nur gestattet, Ländereien, die den Baschkiren im Gouvernement Ufa, Orenburg und Samara gehören, in Höhe von 1½ Millionen Rubel jährlich zu erwerben.

---

[1] Die Baschkiren, denen die Regierung einen Teil ihres früheren Besitzes als Reservat (Erbbesitzer) zugewiesen hat, ziehen z. T. die Wanderschaft dem Festsitzen vor; sie verpachteten ihre Ländereien an russische Kolonisten und kamen häufig in die Lage, bei ihren Pächtern vorübergehend Lohnarbeit verrichten zu müssen. Die Bauernbank vermittelt nun den Übergang der Baschkirenländereien in die Hände der die Felder bereits bebauenden russischen Kolonisten.

Der Weiterverkauf ging nur langsam von statten, am 1. Januar 1906 besaß die Bank noch 108 Güter mit 0,26 Millionen Deßjatinen im Werte von 16,52 Millionen Rubel. Der größte Teil dieses Landes war von Adligen erworben, ein erheblicher Teil auch von der Adelsbank und in den letzten beiden Jahren auch von den Baschkiren.

Die Zahlungen gingen ziemlich regelmäßig ein, am 1. Januar 1904 waren der Bank nur 37 673 Deßjatinen verblieben, die sie wegen Rückständen übernommen hatte, die Schuld hierauf belief sich auf 2,31 Millionen Rubel. Infolge des Krieges und der Unruhen konnten die Schuldner ihren Verpflichtungen schlecht nachkommen, es gingen im Jahre 1904 nur 71,3 %, 1905 nur 59,9 % der fälligen Zahlungen ein. Die Bank gewährte im Jahre 1905 in 530 Fällen Stundungen, dennoch kamen 37 Güter zur Versteigerung, von denen 31 nicht verkauft wurden. Es blieben der Bank am 1. Januar 1906 126 Güter mit 51 514 Deßjatinen, auf denen ein Hypothekenrest von 3,15 Millionen Rubel lastete.

Die Gewinne der Bank waren beträchtlich; seit 1900 haben sie mehr als 2 Millionen Rubel betragen; 1903 waren es 3,52 Millionen Rubel. Hauptsächlich stammten die Gewinne aus den Zahlungen der Bauern zur Unterhaltung der Bank ($^3/_4$ %), die mit der gewaltigen Ausdehnung der Tätigkeit der Bank entsprechend wuchsen; die Unkosten stiegen aber durch die im Jahre 1895 herbeigeführte Verbilligung der Verwaltung nicht in demselben Maße. Trotz der Gewinne ist der Reservefonds gänzlich aufgebraucht worden, da aus ihm die Verluste aus der Realisation der Zertifikate gedeckt wurden. Es wurde hierzu auch teilweise das eigene Kapital der Bank herangezogen, das am 1. Januar 1904 24,87 Millionen Rubel betrug, nachdem ihm im Jahre 1903 4,09 Millionen Rubel aus den Ablösungszahlungen zugeflossen waren. Am 1. Januar 1906 betrug infolge der Kursverluste das eigene Kapital der Bank nur noch 22,94 Millionen Rubel.

Vom Jahre 1906 an, für das der Rechenschaftsbericht noch nicht vorliegt, hat sich die Tätigkeit der Bank stark ausgedehnt. Das Manifest vom 3. November 1905[1] gab der Bank die Möglichkeit, wirksam die landarmen Bauern bei der Erweiterung ihres Besitzes durch Vermehrung der Mittel der Bank und durch günstige Bedingungen bei Gewährung von Darlehen zu unterstützen. Sie begann aber anfangs 1906 aus Mangel an Barmitteln mit Pfandbriefen zu zahlen; die Gutsbesitzer erlitten beim Abstoßen der Papiere empfindliche Verluste, und eine Gruppe von ihnen wendete sich mit einer

[1] Tätigkeit der Bauernbank im Jahre 1905. Finanzbote, 1907. Nr. 25.

Klage gegen die Bank an den Finanzminister.[1] Drei Ukase wiesen der Bank Ländereien zur Veräußerung an die Bauern zu. Der Ukas vom 12. August 1906 bestimmte 4 Millionen Deßjatinen Apanage-Ländereien, soweit sie für landwirtschaftliche Zwecke nutzbar sind, der Ukas vom 27. August 1906 5 Millionen Deßjatinen Domänenland und der Ukas vom 19 September Kabinetsländereien des Zaren (die etwa den Schatullgütern in Preußen entsprechen) in Sibirien am Altai zum Verkauf an die Bauern.[2] Die Aufmessung und Verteilung des Landes erfordert aber bei dem Mangel an geschulten Beamten geraume Zeit.

Auf die Beurteilung der Wirksamkeit der Bauernagrarbank ist später bei Besprechung des Hypothekarkredits näher eingegangen.

---

[1] Glaser: Wirtschaftspolitische Annalen. 1906. Berlin 1907. S. 389.

[2] Raffalovich: Le marché financier 1906—1907. Paris 1907. S. 606.

Viertes Kapitel.

Reichs-Adelsagrarbank.

Organisation. Nachdem, gemäß dem Ukas vom 16. April 1859,[1] die Leihbank, die Depositenkassen und die Kollegien der allgemeinen Fürsorge die Beleihungen eingestellt hatten, war den Gutsbesitzern die Möglichkeit eines billigen Hypothekenkredites genommen. Einige Jahre gab es gar keine Anstalten, die ihn gaben, und so waren die Gutsbesitzer auf den teuern Kredit von Privaten angewiesen. Die zu Anfang der 70er Jahre ins Leben tretenden Hypothekenbanken nahmen 10% und mehr. Die Regierung hielt für die Gutsbesitzer Kredite nicht für nötig, da diese infolge der Bauernbefreiung viele flüssige Mittel in die Hände bekommen hatten. Diese Gelder waren aber z. T. sehr rasch verschwendet, oder auch beim Börsenspiel verloren, wozu die vielen neuen Werte der Banken und der Eisenbahngesellschaften reichlich Gelegenheit boten.

So waren die Gutsbesitzer in eine schlimme Lage gekommen. Als sich im Jahre 1883 der Adel des Gouvernements Orel an Alexander III. mit der Bitte um Gewährung von langfristigen Krediten aus Staatsmitteln wendete, beschloß der Kaiser zum früheren Prinzip des Staatshypothekenkredites, das 1860 verlassen war, zurückzukehren und die Deckung des langfristigen Kreditbedürfnisses nicht mehr allein der Privatinitiative zu überlassen. Unter Bunge wurde durch Ukas vom 3. Juni 1885[2] die Gründung einer Reichs-Adelsagrarbank befohlen, deren Ziel die Erhaltung des erblichen Adels auf seinen Gütern bilden sollte.

Die Verwaltung dieser Bank liegt einem Direktor und einem Rat ob, dessen Mitglieder vom Finanzminister auf Vor-

[1] V. S. d. G. II, Nr. 34379.
[2] V. S. d. G. III, Nr. 3016.

schlag des Adels ernannt werden. Ihre Kontore wurden bei denen der Bauernbank eröffnet, deren Personal ihre Geschäfte mit erledigen mußte, um möglichst wenig Handlungsunkosten zu haben. Sie gibt Darlehen auf Güter, die Adligen gehören und im europäischen Rußland liegen (außer Finnland, Polen und den Ostseeprovinzen); diese waren anfänglich innerhalb 48 Jahren, später innerhalb 66 Jahren zu tilgen. Sie nahm 5 % Zinsen, ½ % Amortisation, ¼ % zur Unterhaltung der Bank und zur Bildung eines Reservefonds und ¼ % einmalige Provision, im ganzen zahlte der Adel also 5¾ %, abgesehen von der Provision, während die Bauern zu jener Zeit 7½ % bis 8½ % zahlen mußten. Die Darlehen wurden in barem Geld gegeben, wobei ein fester Abrechnungskurs von 98 % für die Pfandbriefe, deren Realisation die Staatsbank übernahm, angesetzt wurde. Sie belieh die Güter bis 60 % des Wertes, wenn sie aber bei privaten Hypothekenbanken bereits verpfändet waren und von der Adelsbank abgelöst werden sollten bis 75 %. Zur Ablösung der alten Hypotheken kaufte die Staatsbank für 26 Millionen Rubel Pfandbriefe privater Hypothekenbanken, die sie der Adelsbank übergab. Die Bank sollte nur dem Stand dienen, für den sie gegründet war; deshalb mußte beim Verkauf eines Gutes an einen Nichtadligen die Hypothek innerhalb fünf Jahren gelöscht werden; später wurde diese Frist auf zehn Jahre ausgedehnt. Zum Beginn der Geschäfte schoß die Staatsbank 3 Millionen Rubel vor. Weitere Mittel sollte die Bank sich durch Pfandbriefausgabe auf Grund der Hypotheken verschaffen. Diese Pfandbriefe wurden vom Staate garantiert. Die ersten 100 Millionen Rubel dieser 5 % Papiere wurden der Staatsbank übergeben, die sie entsprechend den von der Adelsbank gewährten Darlehn verkaufen sollte. Den Emissionskurs setzte der Finanzminister im Verein mit dem Staatsbankpräsidenten und dem Adelsbankdirektor fest. Etwaige Gewinne bei der Realisation sollten der Adelsbank zufallen, Verluste dagegen die Staatsbank tragen.

Tätigkeit. Sofort nach Betriebseröffnung setzten die Privathypothekenbanken ihren Zinsfuß von 10 % auf 8 % herab. Die günstigen Bedingungen lockten einen großen Kundenkreis an; 1886 gab die Bank bereits 68,78 Millionen Rubel Darlehen, während nur 13,8 Millionen Rubel Pfandbriefe begeben wurden. Den Rest hatte die Staatsbank vorgeschossen. Während Wyschnegradski für die Bauern wenig Interesse zeigte, begünstigte er den Adel um so mehr. In den Jahren 1887 und 1888 wurden der Staatsbank weitere je 50 Millionen Rubel 5 % Pfandbriefe zur Realisation übergeben, um die Forderungen an Darlehen befriedigen zu können, die in der Bilanz vom 1. Januar 1888 mit 138,61 Millionen Rubel figurieren. Die Begebung der Pfandbriefe gelang, da die Staatsbank sehr vorsichtig damit vorging, zu Kursen über

98 %, dem Abrechnungskurs; so konnte die Adelsbank einen Reservefonds sammeln, da ihr die Gewinne zufielen.

Die erhaltenen Gelder wurden aber häufig nicht, wie es eigentlich im Sinne der Einrichtung lag, zur Verbesserung und Ergänzung von Inventar und zur Bodenmelioration benutzt, sondern oft zur Anlage in Industrie- und Bankaktien verwendet, die mehr als $5^1/_4$ % Zinsen brachten oder wenigstens bringen sollten.

Trotz des geringen Prozentsatzes und der günstigen Ernte gingen die Zins- und Amortisationszahlungen im Jahre 1888 schlecht ein; die Rückstände wuchsen mehr und mehr an. Dem Adel schien noch wenig geholfen. Um nun billiges Geld zu verschaffeu und damit dem Adel Vergünstigungen gewähren zu können, wurde die Ausgabe von 80 Millionen Rubel 5 % Prämienpfandbriefe durch Ukas vom 12. Oktober 1889 [1] befohlen. Die glänzenden Erfolge der beiden ersten Prämienanleihen von 1864 und 1866 hatte diese Art Papiere günstig erscheinen lassen. Die Pfandbriefe wurden mit 215 % aufgelegt, die Zahlungen in jeder Weise erleichtert; so wurde die Anleihe stark überzeichnet. Buchmäßig erhielt die Bank dadurch 90 Millionen Rubel zinsloses Kapital. Der Erlös der Anleihe wurde zur Abtragung der Schuld der Adelsbank an die Staatsbank verwendet.

Im selben Jahr wurde durch Ukas vom 12. Oktober [2] der Zinsfuß für Darlehen von 5 % auf $4^1/_2$ % herabgesetzt, die Amortisation bei einer Frist von $51^3/_4$ Jahren auf $^1/_2$ %, bei $38^1/_4$ Jahr auf 1 %. Neue Darlehen wurden nun zum vollen Nennwert ausgezahlt, die Verluste bei der Realisation der Pfandbriefe von der Bank getragen. Den alten Darlehennehmern wurden die 2 %, die ihnen abgezogen waren, wieder vergütet. Die Strafen für die Rückstände wurden ermäßigt, die Rückstände selbst ohne Verzinsung zum Kapital geschlagen. Diese Rückstände hatten 1889 eine Höhe von 11 Millionen Rubel erreicht, die durch die Vergütung von 2 % und die Kapitalisierung beseitigt wurden. Der Adel hoffte aber auf weitere Vergünstigungen und entrichtete deshalb seine Zahlungen nicht; die Rückstände wuchsen abermals an und machten im Jahre 1893 mit infolge der Mißernte (1891/2) $10^1/_2$ Millionen Rubel aus.

Obgleich die Bank nur $4^1/_2$ % von ihren Debitoren erhielt, emittierte sie weiter 5 % Pfandbriefe, von denen 1892 147,82 Millionen Rubel im Verkehr waren, während von $4^1/_2$ % nur 10 Millionen Rubel ausgegeben waren. Erst 1893 wurde die Emission von 5 % Pfandbriefen eingestellt und die Summe der ausgegebenen durch verstärkte Tilgung bis zum April 1894

[1] V. S. d. G. III, Nr. 6292.
[2] V. S. d. G. III, Nr. 6293.

auf 111,62 Millionen vermindert. Diese wurden durch Ukas vom 13. Mai 1894[1] gekündigt und den Inhabern 4½% Pfandbriefe angeboten. Zugleich wurden auch 27,69 Millionen 5% Pfandbriefe des Gegenseitigen Bodenkreditvereins und 2 Millionen 5% VI. Bankbillete, die gegen 6% Pfandbriefe der Saratow-Simbirsk'schen Agrarbank gegeben waren, zu 4½% Adelsbank-Pfandbriefen konvertiert. Die Operation ging gut von statten; von 141,32 Millionen Rubel 4½% Papiere, die für die Konversion bestimmt waren, wurden 133,93 Millionen eingetauscht. Weitere Ausgaben von 4½% Pfandbriefen konnten z. T. nur zu Kursen unter Pari untergebracht werden; die Darlehnnehmer wurden aber voll ausbezahlt.

Das Gleichmaß im Zinsfuß der Darlehen und Pfandbriefe, das durch die Konversion herbeigeführt war, wurde durch das Manifest vom 14. November 1894[2] wieder aufgehoben. Den Darlehnnehmern wurden nicht mehr 4½%, sondern nur 4% berechnet. Ferner wurden ihnen Vergünstigungen gewährt für die Rückstände aus den Notjahren 1891/2. Im folgenden Jahr folgte der Prozentsatz der Pfandbriefe dem der Darlehen. Es wurde die Ausgabe von 40 Millionen 4% Pfandbriefe genehmigt, von denen 35 Millionen abgesetzt wurden. Von den 1896 zur Ausgabe bestimmten 100 Millionen 4% Pfandbriefe konnten im laufenden und folgenden Jahr 88 Millionen realisiert werden.

Im Jahre 1897[3] wurden die Zinsen für die vor dem 1. Mai 1897 gegebenen Darlehen von 4% auf 3½% herabgesetzt und für Strafen und Rückstände abermals Vergünstigungen gewährt. Am 4. April 1897[4] war bereits die Ausgabe von 100 Millionen 3½% ewig steuerfreier Pfandbriefe mit vierteljährlichen Kupons genehmigt worden. Diese Papiere sollten bei Kautionsleistungen zum Parikurs angenommen werden, und wurden auch, um sie für den ausländischen Markt annehmbar zu machen, in fremder Valuta ausgestellt. Im Jahre darauf wurde in Verfolgung des Ukases vom 16. Januar 1898[5] unter Bonifikation von 2% von den 172,78 Millionen Rubel 4½% Pfandbriefe 140,7 Millionen in 3½% konvertiert; die nicht eingetauschten 32,08 Millionen Rubel 3½% Papiere wurden begeben. Im selben Jahre folgte noch eine III. 100 Millionen 3½% Pfandbriefausgabe, 1899 eine IV. in gleicher Höhe, obgleich die Zinsen für Darlehen auf 4% (mit Amortisation und Kostenbeitrag 5%) erhöht worden waren, 1903 eine V. von 50 Millionen Rubel. Die letzten beiden Anleihen übernahm die Staatsbank teils auf den Fonds

[1] V. S. d. G. III, Nr. 10613.
[2] V. S. d. G. III, Nr. 11035.
[3] V. S. d. G. III, Nr. 14170.
[4] V. S. d. G. III, Nr. 13921.
[5] V. S. d. G. III, Nr. 14895.

der Sparkassen, teils suchte sie sie durch russische und ausländische Bankhäuser, besonders durch den Crédit Lyonnais, abzusetzen. Die Verluste, die durch die Realisierung der niedrigverzinslichen Pfandbriefe entstanden, deckte sie aus dem Reservefonds, der dadurch fast ganz verzehrt wurde. Güter, die die Adelsbank bei der Versteigerung kaufen mußte, gingen an die Bauernbank über. Von den 26 Filialen waren 23 in Verbindung mit der Bauernbank errichtet, mit der sie in enger Beziehung blieb.

Seit 1894 leiht die Bank russischen erblichen Adligen die Mittel, um in den westlichen Gouvernements (Polen) Güter von Nichtrussen zu erwerben. Es wurden bis zum 1. Januar 1906 im ganzen durch die Vermittlung der Bank 184 Güter mit 414735 Deßjatinen im Werte von 25,10 Millionen Rubel erworben, auf die die Bank 18,73 Million Rubel vorgestreckt hat[1].

Trotz der Erleichterung der Bedingungen nahm die Zahl der zur Versteigerung gelangenden Güter zu; 1898 waren es 30, 1900 waren es 40 Güter. Zur Herbstauktion 1903 waren im ganzen 2513 Güter zur Versteigerung angemeldet, das waren 10,8 % aller verpfändeten Güter. Zur Versteigerung kamen nur 15, da die übrigen unter Hinterlegung oder Stundung der Rückstände zurückgezogen wurden. Meist waren die verkauften Güter stark überschuldet, im Durchschnitt bis 95,8 % des Taxationswertes. Oft wurde die Versteigerung freiwillig herbeigeführt um zu liquidieren, z. B. bei Erbteilung.

Den durch die schlechten Ernten der Jahre 1905 und 1906 und durch die Agrarunruhen geschädigten Gutbesitzern mußte die Bank in den letzten Jahren Stundungen und Vergünstigungen gewähren. Ein am 28. Dezember 1907[2] allerhöchst bestätigtes Reichsratsgutachten gestattet der Bank, die Rückstände auf 3—6 Jahre zu stunden.

Im Jahre 1904 mußte die Adelsbank ebenso wie die Bauernbank infolge des Ukases vom 26. März ihre Tätigkeit einschränken. Sie hatte am 1. Januar 1904

Rubel	428 205 800	$3^1/_2$ %ige	Pfandbriefe
„	146 445 900	4 %ige	„
„	227 100	$4^1/_2$ u. 5 %ige	„
„	65 820 000	5 %ige	Prämienpfandbriefe
im ganzen also	640 698 800	Rubel	Pfandbriefe

im Umlauf. Am 1. Januar 1906 war der Pfandbriefbetrag nur um 20 Millionen Rubel gestiegen. Die Kapitalschuld der Darlehnnehmer belief sich Ende 1905 auf 725,40 Millionen Rubel und die Rückstände auf 21,44 Millionen Rubel; der Sonder-

[1] Die Tätigkeit der Reichs-Adelsagrarbank im Jahre 1905. Finanzbote, 1907. Nr. 26.

[2] Zeitung: Retsch. 10/23. Nov. 1907.

fonds von 90 Millionen Rubel, der von dem Agio auf die III. Prämienanleihe von 1889 gebildet war, war durch die Verluste, die durch die dem Adel gewährten Vergünstigungen entstanden, auf 74,94 Millionen Rubel zusammengeschmolzen. Im ganzen waren auf 25461 Güter mit 17,55 Millionen Deßjatinen 25621 Darlehne gewährt worden; davon gehörten 6041 Güter mit 1,98 Millionen Deßjatinen Nichtadligen, deren Schuld 83,63 Millionen Rubel betrug. Der Schätzungswert der verpfändeten Güter war 1313,21 Millionen Rubel. Der größte Teil der Darlehen war auf 66½ Jahr; 1905 waren 98 % aller Hypotheken auf diese längste Frist abgeschlossen.

Der Adelsbank waren in einer Sonderabteilung 2 Hypothekenbanken angegliedert, deren Liquidation sie zu führen hatte; es waren dies die Saratow-Simbirsksche Agrarbank und der Gegenseitige Bodenkreditverein. Erstere war eine Aktiengesellschaft, die durch ihre schlechte Verwaltung (Juchanzew) in Schwierigkeiten geraten war. Die Pfandbriefe waren auf die einzelnen Güter ausgestellt; die Zinsen waren von den Darlehnnehmern an die Inhaber der Pfandbriefe zu entrichten; waren die Pfandbriefe in mehreren Händen, so war dies oft nicht leicht. Bei unpünktlicher Zahlung konnten die Pfandbriefinhaber das belastete Gut zur Versteigerung bringen. Diese Schwierigkeiten, die das ganze Hypothekenbankwesen diskreditieren konnten, veranlaßten die Regierung im Jahre 1884[1], die Liquidation der Bank in die Hand zu nehmen; sie setzte 2 Verwalter ein, die vom Finanz- und Justizminister ernannt wurden. Nach Gründung der Adelsbank bekam diese die Liquidation übertragen. Die 6 % Papierpfandbriefe und 5 % Metallpfandbriefe wurden in 5 % VI. Bankbillete umgetauscht, wobei für 100 Rubel Kreditpfandbriefe 80 Rubel in Billeten, für 125 Rubel Metallpfandbriefe 150 Rubel in Billeten verabfolgt wurden. Im ganzen wurden 6,9 Millionen Rubel Billete zu diesem Zwecke ausgegeben. Bis 1894 waren 4,9 Millionen Rubel Bankbillete getilgt, der Rest von 2 Millionen Rubel wurde in 4½ % Adelsbankpfandbriefe konvertiert. Die Liquidation wickelte sich glatt ab; die Aktionäre erhielten 50 %. Am 1. Januar 1904 waren der Adelsbank aus der Liquidationsmasse noch 58 Güter mit 62643 Deßjatinen verpfändet; der Kapitalrest, der darauf stand, betrug 1,10 Millionen Rubel. Weder der Staatsbank noch der Adelsbank erwuchsen aus der Liquidation Verluste.

Der Gegenseitige Bodenkreditverein in Petersburg wurde 1866 von einer Anzahl Großgrundbesitzer ins Leben gerufen; seine Satzungen wurden durch Ukas vom 1. Juni 1866[2] unter Finanzminister Reutern genehmigt. Der

---

[1] V. S. d. G. III, Nr. 2355.
[2] V. S. d. G. II, Nr. 43361.

Verein sollte seine Tätigkeit auf ganz Rußland mit Ausnahme Polens, der Baltischen Provinzen und einiger Gouvernements im Süden erstrecken. Mitglieder des Vereins waren die Darlehn nehmenden Gutsbesitzer, die mit ihren Gütern solidarisch hafteten. Der Sitz der Hauptverwaltung war Petersburg, wo die Generalversammlungen abgehalten wurden. Provinzialversammlungen hielten die Mitglieder der einzelnen Gouvernements ab. Außer durch die solidarische Haftung sollten die Pfandbriefe durch einen aus Überweisungen von 10 % des Reingewinns zu bildenden Reservefonds, durch das Grundkapital, das durch Einbehaltung von 5 % des gewährten Darlehns geschaffen werden sollte, sowie durch das Kapital der „Gesellschaft für Landerwerb in den westlichen Provinzen" in Höhe von 5 Millionen Rubel, das dem Verein von der Regierung überwiesen wurde, sicher gestellt werden. Der Verein gab Darlehne bis 40 % des Schätzungswertes auf 56½ Jahre in Pfandbriefen und Ergänzungsdarlehne in Höhe von 10 % auf kurze Frist, jedoch nicht unter 1 Jahr, in bar. Für die kurzfristigen Darlehne waren 6 % Zinsen, für die langfristigen 6⅛ %, davon ⅝ Amortisation und ½ % Verwaltungskosten zu zahlen. Der Verein emittierte 5 % durch Rückkauf zu tilgende Pfandbriefe, die in Metallvaluta ausgestellt waren, da man auf den ausländischen Markt rechnete, der Papierpfandbriefen ungünstig war. Man erwartete auch bei dem steten Steigen des Kreditrubels, daß er sich bald auf pari mit dem Metall stellen würde. Da die Pfandbriefe nicht durch Verlosung getilgt werden sollten, fanden sie wenig Anklang. Der Verein setzte dann seit 1868 durch Vermittlung von Rotschild-Paris und Bleichröder-Berlin 5 % mit 125 % rückzahlbare Metallpfandbriefe in Umlauf, die durch halbjährliche Auslosung getilgt werden sollten. Während der ersten 10 Jahre gingen die Geschäfte gut. Die Pfandbriefe waren im Ausland beliebt und fanden guten Absatz. Der Berliner Begebungskurs schwankte zwischen 76½ (1868) und 91½ (1872). Der Verein hatte in Rußland wenig Konkurrenz; die Landschaftsbank für das Gouvernement Cherson, die 1864 gegründet war, hatte ein beschränktes Tätigkeitsfeld, und die zu Beginn der 70er Jahre aufschießenden Aktien-Hypothekenbanken mußten mit ihren Krediten teurer sein als der Verein, da sie für ihre Pfandbriefe viel niedrigere Kurse erzielten. Der Verein machte beträchtliche Gewinne, die 1874/75 mehr als 1 Million Rubel betrugen, und die ihn in den Stand setzten, seinen Schuldnern jährliche Zinsermäßigungen von ½—1,12 Rubel pro 100 Rubel Schuldsumme zu gewähren. Bis 1877 hatte die Gesellschaft 130 Millionen Rubel Metallpfandbriefe und ebensoviel Darlehne ausgegeben. Da aber die Darlehne in Kreditbilleten gezahlt wurden, stellte sich die Verzinsung viel höher als die berechneten 6 %. Beim Sinken des Rubelkurses zur Zeit des Türkenkrieges (1877/8) erforderte die Bezahlung der Metallkupons große Opfer von Seiten der Schuldner. Der Verein stellte die Ausgabe von Metallpfandbriefen ein und erhielt 1881[1] die Genehmigung, 5 % Pfandbriefe in Kreditvaluta zu emittieren. Die neuen Darlehnnehmer, für die Papierpfandbriefe ausgegeben waren, wurden nicht als Mitglieder betrachtet und teilten demgemäß auch nicht die Haftung für die Metallpfandbriefe; 5 % des Darlehns wurden zugunsten eines Spezialreservefonds einbehalten und mit 5 % jährlich verzinst. Der Verein mußte aber doch die Zinszahlungen der alten Schuldner erhöhen, um die Metallverpflichtungen an das Ausland decken zu können. Da wendete er sich im Jahre 1884 an die Regierung mit der Bitte um Hilfe. Durch Ukas vom 22. Mai 1884[2] wurde der Verein zur Ausgabe von 3,8 Millionen Rubel 5 % Obligationen ermächtigt, zu deren Zinsendienst ihm die Regierung einen unverzinslichen Vorschuß solange gewährte, bis er in der Lage sei, seinen Darlehnnehmern nicht mehr als 8 % abzufordern. Im folgenden Jahr ging der Verein die Regierung abermals an, ihn bei der Konversion der Pfandbriefe zu unterstützen. Finanzminister Bunge lehnte jedoch jede weitere Hilfe ab; der Reichsrat aber, dem gerade das Projekt der Adelsagrarbank vorlag, empfahl eine Reorganisation des Vereins mit Hilfe der Adelsagrarbank. Bunge schlug darauf vor, Aktiva und Passiva des Vereins auf die Adelsagrarbank übergehen zu lassen und von den Schuldnern 6,9 % (statt 8 %) einzuziehen. Während der Verhandlungen wurde 1887 mit Hilfe der Häuser Bleichröder und Rotschild der größte Teil der 5 %igen, der Kuponsteuer unterliegenden, mit 125 % rückzahlbaren Metallpfandbriefe in $4\frac{1}{2}$ % Metallpfandbriefe, die von jeder Steuer befreit und vom Staate garantiert waren, unter Zuzahlung von 9,55 Rubel pro 100 Rubel umgetauscht; im Verkehr blieben 1888 nur 8,52 Millionen Rubel 5 % Metallpfandbriefe. Die Zinszahlungen wurden 1887 auf 7 % herabgesetzt. Es wurde aber immer lebhafter der Anschluß an die Adelsagrarbank gefordert. Mit großer Stimmenmehrheit sprach sich die Generalversammlung des Vereins dafür aus. Durch Ukas vom 12. Juni 1890[3] gingen Aktiva und Passiva des Vereins auf die Adelsbank über, die ihn in der Sonderabteilung liquidierte. Bei seiner Schließung am 1. Juli 1890 hatte der Verein 101,02 Millionen Rubel Metall und 36,62 Millionen Rubel Kredit langfristig und 7,4 Millionen Rubel kurzfristig ausgeliehen; dagegen hatte er 6,61 Millionen Rubel 5 %ige und 94,41 Millionen Rubel $4\frac{1}{2}$ %ige Metall-

---

[1] V. S. d. G. III, Nr. 153.
[2] V. S. d. G. III, Nr. 2253.
[3] V. S. d. G. III, Nr. 6926.

pfandbriefe, sowie 36,62 Millionen Rubel 5 % Kreditpfandbriefe im Umlauf. Neue Darlehne wurden nun nicht mehr gewährt; die Adelsbank gibt aber den Mitgliedern ergänzende Hypotheken bis zu 60 % des Wertes. Die Zinszahlung wurde für Adlige auf 6,9 %, für Nichtadlige auf 7,15 % ermäßigt.

Mit der Konversion der 5 % Adelsbank-Pfandbriefe im Jahre 1894 wurden von den damals noch im Umlauf befindlichen 27,69 Millionen Rubel 5 % Papierpfandbriefe 25,63 Millionen Rubel in 4½ % Adelsbank-Pfandbriefe umgetauscht. Durch Ukas vom 6. Februar 1895[1] wurden 4,942,500.— 5 % und 79,743,200.— 4½ % Metallpfandbriefe, im ganzen also 84,685,700.— Rubel von der Regierung als Staatsschuld übernommen. Der Betrag wurde der Reichsrentei gutgeschrieben und der Sonderabteilung der Adelsbank belastet; die Schuld wird mit 4½ % verzinst und soll in 48½ Jahren getilgt sein. Weiter wurden der Sonderabteilung 18 Millionen Rubel zur Deckung ihres Defizits vom Staat überwiesen. Im Jahre 1898[2] konvertierte die Regierung die übernommenen 4½ % Metallpfandbriefe des Vereins, von denen noch 78,36 Millionen Rubel Gold im Umlauf waren, in 3,8 % innerhalb 81 Jahren zu tilgende Konversionsobligationen und in 4 % der Kuponsteuer unterliegende Rente. Am 1. Januar 1905 waren noch 84,33 Millionen Rubel 3,8 % Obligationen im Verkehr. Durch diese Konversion wurde die Schuld der Sonderabteilung an die Regierung um 11,8 Millionen Rubel vermindert. Die Liquidation ging rasch vor sich. Die Hypotheken der Sonderabteilung werden von der Adelsbank übernommen, die dafür ihre eigenen Pfandbriefe ausgibt und so die Schuld der Abteilung an die Regierung tilgt.

Am 1. Januar 1904 waren der Sonderabteilung noch 4887 Güter mit 2,47 Millionen Deßjatinen, die auf einen Wert von 127,17 Millionen Rubel geschätzt waren, verpfändet; die Darlehne, die darauf noch ausstanden, betrugen 67,55 Millionen Rubel. Die Kapitalschuld der Darlehnnehmer der Adelsbank, der früheren Saratow-Simbirskschen Agrarbank und des Gegenseitigen Bodenkreditvereins betrug am 1. Januar 1904 also 775,86 Millionen Rubel.

Beurteilung. Ohne Zweifel hat die Reichs-Adelsagrarbank durch ihren billigen Kredit vielen Nutzen gebracht. Der Adel, dem diese Bank dienen sollte, hat auf Kosten des Staates durch sie außerordentliche Vergünstigungen erhalten. Die Staatsbank, deren Gewinne an die Staatskasse abgeführt werden, mußte die Verluste bei der Realisation der Pfandbriefe tragen und ihre Mittel anfänglich zu einem bedeutenden Teil hierbei festlegen. Die Emission der III. Prämienanleihe,

---

[1] V. S. d. G. III, Nr. 11341.
[2] V. S. d. G. III, Nr. 15117.

die sie hoch lombardieren mußte, brachten ihr Verluste; die Kosten der Konversion von 1898 gingen z. T. auf ihre Rechnung. Der Staatskasse erwuchs auch ein Steuerausfall dadurch, daß die $3^1/_2$ %ige Anleihe von jeder Steuer befreit wurde. Die Garantie des Staates machte die Pfandbriefe, die außerdem noch durch die Hypotheken gesichert sind, zu erstklassigen Papieren und ermöglichte den niedrigen Zinsfuß. Gewiß verdient in einem Staate wie Rußland, in dem die Landwirtschaft die größte Rolle spielt, der Agrarkredit die meiste Aufmerksamkeit und Unterstützung durch den Staat. Es ist auch eine Trennung der Kreditanstalten für größere Güter und für Bauernhöfe durchaus gerechtfertigt. Es hätten aber die Darlehnnehmer der Bauernbank und die der Adelsbank bei den Vergünstigungen gleich behandelt werden müssen, wenn auch die kleinen Hypotheken verhältnismäßig mehr Verwaltungsunkosten verursachen als die großen. Es erscheint auch nicht angebracht, daß eine Bank, die sich derartiger Vergünstigung erfreut, ausschließlich für einen Stand bestimmt ist. Wenn auch in Rußland die Standesverhältnisse bei weitem andere sind, und bei der Gründung der Bank vielleicht diese Ausschließung berechtigt war, so läßt sie sich jetzt kaum noch rechtfertigen, besonders nicht, wenn die Schuldner Vergünstigungen auf Staatskosten erhalten. Die Vergünstigungen demoralisieren auch leicht, indem sie die Schuldner an Unpünktlichkeit gewöhnen. Daß dies durch die Adelsbank teilweise geschehen ist, läßt sich aus dem Anwachsen der Rückstände schließen. Im ganzen hat die Reichs-Adelsagrarbank aber durch die Durchführung der Liquidation der Saratow-Simbirsker Agrarbank und des Gegenseitigen Bodenkreditvereins, sowie durch die beträchtliche Menge von billigen Darlehen der russischen Landwirtschaft gute Dienste geleistet.

Fünftes Kapitel.

Sparkassen und Leihkassen.

Sparkassen.

Die ersten Sparkassen. Sparkassen im eigentlichen Sinn wurden in Rußland im Jahre 1841 bei den Depositenkassen in Moskau und Petersburg errichtet. Größere Einlagen nahmen die Kommerzbank und die Depositenkassen schon lange entgegen. Diese Sparkassen gaben 4 % und nahmen Einlagen von 50 Kopeken bis 10 Rubel auf einmal, im ganzen höchstens 300 Rubel von einer Person. In zwei Jahren hatten sie nur 119 129 Rubel gesammelt. Im Jahre 1845 wurde die Maximalgrenze für den Gesamtbestand auf 750 Rubel, für einmalige Einzahlungen auf 25 Rubel, 1853 auf 50 Rubel erhöht. Bis 1854 hatten die Kassen es auf 2½ Millionen Rubel Bestand gebracht. Sie nahmen jetzt auch an manchen Werktagen Geld an, während sie in der ersten Zeit nur Sonntags von 9 bis 2 Uhr geöffnet waren. Als 1860 der Zinsfuß in allen Staatsanstalten von 3 % auf 2 % herabgesetzt wurde, erhielten sie einen stärkeren Zufluß, da sie den 1857 eingeführten Prozentsatz von 3 % beibehielten. Am 1. Januar 1880 hatten sie 3,89 Millionen Rubel Einlagen.

Seit Mitte der 40er Jahre wurden Sparkassen auch bei den Kollegien der allgemeinen Fürsorge eröffnet, bis 1860 im ganzen 46, die mit der Liquidation dieser Anstalten eingingen; am 1. Januar 1880 war ihr Bestand noch 123 549 Rubel. Durch Ukas vom 16. Oktober 1862[1] war es den Städten erlaubt worden, Sparkassen zu errichten, die der Oberaufsicht der Staatsbank unterstanden; diese zeigten am 1. Januar 1880 8,07 Millionen Rubel Einlagen. Die durch Ukas vom 30. Mai 1870[2] dem Finanzministerium unterstellten 18 Sparkassen des

[1] V. S. d. G. II, Nr. 38798.
[2] V. S. d. G. II, Nr. 48447.

Zartums Polen wiesen am 1. Januar 1880 einen Bestand von 1,35 Millionen Rubel nach. Alle Einlagen in den Sparkassen dieser vier Arten betrugen also 13,4 Millionen Rubel.

Die Gesetzgebung. Durch Ukas vom 27. März 1864[1] war die Staatsbank ermächtigt worden, bei ihren Filialen Sparkassen zu errichten. Bis zum 1. Januar 1884 waren von ihr 94 Kassen eröffnet worden. Unter Bunge, der dieser Frage größeres Interesse entgegenbrachte, wurden durch Ukas vom 21. Februar 1884[2] Sparkassen auch bei den Renteien in den Kreis- und Gouvernementsstädten und in den Industriezentren errichtet. Es vermehrten sich unter ihm die Einlagen auf 44 Millionen Rubel, die Zahl der Kassen auf 557. Eine größere Bedeutung erlangten sie, als durch Ukas vom 26. Juni 1889[3] bei den Posttelegraphenämtern Kassen errichtet wurden. Diese nahmen selbständig bis 10 Rubel Einlagen an, wofür sie Sparmarken klebten, Beträge über 10 Rubel schickten sie mit den Büchern an die Staatsbank. Seit 1899 nehmen sie selbständig an und zahlen zurück bis 25 Rubel, einige bis 100 Rubel. Diese Kassen begannen ihre Tätigkeit am 1. November 1889; nach 2 Monaten waren 167 im Betrieb, in den drei folgenden Jahren stieg ihre Zahl auf 1760. Mit dieser raschen Vermehrung der Kassen wuchsen auch die Einlagen, die 1892 auf 250,52 Millionen Rubel gestiegen waren. Der Ukas vom 4. April 1893[4] ermächtigte die Staatsbank bei den Zollämtern Sparkassen zu errichten.

Unter Witte wurde durch Ukas vom 1. Juni 1895[5] das Sparkassenwesen umgestaltet. Die Sparkassen blieben der Staatsbank unterstellt; erst durch Ukas vom 4. Juni 1901[6] wurden sie etwas selbständiger gemacht; der Direktor der Sparkassen untersteht dem Präsidenten der Staatsbank. Ein besonderes Komitee unter dem Vorsitz des Direktors der Sparkassen überwacht die Geschäfte; in dieses Komitee entsenden Vertreter: die Staatsbank, Staatskasse, Zollverwaltung, Kreditkanzlei, Abteilung für Industrie (im Finanzministerium, jetzt selbständiges Ministerium für Handel und Industrie), Hauptverwaltung des Post- und Telegraphenwesens, Eisenbahnverwaltung und Staatskontrolle (Oberrechnungskammer).

Durch das Gesetz von 1895 garantierte der Staat für die Einlagen. (In England garantiert ebenfalls der Staat mit seinem ganzen Besitz- und Steuereinkommen die Einlagen; in Frankreich ebenfalls.) Die Kassen führen seit der Zeit den Namen

[1] V. S. d. G. II, Nr. 40716.
[2] V. S. d. G. III, Nr. 2047.
[3] V. S. d. G. III, Nr. 6130.
[4] V. S. d. G. III, Nr. 9482.
[5] V. S. d. G. III, Nr. 11755.
[6] V. S. d. G. III, Nr. 20235.

Reichssparkassen. Sie nehmen auf einmal von einer Person höchstens 50 Rubel, im ganzen bis 1000 Rubel, von Anstalten und Unternehmungen bis 3000 Rubel entgegen. Für kleinere Beträge können Sparmarken geklebt werden, die zu 1, 5 und 10 Kopeken ausgegeben werden. Für eine Person darf nur ein Buch ausgestellt werden; es sollte dadurch verhindert werden, daß Leute ihre Einlagen den Banken entziehen und auf mehrere Bücher einzahlen, um die höheren Zinsen der Sparkassen zu genießen. Die Einlagen kann der Sparer nach anderen Kassen überweisen lassen, sogar auf telegraphischem Wege. Beträge von 1 Rubel an werden verzinst. Bis zum 22. Juli 1894 zahlten die Kassen 4 %, jetzt nur noch 3,6 %. Die Zinsen werden am Jahresschluß zum Kapital geschlagen und mitverzinst.

Wenn der Bestand 1000 bzw. 3000 Rubel überschreitet, wird der Inhaber benachrichtigt und, falls er keinen Widerspruch erhebt, ein Teil seines Guthabens in Staatspapieren angelegt. Diese Papiere heben die Kassen auf; sie besorgen die Einziehung der Kupons und sehen die Verlosung nach [1]. Den Kassen sind große Vorteile gewährt worden. Ihre Geschäfte unterliegen nicht der Stempelsteuer, die Einlagen sind von der Kapitalrentensteuer befreit und müssen geheim gehalten werden. Während früher bedingte Einlagen nur für Beerdigungszwecke angenommen wurden, sind jetzt alle Bedingungen zulässig, die den Gesetzen nicht zuwiderlaufen und ausführbar sind; eine Person darf nur ein Buch für Einlagen mit besonderer Bestimmung neben einem für gewöhnliche Einlagen haben.

Der Finanzminister wurde ermächtigt, dort wo er es für geeignet findet, im Einvernehmen mit den betreffenden Behörden, Sparkassen zu errichten. Seit 1900 wurden Kassen an den Stationen der Eisenbahnen, seit 1902 auch bei den staatlichen Branntweinniederlagen eröffnet, sowie eine bei der Filiale der Russisch-Chinesischen Bank in Port Arthur und auf im Ausland stationierten Kriegsschiffen. Schließlich wurden noch Schulsparkassen geschaffen. Gerade diese letzten wurden auf das heftigste, auch von vielen Pädagogen verurteilt, weil sie den Kindern unnötig früh die Gegensätze zwischen Arm und Reich vor Augen führen und sie zu einem kleinlichen Geiz erzögen. Den Unterschied zwischen Arm und Reich, der unter den Kindern derselben Schule ja wohl kaum übermäßig ist, sehen sie sonst auch genug, und ein Volk, das so wenig an Fürsorge gewöhnt ist wie das russische, kann nicht früh genug zum Sparen angehalten werden. Vielleicht ließen sich hier Sparautomaten gut verwenden.

[1] Auch in Frankreich legen die Sparkassen die Einlagen in Staatsrente an, wenn der Höchstbetrag erreicht ist.

Tätigkeit. Die Sparkassen nahmen seit 1895 stark zu; es gab damals 3876, 9 Jahre später 6417. Von diesen Sparkassen bestanden:

		Übertrag	6139
in Moskau und Petersburg .	62	bei Stadtgemeindebanken .	2
bei der Staatsbank und deren Filialen	218	bei Wolostverwaltungen . .	132
bei Renteien	734	auf Kriegsschiffen	39
bei Post-Telegraphenämtern	4146	in Fabriken	102
bei Eisenbahnstationen. . .	946	bei Branntweinniederlagen .	2
bei Zollstationen	33	bei d. Russisch-Chinesischen Bank in Port Arthur .	1
	6139	zusammen	6417

außerdem bestanden noch 2126 Schulsparkassen. Alle Einlagen zusammen machten 1022,39 Millionen Rubel aus, von denen 161,90 Millionen Rubel für Rechnung der Sparer in Wertpapiereu angelegt sind, die von den Kassen verwaltet werden. Die jährliche Zunahme stieg von 1896 von 51,87 Millionen auf 86,85 Millionen in 1902 und betrug 1903 102,25 Millionen Rubel. 1903 wurden 485,09 Millionen eingezahlt, 26,03 Millionen Zinsen zugeschrieben und 434,67 Millionen Rubel zurückgezahlt.

Am 1. Januar 1904 hatten die Sparkassen einen Wertpapierbesitz von 809,84 Millionen Rubel. Anfänglich erwarben die Kassen für die Depositen Staatspapiere. Dann wurden ihnen Pfandbriefe der Bauern und der Adelsagrarbank zugewiesen, und schließlich mußten sie zur Unterstützung der Eisenbahnen — besonders der unrentablen Kleinbahnen — deren Obligationen aufnehmen, während der Bestand an Staatspapieren stark zurückging.

Nach dem Gesetz dürfen nur Staats- und vom Staate garantierte Werte erworben werden. Um die Konversion der Pfandbriefe der Aktienhypothekenbanken zu erleichtern, wurde ihnen am 7. Dezember 1897 gestattet, $^1/_5$ der Einlagen in Pfandbriefen anzulegen; sie erwarben darauf hin $62^1/_2$ Million Rubel 5% Pfandbriefe, die sie konvertierten und im Jahre 1899 wieder abstießen.

Freie Kapitalien werden bei der Staatsbank eingelegt und von dieser mit $^1/_2$% unter täglichem Geld minimal $^1/_2$%, seit 1902 mit 1% verzinst. Am 1. Januar 1904 belief sich das Guthaben der Sparkassen bei der Staatsbank auf 73,54 Millionen Rubel.

Während der Krise erlitten die Papiere eine schwere Kurseinbuße, so daß die Kassen auf sie 12,87 Millionen Rubel abschreiben mußten. Aus dem Gewinn der früheren Jahre hatten sie sich einen Reservefonds gesammelt, der am 1. Januar 1900 mit 21,29 Millionen Rubel zu Buche stand, nach Abschreibung der Verluste aber im Jahre darauf nur noch 9,96 Millionen betrug. Infolge der Kurserholung, sowie der Erhöhung des Zinssatzes der Staatsbank um $^1/_2$% haben die

Kassen in den letzten Jahren Gewinne zu verzeichnen. Der Reservefonds betrug am 1. Januar 1904 24,08 Millionen Rubel und machte somit 2,79 % der 860,49 Millionen Einlagen aus.

Die Nachricht von der Beteiligung der Sparkassen an der 5 % inneren Anleihe rief, obgleich es sich um keine Neuerung handelte, im März 1905 einen Run auf die Warschauer Kassen hervor, die diesem jedoch mit genügenden Mitteln begegnen konnten. Die Revolutionäre versuchten auch Mißtrauen gegen die Kassen zu verbreiten, doch begannen bald die Gelder, die in der ersten Erregung abgehoben waren, zurückzufließen.

Der Paßzwang ermöglicht in Rußland eine Statistik, die sich wohl in keinem anderen Land durchführen läßt, eine Statistik der Sparer nach Berufen; es besaßen danach (in 1000 Rubel):

Landbesitzer . . .	43 602	Bücher mit	13 610,6	Rub.	Einlag.
Landwirtsch. Arbeiter u. Landleute	1 110 240	„ „	216 209,3	„	„
Städt. Handwerker	636 202	„ „	99 871,5	„	„
Fabrik- und Bergarbeiter .	220 950	„ „	32 300,9	„	„
Dienstboten	473 401	„ „	71 771,1	„	„
Kaufleute	434 291	„ „	101 849,3	„	„
Geistliche	173 046	„ „	69 163,8	„	„
Militärpersonen: Offiziere .	57 181	„ „	16 756,1	„	„
Militärpersonen: Niedere Rangkl.	242 798	„ „	18 052,1	„	„
Öffentl. Beamte . .	218 128	„ „	61 141,2		„
Privatangestellte .	655 413	„ „	141 126,2	„	„
Andere Berufe . .	311 225	„ „	62 446,8	„	„
Juristische Personen	277 858	„ „	118 096,4	„	„
zusammen	4 854 335	Büch. mit	1 022 395,3	Rub.	Einlag.

Die Statistik gliedert noch nach der Höhe der Einlage und dem Geschlecht des Sparers. Es betrugen die Einlagen:

bis 25	Rubel bei	1 736 964	Büchern mit	10 737,0	Rubel
25—100	„ „	934 200	„ „	50 821,2	„
100—500	„ „	1 323 172	„ „	296 610,4	„
über 500	„ „	582 141	„ „	546 130,3	„

Auf weibliche Sparer kamen 1 907 101 Bücher mit 383,24 Millionen Rubel Einlagen. Die 1022,39 Millionen Rubel Spareinlagen machten pro Kopf der am 1. Januar 1905 143,98 Millionen betragenden Bevölkerung 7,1 Rubel aus.

Ist der Betrag pro Kopf auch noch niedrig, so haben die Reichssparkassen besonders in den letzten Jahren viel Kapital an sich gezogen. Sie haben aber diese Kapitalien Zwecken zugeführt, die die Kreise der Sparer nicht berühren. Den

Sparkassen fließen große Mittel zu, und die Kleinkreditanstalten können nur geringe Beträge aufbringen. So nützlich die Sparkassen sind, sie lassen ihre Kunden in Unmündigkeit, während die genossenschaftliche Spar- und Darlehnskasse ihre Kunden erzieht.

Leihkassen.

Die von der Kaiserin Anna Johannowna 1733 beim Münzkontor eröffnete Kasse betrieb die Geschäfte eines Leihhauses, doch hatte dies damals noch andere Bedeutung als jetzt, da die Leute ihr Vermögen in Schmuck anlegten, mit diesem also ihr Vermögen versetzten. Auch die 1764 gegründete Adelsleihbank beschäftigte sich mit ähnlichen Beleihungen.

In Verbindung mit den Depositenkassen wurden durch Ukas vom 20. November 1772[1] Leihkassen in den beiden Hauptstädten „zum Nutzen der ganzen Gesellschaft" gegründet, die unter Aufsicht der Waisenräte standen. Sie gaben auf Gold und Silber bis zu $^3/_4$ des Wertes, auf andere Metalle und Edelsteine bis $^1/_2$ des Wertes Vorschüsse auf 3—12 Monate in Höhe von 10—1000 Rubel. Die Mittel dazu mußten die Depositenkassen zu 5 % vorstrecken. An Zinsen sollten die Schuldner 6 % zahlen, da aber pro Pfandschein 1—2 Rubel Gebühren erhoben wurde, so war der Zinsfuß doch sehr hoch. Die Benutzung war so gering und diese noch so mißbräuchlich, daß 1796 die Beleihungen ganz eingestellt wurden. Im Jahr darauf nahmen sie aber die Tätigkeit wieder auf und gaben nun Vorschüsse von 5—500 Rubel — später bis 1000 und 3000 Rubel gegen 8 % Zinsen und 4 % zugunsten des Waisenhauses, die 1800 auf 6 % bezw. 3 % ermäßigt wurden. Bis 1817 hatten sie 2 Millionen Rubel Assignaten eigenes Kapital erworben, die das Waisenhaus an sich nahm. Bei der Bankreform wurden sie durch Ukas vom 5. Dezember 1862[2] dem Finanzministerium untergeordnet. Sie erhalten nun ihre Kapitalien gegen 4 % von der Staatsbank, in deren Bilanz vom 1. Januar 1905 die Schuld der Petersburger Leihkasse mit 6,04 Millionen, die der Moskauer mit 2,14 Millionen Rubel auftritt. Das eigene Kapital beider Kassen ist fast gleichgroß und betrug am 1. Januar 1905 zusammen 5,22 Millionen Rubel. Sie geben Vorschüsse auf Gold-, Silbersachen, Uhren, Brillanten und Edelsteine auf 12 Monate gegen 6 %. Am 1, Januar 1905 hatte die Petersburger Kasse 8,67 Millionen, die Moskauer 4,52 Millionen, beide zusammen also 13,19 Millionen Rubel Darlehn auf Faustpfand ausstehen.

---

[1] V. S. d. G. I, Nr. 13909.
[2] V. S. d. G. II. Nr. 39007.

Sechstes Kapitel.

Stadtgemeindebanken und städtische Leihhäuser.

Stadtgemeindebanken.

Gesetzgebung. In der Städteverordnung vom 21. April 1785[1] hatte Katharina den Städten die Erlaubnis gegeben, mit ihren freien Beständen Banken zu eröffnen. Den ersten Versuch machte die Gouvernementsstadt Jekaterinoslaw; die Satzungen ihrer Anstalt wurden am 13. Oktober 1786[2] bestätigt. Im Jahre 1788 wurde eine zweite Gemeindebank in Wologda gegründet und am 29. Oktober 1809[3] eine dritte für die Stadt Slobodsk, Gouvernement Wjatka, genehmigt. Zu dieser stiftete der Kaufmann Anfilatow 25 000 Rubel als Kapital. Die Bank konnte dieselben Geschäfte betreiben wie die Leihbank und die Diskontkontore. Sie gab Darlehen bis 5000 Rubel gegen 6 % und diskontierte Warenwechsel mit Laufzeit bis zu 12 Monaten. Jährlich mußte sie dem Finanzminister Rechenschaftsbericht einreichen. Nach dem Muster dieser wurde in Ostaschkow eine Bank zur Belebung von Handel und Gewerbe gegründet, die nach Sawin, dem Geber des Kapitals von 25 000 Rubel genannt, und deren Satzungen am 28. Dezember 1818[4] die Bestätigung erhielten.

Die ersten allgemeinen Bestimmungen für die Stadtbanken wurden durch Ukas vom 10. Juni 1857[5] erlassen, durch den sie der Aufsicht der Waisenräte unterstellt wurden. Bis dahin waren 21 Banken mit ½ Millionen Rubel Kapital errichtet worden. Am 6. Februar 1862[6] wurden Normalsatzungen für die Stadtgemeindebanken veröffentlicht, durch die ihre Grün-

[1] V. S. d. G. I, Nr. 16187. Art. 153.
[2] V. S. d. G. I, Nr. 16439.
[3] V. S. d. G. I, Nr. 23942.
[4] V. S. d. G. I, Nr. 27603.
[5] V. S. d. G. II, Nr. 31967.
[6] V. S. d. G. II, Nr. 37950.

dung wesentlich erleichtert wurde, da nun dazu nicht mehr die kaiserliche Genehmigung, sondern nur die des Finanzministers nötig war. Die Banken breiteten sich infolgedessen rasch aus; in den nächsten 10 Jahren wurden 215 gegründet, von denen viele nicht weiter als bis zur Gründung gekommen sind. Nach den Normalsatzungen darf das Grundkapital nicht geringer als 10000 Rubel sein, mit dem auch viele Banken begonnen haben. Meist wurde es aus dem Gemeindevermögen genommen, oft aber auch von Privatpersonen gestiftet, deren Namen dann in die Firma aufgenommen und denen Direktorenstellen übertragen werden können. Der Reingewinn ist häufig zur Unterhaltung von wohltätigen Einrichtungen bestimmt. Viele Schulen und Wohltätigkeitsanstalten verdanken ihre Entstehung und Unterhaltung ganz oder teilweise den Gewinnen der Stadtbanken. Es gehen 10—20% des Gewinns an den Reservefonds ab, der in Wertpapieren bei der Staatsbank hinterlegt werden muß; ein Teil des Reingewinns wird für die Bedürfnisse der Stadt verwendet, der Rest zum Grundkapital geschlagen. Dadurch vergrößert sich dies beständig; bei manchen Banken ging das sehr rasch, z. B. brachte die Bank von Skopin von 1863 bis 1871 ihr Kapital von 10000 Rubel auf 270000 Rubel. Der Stadtrat (Duma) ernennt den Direktor und seine beiden Gehülfen auf 4 Jahre. Nach den Bestimmungen des Ukases vom 26. April 1883[1] dürfen die Leiter der Bank nicht nahe mit einander verwandt sein und nicht zugleich Stellen in der Verwaltung der Stadt oder einer privaten oder staatlichen Kreditanstalt bekleiden. Sie erhalten Gehalt und können am Reingewinn beteiligt werden. Der Stadtrat revidiert die Bank monatlich, und eine Kommission prüft die jährlichen Rechenschaftsberichte, die dem Finanzminister eingereicht werden müssen. Der Geschäftskreis der Stadtbanken ist außerordentlich groß: sie dürfen Einlagen annehmen auf ewig, mit Kündigungsfrist und als tägliches Geld. Einige Banken nehmen auch Geld auf laufende Rechnung. Sie diskontieren Wechsel mit 2 guten Unterschriften mit höchstens 12 Monaten Laufzeit, die sie bei der Staatsbank rediskontieren können; von diesem Recht haben sie anfangs geringen Gebrauch gemacht. Der Ukas vom 22. Mai 1879[2] schrieb den Banken größere Sorgfalt in der Prüfung der Diskonten vor; es wurde dem Stadtrat gestattet, besondere Diskontkomitees zu wählen und ihnen die Prüfung der Wechsel und der von der Bank gewährten Kredite zu übertragen; am Schluß des Jahres 1878 hatten die bestehenden 278 Banken für 116½ Millionen Rubel Wechsel hereingenommen. Ferner beleihen sie Wertpapiere, dauerhafte Waren, Wertgegenstände

[1] V. S. d. G. III, Nr. 1526.
[2] V. S. d. G. II, Nr. 59676.

(Edelsteine, Goldsachen usw.), Steinhäuser bis 8 Jahre und ländliche und städtische Grundstücke bis 12 Jahre. Auch besorgen sie Inkasso von Wechseln und den Verkauf und Ankauf von Wertpapieren. Für den Geschäftsbetrieb hafteten nach den Normalsatzungen die Bürger der Stadt solidarisch mit ihrem Vermögen; 1871 wurde die Haftung auf den städtischen Besitz beschränkt, von 1883 an mußte die Stadt ein bestimmtes Objekt als Sicherheit stellen. Einzelne Banken hatten einen so starken Depositeneingang, daß dieser das Kapital um ein Vielfaches überstieg; so hatte z. B. die Bank in Skopin 68 mal mehr Einlagen als Kapital. Deshalb wurde durch Ukas vom 30. November 1870 [1] bestimmt, daß die Depositen und sonstigen Verpflichtungen der Bank das zehnfache des Grund- und Reservekapitals nicht übersteigen dürfen. Dieser Betrag wurde durch Ukas vom 26. April 1883 [2] auf das fünffache herabgesetzt und der einer Person eingeräumte Kredit auf $^1/_{10}$ des Kapitals beschränkt. Ferner wurde zur Überwachung die Staatskontrolle eingeführt, der die Banken bis jetzt nicht unterstanden hatten. Weiter wurde bestimmt, daß der Barbestand zuzüglich des Guthabens bei der Staatsbank nicht weniger als 10 % aller Verpflichtungen betragen darf. Der Ukas vom 21. März 1890 [3] gestattete den Banken und den Städten nur mit Genehmigung des Ministers des Innern und Finanzministers Kredite zu geben. Am 1. Mai 1892 wurde ihnen erlaubt, mit Genehmigung der beiden Minister Darlehen an Semstwos zu geben. Ein allerhöchst am 14. Dezember 1893 [4] bestätigtes Reichsratsgutachten gestattete ihnen, Getreideladescheine der Eisenbahnen zu beleihen und Spezialkontokorrent gegen Verpfändung von Getreidelagerscheinen zu eröffnen. Dieses Gesetz ist wirkungslos geblieben; nur 14 Banken haben derartige Kredite gegeben. Das Gesetz vom 9. Mai 1894 [5] erleichterte die Gewährung von langfristigen Krediten.

T ä t i g k e i t. Die ungesunde rasche Entwicklung der Stadtgemeindebanken schränkten die Verordnungen von 1870 und 1883 ein. Während es am 1. Januar 1883 im ganzen 306 Banken gab, von denen 270 Rechenschaftsberichte eingeliefert hatten, bestanden am 1. Januar 1905 42 in Gouvernementsstädten und 222 in Kreisstädten, zusammen also 264. Der größte Teil von ihnen ist in den Jahren zwischen 1866 und 1883 gegründet. Das Grundkapital betrug am 1. Januar 1905: 36,07 Millionen Rubel, das Reservekapital 8,90 Millionen Rubel. Nur 3 Banken haben mehr als 1 Million Rubel

---

[1] V. S. d. G. II, Nr. 48965.
[2] V. S. d. G. III, Nr. 1526.
[3] V. S. d. G. III, Nr. 6658.
[4] V. S. d. G. III, Nr. 10152.
[5] V. S. d. G. III, Nr. 10600.

Grundkapital (Kasaner 1,01, Samarer 1,07, Charkower 1,50 Millionen Rubel). Das Kapital hat in der letzten Zeit von einem Jahre zum andern sich annähernd um 1 Million Rubel erhöht. Fast sämtliche Banken hatten ewige Einlagen, zusammen in Höhe von 12,91 Millionen Rubel. Ewige Einlagen waren den Banken bis zum Erlaß des Gesetzes von 1883 stark zugeflossen; da sie nicht zurückgefordert werden können, bilden sie die angenehmsten Betriebsmittel. Das Gesetz von 1883 schrieb vor, daß die ewigen Einlagen in Wertpapieren angelegt und die Zinsen für wohltätige Zwecke bestimmt sein müssen. Für die Banken boten sie nun keinen Vorteil mehr und haben wenig mehr zugenommen. Diese drei Quellen lieferten also zusammen 57,88 Millionen Rubel, das sind im Durchschnitt pro Bank ca. 220000 Rubel, also ein verhältnismäßig geringer Betrag. Die hauptsächlichsten Mittel fließen ihnen aus dem Depositen- und dem Kontokorrentgeschäfte zu, nämlich 95,94 Millionen Rubel, davon sind 55,26 Millionen Rubel Einlagen mit Kündigungsfrist. Die Kontokorrentguthaben stiegen von 11,53 Millionen Rubel im Jahre 1899 auf 21,45 Millionen im Jahre 1905; trotz dieser bescheidenen Höhe zeigt ihr Wachstum, daß auch in der Provinz das Verständnis für das Bankwesen zunimmt. Das hauptsächlichste Geschäft der Stadtbanken ist der Wechseldiskont; 68,21 Millionen Rubel Wechselbestand wiesen die Bilanzen am 1. Januar 1905 nach, ein Jahr vorher waren es 71,14 Millionen Rubel. Unter Lombard von Wertpapieren hatten sie 8,50, unter Lombard von Wertgegenständen und Waren 2,27 Millionen Rubel ausgeliehen. „On call"-Kredite hatten nur einige Banken in Höhe von 2,18 Millionen Rubel gegeben und 2,73 Millionen Rubel an Städte vorgeschossen; der Wertpapierbesitz belief sich auf 15,28 Millionen Rubel.

Rasch im Wachsen begriffen ist ihre Bedeutung als Hypothekenbanken für den städtischen Grundbesitz. Am 1. Januar 1899 hatten sie gegen Verpfändung von Bauten in Städten 24,41, 1905 bereits 42,26 Millionen Rubel ausgeliehen; fast alle Banken hatten mit größeren oder kleineren Beträgen Stadthäuser beliehen, landwirtschaftliche Grundstücke im Kreise nur einige, im ganzen mit 1,94 Millionen Rubel. Die Hypothekendarlehen der Stadtbanken erfreuen sich großer Beliebtheit, da sie in Bar gegeben werden und nicht in Pfandbriefen, wie dies die anderen Anstalten für langfristigen Kredit tun, deren Schuldner dann beim Verkauf der Papiere Verluste erleiden.

Die Beschränkungen, die den Stadtgemeindebanken nach einigen großen Krachs, nämlich denen der Banken in Skopin und Orel auferlegt worden waren, zum Teil heute aber nicht mehr für berechtigt gehalten werden, riefen eine lebhafte Bewegung auf Abänderung des Gesetzes von 1883 hervor. Auf Anregung der Gemeindebank der Stadt Rostow am Don kam im Mai 1900 der erste allrussische Kongreß der Vertreter der Stadtgemeindebanken in Charkow zustande. Die Arbeiten des Kongresses benutzte das Finanzministerium als Unterlage eines Gesetzentwurfs, der den Stadtgemeindebanken im Jahre 1905 zuging[1]. Danach sollen ihnen außer den angeführten folgende Geschäfte erlaubt werden: Diskont von ausländischen Wechseln und Warendokumenten, Lombard von Solawechseln von Landwirten, von Warendokumenten, von Edelmetallen und Anweisungen der Goldbergwerke, das Auflegen zur Zeichnung von Staats- und Stadtanleihen, Versicherung von Prämienanleihen mit der Verpflichtung der Rückversicherung.

In der Gewährung der Hypothekenkredite, die besonders wichtig in den Städten sind, in denen sonstige Hypothekenbanken nicht bestehen, sollen die Stadtbanken den Hypothekenbanken auf Aktien und den städtischen Kreditgesellschaften gleich gestellt, die Frist für ihre Hypotheken auf Holzhäuser auf 10, auf Steinhäuser und ländliche Grundstücke auf 30 Jahre ausgedehnt werden und die Tilgung nach einem vom Stadtrat zu genehmigenden Plan erfolgen. Der Entwurf sieht auch eine Vereinfachung des jetzt umständlichen Abschätzungsverfahrens vor; einer der stellvertretenden Direktoren soll die Schätzung unter Hinzuziehung eines Sachverständigen vornehmen. Für dieses Geschäft darf das Grundkapital bis zur Hälfte, die ewigen Einlagen, die vor dem Erlaß des Gesetzes vom 26. Februar 1883 eingezahlt sind und diejenigen Depositen, deren Rückzahlungsfrist mit der der Darlehen übereinstimmt, verwendet werden.

Dem Reservefonds, dessen Höhe bis jetzt bei Gründung der Bank festgelegt wird, sollen jährlich 15 % des Reingewinns überwiesen werden, bis er 1/3 des Grundkapitals gleichkommt. Der Forderung, daß die Barbestände zuzüglich des Guthabens bei der Staatsbank nur 5 % (statt 10 %) aller Verpflichtungen betragen müsse und die Summe aller Verpflichtungen höchstens bis auf das 10fache (statt 5) des Kapitals steigen darf, wurde vom Finanzministerium nicht entsprochen; ebenso wurde nicht gestattet, einer Person Kredite bis 15 % des eigenen Kapitals (statt 10 %) einzuräumen.

Auf dem Kongreß wurde auch die Gründung einer Zentral-Stadtgemeindebank angeregt, die einen Ausgleich im Geldüberfluß und -bedürfnis der einzelnen Städte vermitteln soll. Der Plan hat aber im Finanzministerium keinen Anklang gefunden, da man dort der Meinung ist, daß diese Aufgabe der Staatsbank obliege.

Beurteilung. Anfänglich genossen die Stadtgemeindebanken so geringes Vertrauen, daß der Heilg. Synod den geistlichen Korporationen verbot, ihr Geld bei ihnen an-

---

[1] Finanzbote 1906, Nr. 9 und 12.

zulegen. Mit der Einschränkung ihrer Befugnisse wurde ihre Geschäftsführung auch solider. Leicht geraten sie in die Hände einer Partei, so daß sie nur deren Anhängern Kredite geben, anderen Leuten nicht.

Die Mittel der Banken sind gering, sie können nur lokale Bedeutung haben. Durch sie sind aber an Ortschaften Bankverbindungen entstanden, die sonst lange auf solche hätten warten können. Die Sicherheit, die die Haftung der Stadt bietet, zieht wohl auch Kapitalien an, die sonst verborgen geblieben oder den Sparkassen zugeflossen wären. Durch letztere wären sie für den Staatskredit verwendet worden, während sie durch die Stadtbanken den Kaufleuten und Gewerbetreibenden der Stadt, besonders den kleinen, selbst zugute kommen. Den großen Städten — es besitzen 42 Gouvernementsstädte, Moskau und Petersburg allerdings nicht, solche Banken — ist durch sie eine Möglichkeit gegeben, auf die Bodenspekulation einzuwirken. Bei der Zunahme der Aufgaben der Städte können sie die größten Dienste leisten; es sei hier an die Beleuchtungsanlagen, Wasserleitungen, Kanalisationen, Straßenbahnen usw. erinnert und die Erleichterung, die diese Banken bei Verstadtlichung derartiger Unternehmungen bieten können. Ihr weiterer Ausbau würde auch die Realisierung der städtischen und Semstwo-Anleihen erleichtern, besonders wenn eine Zentralbank — ähnlich der Zentralbank des russischen Bodenkredits — die Anleihe übernehmen und dafür eigene Pfandbriefe ausgeben dürfte. Den Absatz dieser Papiere könnten die einzelnen Stadtbanken unter ihrer Kundschaft fördern. Es würde dadurch ein großes einheitliches Papier geschaffen werden, während jetzt die kleinen Anleihen keine beliebten Werte sind, und geringe Mengen, die zum Verkauf angeboten werden, bereits den Kurs drücken. In Deutschland wird seit einigen Jahren für eine derartige Zentral-Kommunalbank Propaganda gemacht[1].

Städtische Leihhäuser.

Ende der 1880er Jahre begannen die Städte aus ihren Mitteln Leihhäuser zu errichten; das erste wurde für die Stadt

[1] Auch in Deutschland gibt es Stadtbanken, nämlich die städtische Bank zu Breslau und die Chemnitzer Stadtbank, die beide im Jahre 1848 als Notenbanken gegründet wurden; das Notenprivileg lief für die Chemnitzer Bank 1879, für die Breslauer 1894 ab. Das Kapital der Breslauer Bank beträgt 3 Millionen Mark, das der Chemnitzer 510000 Mark. Hypothekengeschäfte sind ihnen untersagt. Bei der Breslauer Bank darf die Summe der verzinslichen Depositen den doppelten Betrag des Grund- und Reservekapitals nicht übersteigen; die Chemnitzer Bank kann mit Genehmigung des Bankausschusses über den zwölffachen Betrag hinausgehen. Den Aufsichtsrat bildet bei beiden Banken ein Ausschuß des Stadtverordneten-Kollegiums. (Vergl. Mitteilungen der Zentralstelle des Deutschen Städtetages. 1907. Nr. 6.)

Wologoda am 12. Dezember 1886[1] allerhöchst genehmigt. Später erfolgte die Genehmigung durch den Finanzminister im Einverständnis mit dem Minister des Innern.

Am 1. Januar 1905 hatten 44 Gouvernementsstädte und 34 Kreisstädte Lombarde errichtet. Das gesamte Kapital dieser 78 Leihhäuser belief sich auf 6,73 Millionen Rubel; fast durchweg sind die Kapitale sehr gering, nur in Petersburg und Moskau waren sie bedeutender, nämlich 2,00 Millionen bezw. 1,49 Millionen. Außer ihrem eigenen Kapital verwendeten 50 Leihhäuser geliehene Gelder im Geschäft. Sie hatten im ganzen 8,02 Millionen Rubel ausgeliehen. Die Reingewinne beliefen sich im Jahre 1904 auf 293 068 Rubel.

[1] V. S. d. G. III, Nr. 4088.

II. Gegenseitige Kreditanstalten.

Siebentes Kapitel.

Landhypothekenbanken auf Gegenseitigkeit.

Die Kommission, die mit der Reorganisation der Bodenkreditanstalten im Jahre 1859 betraut wurde, sprach sich für die privaten Banken aus und empfahl die Gründung von Gesellschaften mit gegenseitiger Haftbarkeit der Darlehnempfänger. Sie glaubte, daß diese Art Banken billiger Kredit geben könnte als die Aktienbanken, da diese höhere Verwaltungskosten hätten und nach großen Dividenden trachteten; die gegenseitige Gesellschaft, — so nahm die Kommission an — könnte auch leichter eine Überwachung der verpfändeten Güter vornehmen und den Agrarkredit normaler entwickeln, da sie nur dem Bedürfnis nachkäme, während die Aktienbanken die Landwirte zu Anleihen zu bewegen suchten, um Geschäfte zu machen. Die von der Kommission entworfenen Normalsatzungen wurden jedoch nicht bestätigt; indessen war dadurch die Frage angeregt worden.

Die baltischen Landschaften. Bodenkreditanstalten auf Gegenseitigkeit gab es schon einige in Rußland. Durch Ukas vom 15. Oktober 1802[1] wurde dem Adel von Estland die Erlaubnis erteilt, eine eigene auf Gegenseitigkeit beruhende Adelsbank, die Estländische adelige Kreditkasse in Reval zu gründen. Aus der Staatskasse erhielt die Bank $1/2$ Million Rubel Silber auf 33 Jahre, und außerdem wurde ihr noch ein Kredit von 2 Millionen Rubel Assignaten gegen Verpfändung von Gütern eingeräumt. Die verpfändeten Güter, die bis $2/3$ des Wertes beliehen wurden, hafteten solidarisch für die ausgegebenen Pfandbriefe, die mit dem Namen eines speziellen Ritterguts bezeichnet waren. Die Darlehen wurden in bar und in Pfandbriefen gewährt, deren Größe nach Wunsch des Empfängers und dem Ermessen der Kassenverwaltung ausgestellt wurde. Die Kasse nahm auch Darlehen entgegen. Die Oberverwaltung setzte sich aus dem jeweiligen

---

[1] V. S. d. G. I, Nr. 20464.

Ritterschaftshauptmann und vier, dem immatrikulierten estländischen Adel angehörenden Mitgliedern der Kasse zusammen. Die ordentlichen Versammlungen fanden regelmäßig alle drei Jahre zur Zeit der Landtage statt. Auch der Adel von Livland erhielt durch den gleichen Ukas die Genehmigung zur Gründung einer derartigen Bank und zum Beginn der Geschäfte $1/2$ Million Rubel Silber geliehen. Durch Ukas vom 24. Januar 1830[1] wurde sie dem Adel von Kurland verliehen. Die 3 Banken hatten am 1. Juli 1903 84 Millionen Rubel in 4% und $4^1/_2$% Pfandbriefen ausgegeben.

Ein landschaftlicher Kreditverein im Zartum Polen war im Mai 1825 auf dem Reichstag in Warschau auf Veranlassung des Kaisers Alexander gegründet worden. Die Mitglieder des Vereins sind die darlehnnehmenden Gutsbesitzer; aus den Mitgliedern des Vereins wurden die acht Direktionen, die in den Hauptstädten der acht früheren Woiwodschaften Polens ihren Sitz hatten, gewählt. Der Präsident der Generaldirektion in Warschau wurde vom Kaiser ernannt. Von der Bank von Polen konnte der Kreditverein Darlehne beanspruchen. Im Jahre 1851 waren 5853 Güter bei der Bank verpfändet, an Pfandbriefen hatte sie 200,73 Millionen poln. Gulden (30,10 Millionen Rubel Silber) im Umlauf. Bei der Reorganisation des polnischen Bankwesens im Jahre 1869[2] erhielt der Verein die Genehmigung, seine Geschäfte fortzusetzen. Am 1. (14.) Mai 1904 hatte der Verein 138,74 Millionen Rubel Darlehen außenstehen; sein Pfandbriefumlauf betrug 138,73 Millionen Rubel. Der Reservefonds hatte eine Höhe von 8 Millionen Rubel.

Auch im eigentlichen Rußland gab es 1860 bereits eine Bodenkreditanstalt auf Gegenseitigkeit, die Alexander-Adelsbank in Nischni-Nowgorod. Sie war 1841[3] zum Andenken an den Besuch des Thronfolgers Alexander Nikolaijewitsch vom Adel des Gouvernements Nischni-Nowgorod gegründet worden. Ihr Kapital, das ursprünglich 1 Million Rubel betrug, wurde später auf $1^1/_2$ Million Rubel erhöht. Sie gewährte außer ihren Darlehen auf Hypotheken auch Vorschüsse auf Wertpapiere und Edelmetalle und nahm Depositen zur Verzinsung und Aufbewahrung entgegen. Der Reingewinn wurde zu gemeinnützigen Zwecken verwendet. Im Jahre 1868 wurde die Bank reorganisiert, ihr Geschäftskreis blieb aber derselbe. Infolge Mißwirtschaft konnte die Bank im Jahre 1891 ihre Depositengläubiger nicht befriedigen und wendete sich an den Staat mit der Bitte um Unterstützung. Um das Vertrauen zu den Banken wieder herzustellen, das

[1] V. S. d. G. II, Nr. 3442.
[2] V. S. d. G. II, Nr. 47303.
[3] V. S. d. G. II, Nr. 14982.

durch einige Krachs geschädigt war, wurde die Staatsbank am 2. Juli 1891[1] beauftragt, der Alexander-Adelsbank $7^{1}/_{2}$ Millionen Rubel zur Rückzahlung ihrer Depositen gegen $4^{1}/_{2}$ % vorzuschießen; bis zur Rückzahlung dieser Summe sollte sie unter der Kontrolle der Adelsbank stehen; die Verwaltung der Bank, bestehend aus einem Präsidenten und 3 Mitgliedern, wurde vom Finanzminister bis auf eins der Mitglieder ernannt, das die Adelsversammlung wählte. Die Bank mußte die Depots, die bei ihr hinterlegt waren, der Filiale der Staatsbank übergeben. Die Annahme neuer Depositen wurde ihr untersagt und die Zinsen der alten herabgesetzt. Die Lombardgeschäfte wurden ebenfalls verboten und auch die Beleihung von Gütern bis zur Beendigung der Sanierung eingestellt. Als diese im Jahre 1901 durchgeführt war, wurde die Bank dem Adel auf dessen Antrag zurückgegeben.

Die Schließung der staatlichen Agrarbanken im Jahre 1859 veranlaßte im Zusammenhang mit dem Gutachten der Kommission zur Reorganisation der Bodenkreditanstalten eine Reihe Bankprojekte, von denen jedoch in den 60er Jahren nur zwei verwirklicht wurden. Im Jahre 1860 konstituierte sich eine Gesellschaft aus 96 Personen, deren Satzungen einer russischen Agrarbank am 16. März 1865 bestätigt wurden. Die Gesellschaft wollte Anteilscheine ausgeben und außerdem noch die Darlehnnehmer gegenseitig haften lassen. Die Hälfte der Gewinne sollte auf die Anteilscheine als Dividende entfallen, der Rest auf die Darlehnnehmer. Das Projekt kam jedoch nicht zur Ausführung. — Im Jahre 1861 wurde von 3 Montanindustriellen die Genehmigung für eine Kreditgesellschaft für das Gouvernement Perm nachgesucht; als jedoch das Gesuch im Jahre 1865 bis zum Reichsrat gekommen war, war einer der Gründer gestorben, der andre bankrott und der dritte verreist. — Zwei weitere Bankprojekte, die für Lithauen und das Südwestgebiet geplant waren, wurden wegen der Unruhen nicht genehmigt. — Ein Gesuch des Adels des Gouvernements Saratow, eine gegenseitige ständische Bodenkredit-Gesellschaft gründen zu dürfen, wurde zwar genehmigt, aus Mangel an Beteiligung kam die Bank jedoch nicht zustande. Die Semstwos der Gouvernements Jekaterinoslaw und Pensa planten ebenfalls die Errichtung von Hypothekenbanken auf Gegenseitigkeit, doch kamen die Projekte nicht zur Ausführung, da inzwischen andere Kreditinstitute in diesen Gebieten errichtet worden waren.

Die Landschaftsbank für das Gouvernement Cherson. Erfolgreicher war das Semstwo des Gouvernements Cherson; die Satzungen einer Landschaftsbank, die es ein-

[1] V. S. d. G. III, Nr. 7895.

reichte, wurden am 20. Mai 1864[1] bestätigt. Die Bank ist eine Gesellschaft auf Gegenseitigkeit, deren Mitglieder die Darlehnnehmer bilden, die solidarisch mit den verpfändeten Gütern haften. Sie beleiht Güter in den 4 Gouvernements Cherson, Jekaterinoslaw, Taurien und Bessarabien; sie gibt Darlehn bis 50 % des Taxwertes und nur auf erste Stelle. Die Güter müssen mindestens 100 Deßjatinen bebautes Land haben und dürfen nicht weniger als 1000 Rubel wert sein. Die Frist der Darlehne ist 34 Jahre 11 Monate oder 36 Jahre 6 Monate; der Schuldner erhält Pfandbriefe, die entsprechend der Frist seiner Hypothek 36½ Jahre laufen und 5 %ig sind oder in 34 Jahren 11 Monaten getilgt werden und 5½ % Zinsen bringen.

An der Spitze der Bank steht ein Verwaltungsrat, dessen 4 Mitglieder von der Generalversammlung der Gesellschafter aus ihrer Mitte auf 3 Jahre gewählt werden. Neben einem Aufsichtsrat, der sich aus 5 Mitgliedern zusammensetzt, gibt es noch einen Ausschuß der Pfandbriefbesitzer, der einen Vertreter zu den Sitzungen des Verwaltungsrates entsendet. Die Generalversammlung der Gesellschafter wird jährlich in Odessa abgehalten. Zu Beginn ihrer Operation erhielt die Bank von dem Semstwo des Gouvernements 100 000 Rubel geliehen. Die Bank entfaltete eine rege Tätigkeit; nach 10 Jahren hatte sie 43,06 Millionen Rubel Dahrlehn gewährt, im Jahre 1890 schon 66,84 Millionen Rubel. Im Jahre 1898 konvertierte die Bank ihre 5½ % und 5 % Pfandbriefe in 4½ %. Am 1. Januar 1905 hatte sie 155,41 Millionen Rubel auf 34 11/12 bis 38½ Jahre ausgeliehen; sie besaß außer einem Reservekapital in Höhe von 10,64 Millionen Rubel einen Fonds zur Verminderung der Zahlungen der Darlehnnehmer, der 2,63 Millionen aufwies; ihr Pfandbriefumlauf (4½ %) betrug 150,98 Millionen Rubel.

Die guten Erfolge der Chersoner Bank veranlaßten den Ukas vom 17. Mai 1871[2], durch welchen den Semstwos gestattet wurde, mit ihren Mitteln Anstalten sowohl für langfristigen wie für kurzfristigen Kredit zu errichten. Die Satzungen von Hypothekenbanken sollten denen der Chersoner Bank oder denen des Gegenseitigen Bodenkreditvereins, die für Handelsbanken denen der Aktienhandelsbanken oder der Gegenseitigen Kreditvereine entsprechen.

Zwei Jahre nach der Gründung der Chersonschen Bank, am 1. Juni 1866[3] wurden die Satzungen des Gegenseitigen Bodenkreditvereins bestätigt, dessen Organisation und Geschichte in dem Abschnitt über die Reichs-Adelsagrarbank,

[1] V. S. d. G. II, Nr. 40898.
[2] V. S. d. G. II, Nr. 49609.
[3] V. S. d. G. II, Nr. 43361.

deren Sonderabteilung seine Liquidation durchführte, schon berührt worden ist.

Obgleich durch Ukas vom 31. Mai 1872[1] dem Finanzministerium das Recht verliehen wurde, Bodenkreditanstalten nach dem Muster der Chersonschen Landschaftsbank und des Gegenseitigen Bodenkreditvereins zu genehmigen — so daß also nicht mehr ein allerhöchster Ukas zur Gründung nötig war, sondern nur ein Erlaß des Ministers — wurden doch nur noch zwei Gesellschaften auf Gegenseitigkeit gegründet; es sind dies zwei kaukasische Banken, die Adelsagrarbank in Tiflis und die Michaels-Adelsagrarbank in Kutaïs.

Die Tifliser Bank war am 28. Mai 1874[2] zur Gewährung von Hypotheken genehmigt worden. Der Tifliser Adel hatte 80 000 Rubel, die Regierung 160 000 Rubel als Kapital eingeschossen. 60 000 Rubel zahlte der Adel noch nach. Am 1. Januar 1905 hatte sie 5,22 Millionen Rubel auf Güter, 32,67 Millionen Rubel auf städtische Immobilien langfristig und 0,34 Millionen kurzfristig ausgeliehen. Das Grundkapital betrug 0,55 Millionen, das Reservekapital 0,64 Millionen, der Pfandbriefumlauf 37,84 Millionen Rubel.

Sie gibt ihre Darlehne auf Güter und städtische Immobilien langfristig, auf Weinberge und Obstgärten wegen der Gefährlichkeit dieses Geschäftes nur kurzfristig und nur bis 40 % des Schätzungswertes. Die langfristigen Hypotheken werden in Pfandbriefen, die kurzfristigen in bar ausbezahlt.

Die Michaels-Adelsbank in Kutaïs war 1876 mit ½ Million Rubel Kapital gegründet worden; sie betreibt dieselben Geschäfte wie die Bank in Tiflis. Durch Ukas vom 4. Juli 1901[3] wurde zur Beaufsichtigung ihrer Geschäfte ein Bevollmächtigter vom Finanzministerium bei ihr bestellt. Die Bilanz am 1. Januar 1905 wies 1,49 Millionen Rubel langfristige Darlehne auf Güter, 7,09 Millionen Rubel Darlehne auf städtische Immobilien und 0,14 Millionen Rubel kurzfristige Kredite auf. Auf der Passivseite erschien das Grundkapital mit 0,67 Millionen, der Reservefonds mit 0,14 Millionen und der Pfandbriefbetrag mit 8,67 Millionen Rubel.

Die Staatsaufsicht über diese Banken entspricht der über die Hypothekenbanken auf Aktien, die dort behandelt ist.

---

[1] V. S. d. G. II, Nr. 50913.
[2] V. S. d. G. II, Nr. 53483b (im Nachtrag 1878).
[3] V. S. d. G. III, Nr. 20479.

Achtes Kapitel.

Städtische Kreditgesellschaften.

Nach der Schließung der staatlichen Kreditanstalten im Jahre 1859, die Geld auf Hypotheken ausliehen, war der ländliche und städtische Grundbesitz ohne Kredit. Während aber die Gutsbesitzer durch die Loskaufzahlungen flüssige Mittel erhielten, waren die städtischen Grundbesitzer ganz und gar auf den Privatkredit angewiesen. Die Grundbesitzer der größern Städte fanden aber bald im genossenschaftlichen Zusammenschluß einen Ausweg. Am 4. Juli 1861[1] bereits wurden die Satzungen der Petersburger Städtischen Kreditgesellschaft bestätigt. Nach diesen Satzungen beleiht die Bank Holzhäuser auf 14½ Jahr, Steinhäuser und Grundstücke auf 26¾ Jahre; die Pfandobjekte müssen in der Stadt Petersburg gelegen sein. Die Darlehnnehmer haben außer 4½ % Zinsen ½ % jährlich zur Unterhaltung der Verwaltung und zur Ansammlung eines Reservefonds und 2 % Amortisation bei Hypotheken mit 26¾jähriger Frist und 5 % bei solchen mit 14½jähriger Frist zu entrichten; ½ % wird bei der Auszahlung des Darlehns einbehalten. Die Darlehne wurden anfänglich in 4½ %igen, später in 5- und 5½ %igen Pfandbriefen (Obligationen) gegeben, die zu pari genommen werden müssen; die Gesellschaft kann aber den kommissionsweisen Verkauf der Pfandbriefe übernehmen.

Die Pfandbriefe sind durch den ganzen verpfändeten Besitz und durch die Gesamthaftung der Hypothekenschuldner sicher gestellt. Ihr Betrag darf den der Summe der Hypothekenreste nicht übersteigen. Die Pfandbriefe müssen im Verhältnis zu den einlaufenden Amortisationszahlungen durch Verlosung getilgt werden; diese können die Inhaber der Pfand-

[1] V. S. d. G. II, Nr. 37199.

briefe, die mindestens solche im Werte von 5000 Rubel besitzen, beaufsichtigen. Die Pfandbriefe werden in der Staatsdruckerei hergestellt; Mitglied der Gesellschaft ist der, welcher ihr ein Haus oder Grundstück verpfändet. Geleitet wird die Gesellschaft von der Verwaltung und dem Aufsichtsrat, die von der Generalversammlung gewählt werden. Die Schätzungen nimmt eine besondere Schätzungskommission vor, die den mittleren jährlichen Reingewinn und den Wert des Objekts ihrem Gutachten zugrunde legt. — Zum Beginn der Geschäfte schoß die Stadt St. Petersburg 300000 Rubel vor.

Auf Grund ähnlicher Satzungen wurden Städtische Kreditgesellschaften in Moskau (30. Oktober 1862[1]), Warschau (31. Dezember 1869[2]), Odessa (20. April 1871[3]) zugelassen.

Ein am 31. Mai 1872[4] allerhöchst bestätigtes Reichsratsgutachten bevollmächtigte den Finanzminister, Satzungen von Städtischen Kreditgesellschaften nach dem Muster der vier genannten zu genehmigen. Nach dieser Erleichterung nahmen die Gesellschaften rascher zu.

Im Jahre 1885 kam die Petersburger Städtische Kreditgesellschaft in Schwierigkeiten, da sie Häuser und Grundstücke sehr hoch beliehen hatte, und die Zahlungsrückstände stark anliefen. Durch Ukas vom 12. Juni 1886[5] wurden die Besitzer der gefährdeten Pfandbriefe zu einem Schutzverband zusammengeschlossen; dieser wird von 6 Verwaltungsmitgliedern geleitet, von denen 4 von der Generalversammlung der Pfandbriefinhaber, 1 vom St. Petersburger Stadtrat (Duma) und 1 vom Börsenkomitee gewählt wird. Den Vorsitzenden ernennt der Finanzminister. Dem Verband liegt die Wahrung der Interessen der Pfandbriefinhaber ob, er kann über Änderung der Satzungen bei dem Finanzminister vorstellig werden, Bevollmächtigte mit beratender Stimme in die Vorstandssitzungen entsenden und an den Revisionen teilnehmen und durch Vertreter die Verlosung und Vernichtung der gezogenen Pfandbriefe beaufsichtigen lassen. Der Bericht über seine Befunde und Ausstellungen und die Antworten darauf werden auf Kosten der Gesellschaft veröffentlicht.

An Stelle der Generalversammlung aller Mitglieder als oberstes Organ der Gesellschaft wurde eine Bevollmächtigten-Versammlung eingeführt. Die Bevollmächtigten, 210 an der Zahl, werden von allen Mitgliedern auf 3 Jahre gewählt. Männliche Mitglieder können nur persönlich ihr Stimmrecht ausüben, weibliche können sich durch nahe Verwandte ver-

---

[1] V. S. d. G. II, Nr. 38857.
[2] V. S. d. G. II, Nr. 47854.
[3] V. S. d. G. II, Nr. 49487.
[4] V. S. d. G. II, Nr. 50913.
[5] V. S. d. G. III, Nr. 3810.

treten lassen. Für die Moskauer Städtische Kreditgesellschaft wurde durch die Ukase vom 10. Mai und 13. Dezember 1902[1] ein Bevollmächtigter vom Finanzministerium bestellt, der über alle Geschäfte wacht und in den Versammlungen der Vertreter der Mitglieder den Vorsitz führt; bezahlt wird dieser Bevollmächtigte von der Gesellschaft. Außerdem wurde für 3 Jahre die Wahl des Vorstandes, des Aufsichtsrates und der Schätzungskommission von der Bestätigung des Finanzministers abhängig gemacht.

Von 1894 an konvertierten auch die Städtischen Kreditgesellschaften ihre 5 und $5^1/_2$ % Pfandbriefe in $4^1/_2$ %ige. Durch allerhöchst am 2. Juni 1898[2] bestätigtes Reichsratsgutachten erhielten die Städtischen Kreditgesellschaften ebenso wie die Aktien-Hypothekenbanken das Recht, die Pfandbriefe statt durch Verlosung durch Ankauf zu tilgen; die Höhe der Tilgung muß aber dem Tilgungsplan entsprechen. Die früher ausgegebenen Pfandbriefe müssen aber noch ausgelost werden.

Nach den Bestimmungen des Ukases vom 29. April 1902[3] müssen die Staats- und vom Staate garantierten Wertpapiere, in denen der Reservefonds angelegt werden muß, sowie die Barbestände bei der Staatsbank oder deren Filialen hinterlegt werden. Durch den gleichen Ukas (I, Abs. 4) wurde der Finanzminister ermächtigt, Staatsrevisionen bei den Gesellschaften vornehmen zu lassen, wenn er es für nötig hält, ohne Anruf von Seiten der Mitglieder oder Obligationäre.

Um den Banken ein größeres Tätigkeitsfeld zu schaffen, wurde ihnen gestattet, ihre Beleihung auf alle Städte des Gouvernements, in dem sie ihren Sitz haben, auszudehnen. Dadurch wird auch die Gefahr, in die eine Baukrisis in einer Stadt eine Gesellschaft bringen kann, etwas vermindert.

Es bestanden am 1. Januar 1905 außer in den beiden Hauptstädten in 26 Städten derartige Hypothekenbanken; 12 entfallen davon allein auf Polen, 4 auf die baltischen Provinzen (auf Riga 2), 2 auf den Kaukasus (Baku und Tiflis). Die Kapitalschuld für die Hypotheken, die sie gewährt, beliefen sich bei den 29 Städtischen Kreditgesellschaften zusammen auf 793,90 Millionen Rubel, von denen 277,54 Millionen Rubel auf die Petersburger, 179,46 auf die Moskauer, 99,95 auf die Odessaer, 87,14 auf die Warschauer Gesellschaft entfallen; 3 haben zwischen 20—30 Millionen Rubel ausgeliehen (Lodz, Riga, Tiflis).

An Reserven hatten sie 31,42 Millionen Rubel angesammelt, von denen die Petersburger Gesellschaft 5,77, die

---

[1] V. S. d. G. III, Nr. 21446 und 22265.
[2] V. S. d. G. III, Nr. 15494.
[3] V. S. d. G. III, Nr. 21366, I, Abs. 8.

Moskauer 6,94 Millionen Rubel besaß. Daneben hatten sie einen Fonds für Kuponszahlungen in Höhe von 21,78 Millionen Rubel. In Wertpapieren waren 35,36 Millionen Rubel angelegt, und 13,51 Millionen Rubel waren ihnen auf laufende Rechnung gut geschrieben.

Sie hatten am 1. Januar 1905:

	648,99	Millionen	Rubel	$4^1/_2$ %iger	Pfandbriefe
	141,24	„	„	5 %iger	„
	3,38	„	„	$5^1/_2$ %iger	„
zusammen also	793,61	Millionen	Rubel	Pfandbriefe	im Umlauf.

Neuntes Kapitel.

Gegenseitige Kreditgesellschaften.

Organisation. Der große Brand, der am 26. Mai 1862 Petersburg heimsuchte, hatte die Kaufleute schwer geschädigt. Um die Kreditnot, die infolgedessen hereinbrach, zu mildern, schlossen sich eine Reihe von ihnen zu einem Kreditverein auf Gegenseitigkeit zusammen, dessen Satzungen im Jahre 1864 bestätigt wurden. Nach dem Muster dieser Gesellschaft wurde eine Reihe anderer gegründet, besonders nachdem durch Ukas vom 31. Mai 1872[1] dem Finanzminister das Recht eingeräumt war, die Satzungen von gegenseitigen Kreditgesellschaften zu genehmigen. Den Semstwos war durch Ukas vom 17. Mai 1871[2] die Errichtung von Kreditgesellschaften gestattet worden. Im Jahre 1879 waren im ganzen 92 in Tätigkeit. Im Anfang war ihre Wirksamkeit gut, bald aber stellten sich Mißbräuche ein, und 1877 kamen sie in eine schwere Krise, in der die Staatsbank sie unterstützte.

Die Mitglieder, meist Kaufleute und kleine Industrielle, haben 10 %, bisweilen auch 20 % des Betrages einzuzahlen, für den sie Kredit genießen. Eine Person darf nur bei einer derartigen Gesellschaft Mitglied sein; die Anteilscheine sind nicht übertragbar. Die Gesellschaft kann ihre Tätigkeit beginnen, wenn 10 000 Rubel eingezahlt sind. Dies muß innerhalb 6 Monaten vom Tage der Satzungsbestätigung an gerechnet, erfolgt sein, sonst verfällt die Konzession. Anfänglich beschäftigten sie sich nur mit Wechseldiskont, später dehnten sie ihre Tätigkeit aus. Jetzt ist ihnen außer dem Diskont erlaubt, Darlehen zu geben, Depositen zur Aufbewahrung und zur Verzinsung anzunehmen, Inkasso und Giroüberweisungen zu besorgen, sowie Subskriptionen auf öffentliche und private Papiere ohne Risikoübernahme zu er-

[1] V. S. d. G. II, Nr. 50 913.
[2] V. S. d. G. II, Nr. 49 609.

öffnen. Die Wechsel, die angenommen werden, dürfen nicht über 6 Monate laufen und müssen außer der eines Mitglieds noch eine gute Unterschrift tragen. Solawechsel müssen durch Wertpapiere oder Waren gesichert sein. Darlehen geben die Gesellschaften auf 6 Monate gegen Verpfändung von Wertpapieren, Waren, Warenscheinen sowie auf Immobilien, auf letztere nur bis $^1/_5$ ihres Kapitals.

Jedes Jahr muß eine Generalversammlung der Mitglieder berufen werden, die den Aufsichtsrat und die Verwaltung wählt. Mitglieder, die mit ihren Zahlungen an die Gesellschaft im Rückstande bleiben, sind von der Versammlung ausgeschlossen. Auf Antrag von mindestens 20 Mitgliedern muß eine außerordentliche Versammlung einberufen werden. Die Mitglieder des Aufsichtsrats, deren Zahl durch die Satzungen zu bestimmen ist, werden durch die Versammlung gewählt. Ein Annahmekomitee beschließt über die Aufnahme neuer Mitglieder, prüft ihre Kreditfähigkeit und setzt die Höhe des Obligos für die einzelnen fest. Für etwaige Verluste haften die Mitglieder, die zur Nachschußpflicht herangezogen werden können. Aus dem Reingewinn müssen 10 % zur Bildung eines Reservefonds verwendet werden. Die Summe der Verpflichtungen darf das zehnfache des Grund- und Reservekapitals nicht übersteigen. Durch Gesetz vom 11. Mai 1898 [1] wurde den Gesellschaften erlaubt, Solawechsel gegen Sicherstellung durch Güter hereinzunehmen, um den Landwirten kurzfristigen Kredit zugängig zu machen.

Tätigkeit. Am 1. Januar 1905 bestanden 217 Gegenseitige Kreditgesellschaften, davon 8 in den beiden Hauptstädten, 72 in Gouvernements- und 137 in Kreisstädten; im Jahre 1898 waren erst 99 in Tätigkeit. Eine Anzahl von ihnen ist von Semstwos ins Leben gerufen, die die Gesellschaften durch eine größere Einlage unterstützten. Einige Gesellschaften vereinigen nur Berufsgenossen; so gibt es eine Gegenseitige Kreditgesellschaft der Gutsbesitzer, der Druckereibesitzer, der Bergindustriellen Südrußlands (Charkow), der Manganerzindustriellen, der Angestellten der Kreditanstalten und Aktiengesellschaften, der Handlungsgehilfen usw.

Die Zahl der diesen Gesellschaften angeschlossenen Mitglieder belief sich auf 140 057; sie ist in den letzten Jahren mit der Zunahme der Anzahl der Gesellschaften stetig angewachsen; am 1. Januar 1898 waren es erst 66 954. Die hauptstädtischen Gesellschaften zählen naturgemäß die meisten, auf die I. Petersburger entfallen 7 899, auf die des Petersburger Kreissemstwo 4473, auf die Moskauer Kaufmännische 3375 Mitglieder. Das Kapital betrug 37,75, die Reserven 7,90 Millionen Rubel. 8 hatten mehr als 1 Million Kapital;

---

[1] V. S. d. G. III, Nr. 15374.

die Moskauer Kaufmännische 4,04 und die I. Petersburger 3,70 Millionen Rubel. Auf Kontokorrent hatten sie 104,07 gutgeschrieben, an Einlagen wiesen sie 100,11 Millionen mit Kündigungsfrist und 10,67 Millionen ohne Kündigungsfrist nach.

Das Hauptgeschäft ist der Diskont; der Wechselbestand erschien mit 139,93 Millionen Rubel (= 44,3 % der Aktivseite). Protestierte Wechsel hatten sie 1,02 Millionen (= 0,73 % des Wechselbestandes). Auf Solawechsel hatten sie 24,54 Millionen ausgeliehen. Bedeutend ist auch noch das Spezialkontokorrent, das „on call"-Geschäft, das mit 63,41 Millionen zu Buche stand; davon entfallen allerdings 42,52 Millionen auf die hauptstädtischen Banken — die Moskauer Kaufmännische hatte 21,78 = 33,0 % ihrer Aktivseite, die Petersburger I. 11,87 Millionen = 52,1 % der Aktivseite auf Spezialkontokorrent ausgeliehen. Diese hohen Beträge hängen damit zusammen, daß diesen beiden Gesellschaften eine Reihe kleiner Bankers angehören, die durch sie ihre Börsenspekulationen ermöglichen. Wertpapiere hatten alle 217 für 12,03 Millionen, Waren für 3,38 Millionen lombardiert. Der Wertpapierbestand beziffert sich auf 16,69 Millionen Rubel.

Die Mittel der Gegenseitigen Kreditgesellschaften sind verhältnismäßig gering. Bei vielen erreichen alle Aktiva zusammen kaum 1/2 Million; größeren Umfang haben die Moskauer Kaufmännische, die Petersburger I., die Warschauer, die Kiewer, die Tiflisser und Odessaer Gegenseitige Kreditgesellschaft. Die Bedeutung der Gegenseitigen Kreditgesellschaften ist naturgemäß nur lokaler Natur.

Kongresse der Vertreter der Gegenseitigen Kreditgesellschaften haben mehrfach stattgefunden.

III. Aktienbanken und Bankers.

Zehntes Kapitel.

Aktienhandelsbanken.

Organisation und Gesetzgebung. Mit der Bankreform im Jahre 1860 war das Monopolprinzip des Staates verlassen worden. Die Stadtgemeindebanken konnten mit ihren geringen Mitteln den Bedürfnissen des Handels nicht genügen. Dennoch bedurfte es der Hülfe der Regierung, um die erste Aktienhandelsbank ins Leben zu rufen: von der im Jahre 1864 gegründeten St. Petersburger Privathandelsbank mußte die Regierung 1 Million Rubel Aktien, 1/5 des gesamten Kapitals, übernehmen. Erst 1866 wurde eine zweite, die Moskauer Kaufmannsbank, errichtet, der 1868 die Charkower Handelsbank und die Kiewer Privatbank folgten. Der rasche Erfolg dieser Banken rief ein Gründungsfieber hervor, ähnlich dem der Crédit mobilier-Periode in Westeuropa. Ein Teil der Gründungen konnte aber die nötigen Kapitalien nicht zusammenbringen und trat gar nicht in Wirksamkeit. Andere Banken waren an solchen Plätzen errichtet, wo kein Bedürfnis danach vorlag, mithin kein Geschäftskreis vorhanden war. Auch konnte in den ersten Jahren die Staatsaufsicht nur gering sein, da die Einrichtung noch zu neu war, um alles prüfen zu können. So kamen viele Betrügereien vor. Die Spekulation in Bankaktien nahm so überhand, daß Finanzminister Reutern durch Ukas vom 31. Mai 1872[1] die Genehmigung für weitere Bankgründungen in den Städten versagte, in denen bereits solche bestanden. Es wurde ferner bestimmt, daß die Blankokredite 1/10 des eingezahlten Aktien- und Reservekapitals nicht übersteigen dürfen, daß die einzelne Aktie auf mindestens 250 Rubel lauten und das Grundkapital mindestens 1/2 Million Rubel betragen muß. Die Annahme von Solawechseln wurde den Aktienbanken ganz verboten; Immobilien dürfen sie

[1] V. S. d. G. II, Nr. 50913, I, Abs. 5—8.

außer für den eigenen Gebrauch nicht besitzen. Nach dem Zusammenbruch der Moskauer Leihbank wurden die Bestimmungen über die Aktienhandelsbanken durch Ukas vom 5. April 1883[1] geändert. Danach müssen es wenigstens 5 Gründer sein, die keinen Anspruch auf besondere Vergütung aus dem Gewinn haben. Das Gründungskapital darf nicht weniger als ½ Million Rubel, nicht mehr als 5 Millionen Rubel betragen; die einzelne Aktie darf nicht kleiner als 250 Rubel sein. Innerhalb 6 Monaten nach Bestätigung der Satzungen muß die Bank ihre Tätigkeit beginnen. Die Hälfte des gezeichneten Kapitals muß vor der Eröffnung bei der Staatsbank hinterlegt, 6 Monate nach Eröffnung muß der Rest eingezahlt sein.

Es ist ihnen erlaubt, Wechsel und Devisen sowie andere Handelspapiere mit einer Laufzeit von nicht länger als 9 Monaten zu diskontieren. Sie dürfen Vorschüsse geben und Kredite eröffnen gegen Hinterlegung:

a) von Staatspapieren, Anteilscheinen, Aktien, Obligationen und Pfandbriefen bis 90 % des Börsenwertes;
b) von Konossementen, Warrants, Ladescheinen von Eisenbahn-, Transport- und Dampfschiffgesellschaften bis zu ⅓ des Wertes der Ware;
c) von Edelmetall und Assignationen von Goldbergwerken bis 90 % des Wertes;
d) von dauerhaften Waren bis zu ⅔ des Wertes.

Sie besorgen ferner das Inkasso von Wechseln und anderen fälligen Papieren, Giroüberweisungen, Ausstellung von Kreditbriefen, An- und Verkauf von Effekten und Waren in Kommission, von Edelmetallen in Barren und Münzen auch für eigene Rechnung. Sie dürfen außer garantierten Papieren auch Aktien erwerben, wenn bereits eine Einzahlung auf sie gemacht ist, doch darf deren Summe ⅕ des Kapitals nicht überschreiten. Sie können Subskriptionen auf Anleihen und Aktien eröffnen, auf ausländische Wertpapiere nur mit Genehmigung des Finanzministers; Verpflichtungen für die aufgelegten Papiere dürfen sie nicht übernehmen. Sie nehmen Wertpapiere und Kostbarkeiten zur Aufbewahrung, Geld zur täglichen Verfügung, mit Kündigungsfrist und auf laufende Rechnung in Beträgen von mindestens 100.— Rubel.

Der einer Person eingeräumte Kredit darf $1/10$ des eigenen Kapitals (Aktien- und Reservekapital) nicht überschreiten. Die Summe aller Verpflichtungen darf über den fünffachen (früher zehnfachen) Betrag des eigenen Kapitals nicht hinausgehen. Barbestand zuzüglich Guthaben bei der Staatsbank muß mindestens 10 % der Verpflichtungen ausmachen.

Die Führung der Bank liegt der Verwaltung und dem

---

[1] V. S. d. G. III, Nr. 1484.

Aufsichtsrat ob. Die Mitglieder der Verwaltung und die Beamten der Banken dürfen nicht zugleich in anderen Kreditanstalten tätig sein; sie dürfen bei ihr selbst auch keinen Wechselkredit genießen. In der Generalversammlung darf eine Person nicht mehr als 1/10 der Stimmen vertreten. Aktionäre, die zusammen 1/5 des Kapitals besitzen, können eine staatliche Revision beantragen.

Der 10 % übersteigende Reingewinn muß zur Hälfte an einen Sonderreservefonds abgeführt werden. Seit 1902 ist den Banken das Ausschütten einer Abschlagsdividende verboten. Der Reservefonds wird aus den jährlichen Überweisungen aus dem Reingewinn gebildet, die Zinsen des Fonds werden ihm zugeschlagen. Dieser Fonds wird, bis er 1/3 des Aktienkapitals gleich kommt, in Staatspapieren oder garantierten Papieren bei der Staatsbank hinterlegt. Die Sonderreserve kann zur Verteilung herangezogen werden, wenn die Dividende weniger als 8 % beträgt; 1/3 dieses Fonds muß in garantierten Papieren bei der Staatsbank hinterlegt werden, der Rest kann als Betriebskapital verwendet werden, Auf Beschluß der Generalversammlung kann eine Bank ihre Tätigkeit einstellen, sie muß es, wenn sie 1/4 ihres Kapitals verloren hat und die Aktionäre nicht zuzahlen wollen.

Durch Ukas vom 22. Mai 1884[1] wurde die Liquidation einer Bank (auch der Gegenseitigen Kreditgesellschaften) angeordnet, wenn die Verluste mehr als 1/3 ihres Kapitals aufzehren; der Finanzminister ernennt dann eine Liquidationskommission.

Um kurzfristigen Kredit auch der Landwirtschaft zugängig zu machen, wurde am 11. Mai 1898[2] den Aktienbanken gestattet, auf Solawechsel Vorschüsse gegen Sicherstellung durch Güter zu geben.

Einige schlechte Erfahrungen mit den Aktiengesellschaften machten eine Revision der Gesetzgebung nötig. So hatte z. B. der Direktor der Charkower Agrarbank, Altschewsky, mit Hilfe der Charkower Handelsbank Schiebungen vorgenommen, die zum Zusammenbruch der Handelsbank führten. Um derartigen Vorkommnissen vorzubeugen, bestimmte das Gesetz vom 21. Dezember 1901[3], daß in Generalversammlungen von Kredit- und Versicherungsgesellschaften Angestellte dieser Gesellschaften als Bevollmächtigte keinen Zutritt haben. Die Versammlung ist beschlußfähig nur dann, wenn 1/5 des Grundkapitals vertreten ist; sie kann über die Erhöhung oder Herabsetzung des Kapitals, Emission von Obligationen, Satzungsänderungen und Liquidation nur entscheiden, wenn die Hälfte

[1] V. S. d. G. III, Nr. 2249.
[2] V. S. d. G. III, Nr. 15374.
[3] V. S. d. G. III, Nr. 20874.

des Aktienkapitals vertreten ist. Anordnende Direktoren von Kreditgesellschaften dürfen nicht gleichzeitig anordnende Direktoren von anderen Gesellschaften sein. Durch Ukas vom 29. April 1902[1] wurde weiter verboten, daß Mitglieder der Verwaltung und Angestellte Kredite irgendwelcher Art bei ihrer Bank genießen, und die Liquidation derartiger Kredite innerhalb 3 Jahren angeordnet. Ferner wird nun auf Verlangen einer Minderheit, die mindestens $^{1}/_{10}$ der Stimmen und $^{1}/_{20}$ des Kapitals besitzt, eine staatliche Revision der Bank vorgenommen.

Kapital. Die meisten Banken sind in den 70er Jahren gegründet; dann folgte ein Stillstand, bis Ende der 90er Jahre wieder einige größere ins Leben gerufen wurden. Einige sind infolge schlechter Verwaltung wieder eingegangen, z. B. die Jekaterinoslawer Kommerzbank und Charkower Handelsbank. Am 1. Januar 1905 bestanden 38 Aktienhandelsbanken, außer dem Crédit Lyonnais. In Petersburg sind 10 dieser Banken, in Moskau 5 domiziliert; die übrigen entfallen auf die Provinz.

Von den Banken hatten

17[2] 5 Millionen Rubel und mehr,
16 1 Million bis 5 Millionen Rubel,
5 weniger als 1 Million Rubel Aktienkapital.

Es belief sich zusammen auf 212,21 Millionen Rubel[3]; an Reserven waren 69,03 Millionen Rubel vorhanden. Sonderreserven hatten 13 Banken in Höhe von 3,18 Millionen Rubel. Das größte Kapital besitzt die Petersburger Internationale Handelsbank, nämlich 24 Millionen Rubel Aktien- und 12 Millionen Rubel Reservekapital. Das ist verhältnismäßig wenig, die Deutsche Bank hat z. B. 200 Millionen Mark, die Diskonto-Gesellschaft 170 Millionen Mark. Allerdings haben auch erst

---

1 V. S. d. G. III, Nr. 21366.

2 Die Russisch-Chinesische Bank, welche die Statistik des Finanzministeriums nicht aufführt, ist hier mitgezählt, dagegen ist der Crédit Lyonnais, den jene mit aufführt, hier weggelassen.

3 Unter der Rubrik Geld- und Kreditwesen gibt die erste amtliche Statistik für den 31. Dezember 1906 für das deutsche Reich 480 Aktiengesellschaften und Kommanditgesellschaften auf Aktien an; davon waren 39 Hypothekenbanken. Das nominelle Aktienkapital dieser 480 Gesellschaften belief sich auf 3738,83 Millionen Mark; davon entfallen 2984,83 Millionen Mark auf die Handelsbanken und 754,00 Millionen Mark auf die Hypothekenbanken. Es hatten

5 Banken mehr als 100 Millionen Mark Aktienkapital,
12 „ zwischen 50 und 100 Millionen Mark Aktienkapital,
6 „ „ 30 „ 50 „ „ „
20 „ „ 20 „ 30 „ „ „
30 „ „ 10 „ 20 „ „ „

(Statistik des Bestandes der Aktiengesellschaften und Kommanditgesellschaften auf Aktien im deutschen Reiche am 31. Dezember 1906. Vierteljahrshefte zur Statistik des deutschen Reichs. 1907. Heft 4, S. 360 ff.)

im letzten Jahrzehnt die deutschen Aktienbanken ihr Kapital auf diese Höhe gebracht. Die Russische Bank für auswärtigen Handel hatte 20, die Russisch-Chinesische Bank 15, die Nordbank $12^{1}/_{2}$, die Wolga-Kama und die Warschauer Kommerzbank je 12 Millionen Rubel Aktienkapital.

Auffallend groß ist die Zahl der Filialen und Agenturen. Die Asow-Don Bank unterhält bei 10 Millionen Rubel Aktienkapital 30 Filialen und 4 Agenturen, die Moskauer Internationale bei 10 Millionen Rubel 31 Filialen, die Oreler Kommerzbank bei 5 Millionen 22 Filialen. Selbst ganz kleine Banken haben Niederlassungen, z. B. die Woronescher Kommerzbank mit 750 000 Rubel Kapital 3 Filialen und 2 Agenturen.

Die Gründe hierfür liegen teilweise darin, daß die Banken, besonders die der ersten Periode oft an solchen Plätzen gegründet wurden, wo sie sich keinen genügenden Geschäftskreis erwerben konnten. Sie mußten nun, um ihr Kapital zu beschäftigen, durch Filialen Kunden zu erwerben suchen. Die Gleichartigkeit und die geringe Besiedelung des Landes war der Entwicklung des Filialsystems günstig, dem kein Lokalbankwesen entgegentrat. Das Überwiegen der beiden Hauptstädte in jeder Hinsicht, die erst in den letzten Jahren von Odessa und Warschau erfolgreiche Konkurrenz bekommen, sowie die Entwicklung von dort aus trugen zur Filialgründung bei.

Eine besondere Stellung nimmt die Russisch-Chinesische Bank ein, die im Jahre 1895 zur Förderung des russischen Handels in Ostasien gegründet wurde. Sie soll Konzessionen für Eisenbahnen usw. erwerben, den russischen Einfluß stärken, überhaupt dem russischen imperialen Gedanken dienen. Sie hat in Paris und St. Franzisko, sowie an vielen Plätzen Chinas und Japans Filialen eröffnet, im ganzen 50. Die Kaiserlich Chinesische Regierung ist mit 5 Millionen Kuping Taels bei ihr kommanditiert; dafür besorgt sie den Dienst der chinesischen Anleihen. Sie gibt in Ostasien auch Banknoten aus, die zu $^{1}/_{3}$ in bar gedeckt sein müssen. Am 1. Januar 1903 waren 965 300 Rubel ihrer Noten im Umlauf, die wegen ihrer großen Bequemlichkeit dem mexikanischen Dollar und den sonstigen Münzen gegenüber sich großer Beliebtheit erfreuen. Bei ihrer Niederlassung in Port Arthur hatte der Staat eine Sparkasse errichtet. Für Ostasien hat die Bank eine große Bedeutung erlangt.

Nach dem Muster dieser Bank plante man die Errichtung einer Russisch-Koreanischen Bank; durch den Krieg mit Japan wurde dieses Projekt jedoch hinfällig.

Russische Bank in Persien. Im Wettbewerb mit England suchte Rußland mit allen Mitteln seinen Einfluß in Persien zu stärken, ohne an dessen Besitzstand zu rühren. Die Bahnen wurden bis an die persische Grenze geführt, russisches Kapital legte gute Wege in Nordpersien an, der Persische Golf wurde von den Dampfern der von der Regierung subventionierten Freiwilligen Flotte besucht. Rußland garantierte eine persische Anleihe, die erst in England untergebracht werden sollte und in London bereits gezeichnet war, durch das Zögern Lord Salisburys aber nicht zustande kam. Schließlich wurde eine russische Bank in Teheran gegründet, die den russischen Ausfuhrhandel kräftig unterstützt und dem englischen und besonders dem indischen schwere Konkurrenz macht[1].

Ausland-Beziehungen der Banken. Als einzige ausländische Bank unterhält der Crédit Lyonnais in Rußland 3 Filialen, in den beiden Hauptstädten und in Odessa. Im Ausland haben außer der Russisch-Chinesischen Bank nur noch die Moskauer Internationale und die Russische Bank für auswärtigen Handel Niederlassungen. In Berlin werden die Aktien von 5 russischen Banken gehandelt, von denen die Russische Bank für auswärtigen Handel auch per Ultimo notiert wird; auf dem Pariser Kurszettel findet sich nur die 1901 gegründete Nordbank und seit letzter Zeit auch die Russisch-Chinesische und Asow-Don Bank. Dies weist daraufhin, daß die früheren Banken, wie überhaupt das ganze Finanzwesen, sich mehr auf Deutschland stützte und von ihm abhing, während später Frankreich mehr in den Vordergrund getreten ist, was sich sowohl aus den politischen Beziehungen der Länder als auch aus der Beschränkung der Börse durch das Börsengesetz erklärt. In letzter Zeit nach dem Krieg haben die deutschen Banken wieder mehr Fühlung mit den russischen Banken genommen; so emittierten die russische Bank für auswärtigen Handel und die Sibirische Handelsbank mit Hilfe der Deutschen Bank neue Aktien, und die Nationalbank für Deutschland unterstützte die Sanierung der Petersburger Privathandelsbank.

Projekt einer englisch-russischen Bank. Die Handels- und Bankbeziehungen Rußlands zu England waren durch die Afghanistan-Affäre getrübt; im Jahre 1903 erwog man in England den Plan, eine große englisch-russische Bank ins Leben zu rufen. Der japanische Krieg ließ das Projekt für einige Zeit in den Hintergrund treten. Aber schon geraume Zeit vor dem Friedensschluß rieten eng-

[1] Die Ausfuhr von Tee aus Indien nach Persien ging trotz aller Anstrengungen, die gemacht wurden, um gerade die Ausfuhr dieses Artikels auf der Nushki-Straße zu fördern, zurück; im Jahre 1903/4 betrug der Wert des ausgeführten Tees 46000 Rupien, 1904/5 nur noch 11000 Rupien. Die Gründe für den Rückgang waren nach einem Bericht des Kaiserl. Deutschen Generalkonsulats in Kalkutta außer auf den ungünstigen Rupienkurs auf die Tätigkeit der Bank zurückzuführen (Nachrichten f. Handel und Industrie, 31. Oktober 1905).

lische Zeitschriften den Exporteuren, ihre Kataloge ins Russische übersetzen zu lassen, um gleich bei dem mit Schluß des Krieges erwarteten Aufschwung mit den deutschen Exporteuren konkurrieren zu können. Kurz nach der britisch-russischen Entente im Jahre 1907 erhielten Engländer eine Reihe wichtiger Konzessionen in Sibirien. Es tauchte auch wieder der Plan einer englisch-russischen Bank auf. Diese soll in den Haupthandelszentren Rußlands Niederlassungen unterhalten und mit einer Kreditauskunftei verbunden werden, deren Errichtung in den letzten Jahren wesentlich erleichtert wurde. Das Organ der Londoner Handelskammer[1] schließt einen Aufsatz über das Projekt mit den Worten: „Die Bedeutung des zukünftigen russischen Marktes kann kaum überschätzt werden. Wenn nichts zur Förderung getan wird, so wird der englische Handel mit Rußland zurückgehen oder mindestens stehen bleiben. Jetzt ist es an der Zeit, jeden Versuch zu unterstützen, im Wettbewerb auf dem großen russischen Markt zu siegen; eins ist sicher, wenn der Handel einmal verloren ist, so kann er selten wieder gewonnen werden."

Tätigkeit. Am 1. Januar 1905 hatten die Banken 212,21 Millionen Rubel Aktienkapital und 72,21 Millionen Rubel Reserven; diese letzteren können sie allerdings nicht im Geschäft verwenden, da sie zum Teil in garantierten Papieren angelegt und in der Staatsbank deponiert werden müssen. Auf laufende Rechnung hatten sie 527,78 Millionen Rubel gutgeschrieben, und 255,59 Millionen waren bei ihnen mit Kündigungsfrist, 18,63 Millionen ohne Kündigungsfrist hinterlegt. Der Depositenverkehr liefert ihnen also die hauptsächlichsten Betriebsmittel.

Der größte Posten der Aktivseite ist der Wechselbestand, der am 1. Januar 1905 619,91 Millionen betrug und damit gegen das Vorjahr einen kleinen Rückgang aufwies, während er im letzten Jahrzehnt stark zugenommen hatte; am 1. Januar 1897 betrug er nur 238,60 Millionen Rubel. Am Diskont sind prozentual am stärksten die Moskauer Banken beteiligt, ihr Wechselbestand machte 41,5 % ihrer Aktiva aus. Bei den Petersburger Banken betrug der Wechselbestand 31,1 %, bei den Provinzbanken nur 29,9%. Solawechsel unter gleichzeitiger Sicherstellung der Kredite durch Waren, Konossemente, Ladescheine und Immobilien hatten die Banken für 17,05 Millionen hereingenommen, davon entfallen 7,16 Millionen auf die Provinzbanken, während die hauptstädtischen Banken an diesem Geschäft weniger beteiligt sind. Ausgeloste Wertpapiere und Kupons hatten die Banken für 4,28 Millionen Rubel eskomptiert. An protestierten Wechseln hatten die

[1] Journal of the Chamber of Commerce. London 1907. Nr. 10.

Banken 4,69 Millionen Rubel im Portefeuille = 0,7 % des gesammten Wechselbestandes.

Ein weiteres wichtiges Geschäft bilden die Spezialkontokorrente (on call) gegen Verpfändung von Wertpapieren, Wechseln und Waren; hierin waren 303,09 Millionen angelegt. Auch hier sind die Moskauer Banken stärker engagiert als die Petersburger; die „on call"-Kredite gegen Verpfändung von Wertpapieren machten bei ihnen 11,0 % ihrer Aktivseite aus, während die der Moskauer 14,9 % betrugen.

Lombardiert hatten alle Banken für 79,27 Millionen Rubel Wertpapiere und Waren. Die Petersburger Banken hatten fast ebensoviel auf Waren, Konnossemente und Ladescheine ausgegeben wie auf Wertpapiere, nämlich 17,16 bzw. 18,57 Millionen Rubel. Bei den Moskauer Banken standen sich 5,54 Millionen auf Waren usw. 15,69 Millionen Rubel auf Wertpapiere ausgeliehen gegenüber. Staats- und vom Staate garantierte Wertpapiere besaßen die Banken in Höhe von 77,22 Millionen, nicht garantierte 33,85 Millionen Rubel.

Durch Wertpapiere, Waren oder Handelspapiere gedeckte Kredite erscheinen in Höhe von 196,78 Millionen Rubel in der Bilanz. An Blankokrediten hatten die Banken 55,09 Millionen Rubel gewährt; bei den Petersburger Banken machte dies Geschäft 2,7 %, bei den Moskauer 1,9 % und bei den Provinzbanken 4,3 % der Aktivseite aus.

Ohne Zweifel ist die Aktienbank, die große Kapitalien zusammenfaßt, im Vordringen begriffen. Die nach dem Stillstand der 80er Jahre und der ersten Hälfte der 90er Jahre einsetzende lebhaftere Entwicklung wurde durch den japanischen Krieg wieder gehemmt, der auch den Konzentrationsbestrebungen, die sich geltend zu machen begannen, ein Ende bereitete. Auch in Rußland werden Klagen laut, daß die Staatsbank den Handelsbanken in Hauptstadt und Provinz Konkurrenz macht, indem sie alle Bankoperationen billiger ausführt; diese Klagen dürften indessen unberechtigt sein.

Die Aktienhandelsbanken schufen sich ein „Komitee des Kongresses der Vertreter der Aktienbanken des Handelskredits", dessen Satzungen am 21. Dezember 1874[1] allerhöchst bestätigt wurden. Das Komitee übermittelt dem Finanzminister zur Berücksichtigung die Wünsche des Kongresses betr. das Bankwesen, bereitet Kongresse vor und gibt Bankstatistiken heraus.

[1] V. S. d. G. II, Nr. 54189.

Elftes Kapitel.

Aktien-Hypothekenbanken.

Organisation. Ende der 1850er Jahre hatte die Regierung den Staatshypothekenkredit aufgegeben und versichert, nicht wieder zu ihm zurückkehren zu wollen. Nur zwei Bodenkreditanstalten wurden im folgenden Jahrzehnt gegründet: die Landschaftsbank für das Gouvernement Cherson und der Gegenseitige Bodenkreditverein. Das Interesse der Kapitalisten wendete sich mehr den Eisenbahnen zu. Erst Ende des Jahres 1869 wurden dem Finanzministerium die Satzungen einer Hypothekenbank auf Aktien, der Charkower Agrarbank eingereicht, die am 4. Mai 1871 [1] die allerhöchste Bestätigung erhielten. Um die Gründung derartiger Aktienbanken zu erleichtern und zu fördern, wurden durch Ukas vom 17. Mai 1871 [2] Normalbestimmungen für sie aufgestellt. Die Absicht der Regierung wurde voll und ganz erreicht, innerhalb 12 Monaten, bis Mai 1872, wurden 10 Hypothekenbanken auf Aktien gegründet. Die ursprüngliche Zahl war noch größer, da einige von ihnen, z. B. die Nischni-Nowgoroder und die Samaraër Agrarbank vereinigt wurden, ehe sie ihre Tätigkeit begannen. Das Gesetz vom 31. Mai 1872 [3] hemmte diese rasche Entwicklung, indem es bestimmte, daß in jedem Gouvernement nur zwei Bodenkreditanstalten (außer dem Gegenseitigen Bodenkreditverein, der für ganz Rußland zugelassen war) tätig sein dürfen. Die letzte Bank, die genehmigt wurde, war die Saratow-Simbirsker Agrarbank, die infolge von Mißwirtschaft in Schwierigkeiten geriet und von der Adelsbank liquidiert wurde. Nach dem Jahre 1873 wurden alle Gesuche um Genehmigung von Hypothekenbanken auf Aktien abgewiesen, um den Wettbewerb unter den Banken, dessen schädliche Folgen die Immobilien-

[1] V. S. d. G. II, Nr. 49556.
[2] V. S. d. G. II, Nr. 49609.
[3] V. S. d. G. II, Nr. 50913, I, Abs. 12.

kreditanstalten des Westens zur Genüge gezeigt hatten, nicht zu scharf werden zu lassen.

Zurzeit bestehen 10 Hypothekenbanken auf Aktien in Rußland. Das Tätigkeitsfeld ist für jede Bank auf bestimmte Gouvernements beschränkt, so daß z. B. die Charkower Agrarbank ihre Beleihungen nur in den Gouvernements Charkow, Kursk, Woronesch, Jekaterinoslaw, Poltowa, Orel und in dem Gebiet der Don'schen Kosaken vornehmen darf. Die Banken dürfen nur auf erste Hypothek ausleihen. Sie geben lang- und auch kurzfristige Darlehen auf ländliche und städtische Grundstücke. Die kurzfristigen Darlehen dürfen nur 10 % des Schätzungswertes, die lang- und kurzfristigen zusammen 60 % des Schätzungswertes nicht übersteigen. Die Charkower Agrarbank leiht auf dasselbe Grundstück nur in einer Form, entweder lang- oder kurzfristig aus. Der Schätzungswert eines zu beleihenden Grundstückes muß bei den meisten Banken mindestens 500 Rubel betragen. Bleiben die Schuldner mit ihren Zahlungen im Rückstand, so werden ihnen 2 Monate Frist gewährt; dann wird das verpfändete Grundstück zur Versteigerung ausgeschrieben. Findet es keinen Käufer, so übernimmt es die Bank, die es innerhalb 6 Monaten für eigne Rechnung abstoßen muß. Verluste hierbei werden aus dem Reservefonds, und falls dieser erschöpft ist, aus dem Kapital gedeckt. Durch Ukas vom 6. Mai 1886[1] wurden die milderen Bestimmungen der Adelsagrarbank über Stundung der Rückstände auch auf die Schuldner der Aktienhypothekenbanken übertragen.

Die langfristigen Darlehen werden auf ländliche Grundstücke auf $18^7/_{12}$ bis $61^2/_3$ Jahre, auf städtische Immobilien auf $18^7/_{12}$ bis $36\,^1/_3$ Jahre gegeben. Die Schuldner hatten außer der Amortisation, die sich nach der Frist der Anleihe richtet, 6 % Zinsen zu zahlen. Zur Deckung der Verwaltungskosten, zur Bildung eines Reservefonds und für die Dividende der Aktionäre wurde noch 1 % der wirklichen Schuldsumme erhoben. Bei der Ausbezahlung des Darlehns behalten die Banken 1 % Vergütung für die Schätzung des Grundstücks und die Herstellung der Pfandbriefe ein. Die Darlehnnehmer haben das Recht, jederzeit ihre Schuld durch Zahlung in bar oder in Pfandbriefen zu tilgen. Ist die Schuld bis auf $^1/_5$ des ursprünglichen Betrages amortisiert, so kann ein neues Darlehen auf das Grundstück gewährt werden.

Die kurzfristigen Darlehen werden auf 1—3 Jahre, von einer Bank, der Moskauer Agrarbank, auch auf $^1/_2$ Jahr gewährt und in bar gegeben. Die Mittel für diese Darlehen dürfen nicht durch Pfandbriefausgaben beschafft, sondern müssen aus den flüssigen Mitteln entnommen werden. Den

[1] V. S. d. G. III, Nr. 3668.

Schätzungen wird der Reinertrag zugrunde gelegt. Einige Banken haben besondere Bestimmungen über die Schätzungen von industriellen Unternehmungen. Der Darlehnsuchende hat den Wert anzugeben, eine Abschätzungskommission, deren Mitglieder von der Generalversammlung auf 3 Jahre gewählt werden, prüft und berichtigt die Angaben.

Die langfristigen Darlehen werden in Pfandbriefen ausgezahlt, die die Darlehnempfänger zum Nennwert annehmen müssen. Die Zins- und Amortisationsbedingungen der Pfandbriefe müssen denen der Darlehen entsprechen; der Gesamtbetrag der umlaufenden Pfandbriefe darf die Gesamtsumme der Darlehne nicht überschreiten und höchstens bis zum zehnfachen Betrag des Aktienkapitals und Reservefonds zusammen steigen. Zur Sicherung der Zinszahlungen muß ein Betrag, der 5 % der ausgegebenen Pfandbriefsumme entspricht, in Staats- oder vom Staate garantierten Papieren angelegt werden.

An der Generalversammlung können alle Aktionäre teilnehmen, Stimmrecht verleiht jedoch erst der Besitz von 10 Aktien; mehr als 5 Stimmen darf kein Aktionär besitzen.

Pfandbriefe. Die ersten Geschäftsjahre waren günstig. Die Charkower Agrarbank gewährte im Jahre 1872 bereits 15 Millionen Rubel Darlehen, die 10 Aktienbanken — die Saratow-Simbirsker Agrarbank begann erst 1874 ihre Tätigkeit — im folgenden Jahre 77 Millionen Rubel. Da Pfandbriefe in Kreditwährung nicht auf dem ausländischen Markt untergebracht werden konnten, brachte das starke Angebot der vielen neuen Papiere, das die Nachfrage bedeutend überstieg, ein starkes Fallen der Kurse auf dem nur in beschränktem Maße aufnahmefähigen russischen Markte mit sich; die 6 % Pfandbriefe notierten zu Beginn des Jahres 1874 unter 80 %. Um eine weitere Überschwemmung des Marktes zu vermeiden, trafen die Banken ein Übereinkommen, daß nicht mehr als 30 Millionen Rubel Darlehen im Jahre 1874 gewährt werden und demgemäß auch nicht mehr Pfandbriefe ausgegeben werden sollten. Tatsächlich wurden 1874 nur 11 Millionen Rubel Pfandbriefe emittiert. Das Übereinkommen wurde bis zum Jahre 1877 erneuert; die Kurse wurden durch den geringern Zufluß an Papieren gehoben und waren Ende des Jahres 1875 auf ungefähr 93—95 gestiegen; mit Ausnahme eines Rückgangs, der durch den Türkenkrieg (1877/78) verursacht war, hielten sie sich auf dieser Höhe bis 1885, erreichten dann pari und stiegen teilweise noch darüber. Einige Banken waren bereits zum 5 % Zinsfuß übergegangen. Am 1. Januar 1891 hatten die 10 Banken 263,30 Millionen Rubel 6 % und 117,69 Millionen Rubel 5 % Papierpfandbriefe und außerdem noch 0,79 Millionen Rubel 5 % Metallpfandbriefe im Umlauf, im ganzen also 380,99 Millionen Rubel Pfandbriefe in Kreditwährung. Mit Unterstützung der Staatsbank und eines Syndikats russischer

Banken und Bankers wurden die 6 % Pfandbriefe in 5 % konvertiert. Das weitere Steigen der Kurse veranlaßte unter Witte, als die $4^1/_2$ % Pfandbriefe über pari notierten, die Konversion der 5 %igen Papiere. Im Jahre 1898 wurde die Konversion von 418 Millionen 5 % Aktienbankpfandbriefe in $4^1/_2$ % genehmigt und mit Hülfe der Staatsbank diese Operation durchgeführt. Ein allerhöchst am 2. Juni 1898 [1] bestätigtes Reichsratsgutachten gestattete den Banken, ihre Pfandbriefe statt durch Verlosung durch Ankauf zu tilgen; die Tilgung muß aber den Amortisationszahlungen der Schuldner entsprechen. Pfandbriefe, die vor Erlaß dieses Ukases ausgegeben sind, müssen weiter durch Verlosung getilgt werden. Solange die Papiere über pari notierten, hatte diese Bestimmung natürlich keinen Wert für die Banken, als aber mit dem Beginn der Krise auch die Pfandbriefe stark am Kurs einbüßten, war dieses Recht für sie wertvoll.

Am 1. Januar 1905 hatten die 10 Aktienhypothekenbanken 1010,38 Millionen Rubel $4^1/_2$ % Pfandbriefe und 0,3 Millionen Rubel 5 % Metallpfandbriefe im Umlauf; auf die Moskauer Hypothekenbank entfielen hiervon 187,06, auf die Wilnaer 142,36 Millionen Rubel. Außer diesen beiden Banken hatten noch zwei mehr als 100 Millionen Rubel Pfandbriefe (Petersburg-Tulaer und Bessarabisch-Taurische Bank), 4 Banken zwischen 75 und 100 Millionen und eine nur 29,25 Millionen Rubel Pfandbriefe (Jaroslaw-Kostromaer Bank) im Verkehr.

Darlehen. Die große Anzahl der in so kurzer Zeit entstandenen Hypothekenbanken, die ihre Gelder beschäftigen mußten, machten sich gegenseitige Konkurrenz; verschiedene Banken suchten sich einander durch ihr Entgegenkommen gegenüber den Darlehnsuchenden, besonders durch hohe Schätzungen zu übertreffen; die Agenten der Banken durchzogen das Land auf der Jagd nach Gutsbesitzern, die ihre Güter noch nicht verpfändet hatten. Während es vorher den Landwirten an Kredit gefehlt hatte, wurden sie zu Anfang der 70er Jahre damit überschwemmt. Obgleich die Hypotheken im ganzen auf ungefähr 10—12 % zu stehen kamen, da die Schuldner den Kursverlust beim Abstoßen der Pfandbriefe zu tragen hatten, so waren diese Kredite doch noch sehr viel billiger, als die Landwirte sie sich sonst verschaffen konnten. Nur wenige der plötzlich erhaltenen Gelder wurden zu Meliorationen verwendet, zum großen Teil wurden sie in den Hauptstädten oder im Ausland verbraucht.

Mit den Zins- und Amortisationszahlungen gerieten die Gutsbesitzer sehr bald in Rückstand; da sich die Banken streng an ihre Satzungen hielten, mußten viele Güter zum Verkauf ausgeschrieben werden. Die Banken wurden durch die

---

[1] V. S. d. G. III, Nr. 15494.

Verluste, die sie dabei erlitten, vorsichtiger in der Abschätzung. Der russisch-türkische Krieg 1877/78 lähmte die Ausfuhr von Getreide durch die Schließung der südrussischen Häfen; dadurch gerieten die Landwirte in immer bedrängtere Lage, und die Verkaufsangebote von verpfändeten Gütern nahmen stark zu. Die Banken, die an ihre Satzungen gebunden waren, konnten den Schuldnern keine Erleichterung gewähren. Da gestattete ein Ukas vom 6. Juni 1877 [1] unter Finanzminister v. Reutern zuerst nur der Beßarabisch-Taurischen Bank, später auch den übrigen Banken, von den Verkäufen der Güter, deren Besitzer mit ihren Zahlungen in Verzug geraten waren, abzustehen.

Durch das Moratorium wurden vielen Landwirten, die sich nur vorübergehend in Notlage befunden hatten, ihre Güter erhalten, besonders da die Ernten der Jahre 1878 und 1879 gut und die Getreidepreise hoch waren. Nach Eröffnung der Adelsagrarbank im Jahre 1885 entging den Aktien-Hypothekenbanken die Kundschaft der adligen Grundbesitzer, die bei ihrer Standesbank außer dem billigern Kredit noch Vergünstigungen aller Art bekamen. Sie mußten ihre Kredite verbilligen; erst nach der Konversion war ihnen dies jedoch im größeren Maßstabe möglich. Nur das Land Nichtadliger und die städtischen Immobilien blieben ihrem Geschäftskreis erhalten. Noch vor der Gründung der Adelsbank hatten einige Banken erhebliche Beträge auf städtische Immobilien ausgeliehen; von im ganzen 248½ Million Rubel Darlehen, die im Jahre 1882 von den Banken ausgeliehen waren, waren 68 Millionen Rubel, also 27,3 % auf städtische Immobilien gegeben. Besonders hatte die Petersburg-Tulaer Agrarbank sich bei der Beleihung in Städten engagiert; sie hatte viele Bauten in Petersburg sehr hoch beliehen und mußte eine große Anzahl von ihnen übernehmen ohne sie rasch abstoßen zu können; einer neuen vorsichtigern Verwaltung, die 1882 gewählt wurde, gelang es, die Bank aus ihrer schwierigen Lage herauszubringen. Die Stadthypotheken nahmen nach 1882 im Verhältnis ab und betrugen 1891 nur 21,7 % aller Darlehen; später stiegen sie wieder, besonders seit 1897. Da für einige andere Banken die Hypotheken auf städtische Immobilien gefährlich geworden waren, bestimmte der Ukas vom 29. April 1902 [2], daß nicht mehr als ⅓ der gesamten Darlehen auf städtischen Besitz gegeben werden dürfe; die Banken dürfen jährlich nur ⅕ aller Darlehen auf Stadthypotheken ausleihen, bis die Geschäfte in Einklang mit den Bestimmungen des Gesetzes gebracht sind.

Am 1. Januar 1905 hatten die 10 bestehenden Banken

---

[1] V. S. d. G. II, Nr. 57451.
[2] V. S. d. G. III, Nr. 21366, I, Abs. 6.

langfristig 1004,52 Millionen Rubel ausgeliehen, davon 594,34 Millionen Rubel = 59,2 % auf Güter und 410,17 Millionen Rubel = 40,8 % auf städtischen Besitz. Die Moskauer Agrarbank und die Petersburg-Tulaer Agrarbank hatten mehr in Städten als auf dem Lande ausgeliehen, erstere nämlich 57,2 %, letztere 54,8 % ihrer gesamten Darlehen, so daß die Bezeichnung „Agrarbank" eigentlich nicht mehr zutreffend ist. Verhältnismäßig am stärksten an der Beleihung von Gütern waren die Wilnaer, die Nischni-Nowgorod-Samaraër und die Kiewer Agrarbank beteiligt. Am 1. Januar 1905 hatten die Banken ländliche Grundstücke im Besitz, auf die sie 0,22 Millionen Rubel, und städtische Grundstücke, auf die sie 5,18 Millionen Rubel vorgeschossen hatten; die Beleihung städtischer Grundstücke gestaltete sich also für sie viel gefährlicher. Kurzfristige Darlehen hatten sie in Höhe von 16,89 Millionen Rubel gegeben, von denen 3,89 Millionen Rubel auf die Moskauer Agrarbank und 3,88 auf die Wilnaer Agrarbank entfielen.

Aktienkapital und Reserven. Da die Banken höchstens bis zum zehnfachen Betrag ihres Aktien- und Reservekapitals Pfandbriefe ausgeben dürfen, so sahen sie sich genötigt, ihr Aktienkapital ständig zu erhöhen, um durch entsprechende Pfandbriefausgaben sich Mittel für ihre Operationen zu verschaffen. Innerhalb 9 Jahren hatte sich das Aktienkapital, das 1874 13 Millionen Rubel betragen hatte, verdoppelt. Um allzu rascher Vermehrung vorzubeugen, wurde durch Ukas vom 16. Oktober 1882[1] angeordnet, daß die Hälfte des Agios einem Sonderreservefonds zur Deckung etwaiger Verluste zugeführt werden sollte.

Am 1. Januar 1905 hatten die zehn Banken zusammen 71,23 Millionen Aktien- und 38,84 Millionen Rubel Reservekapital. Das kleinste Kapital hat die Jaroslaw-Kostromaër Bank (2½ Millionen Rubel), das größte die Moskauer Hypothekenbank (12½ Millionen Rubel).

Durch Reichsratsgutachten vom 29. April 1902[2] wurde den Banken befohlen, die Staats- und garantierten Wertpapiere, in denen sie einen Teil ihres Kapitals und den Reservefonds anlegen müssen, bei der Staatsbank oder deren Filialen zu hinterlegen. Am 1. Januar 1905 wiesen alle Banken zusammen 80,18 Millionen Rubel Wertpapiere in der Bilanz nach.

Mißwirtschaft. Einige Banken gerieten durch ihre Geschäftsführung in Schwierigkeiten. Die Saratow-Simbirsker Agrarbank ist ganz eingegangen und von der Adelsbank in deren Sonderabteilung liquidiert worden. — Mißwirtschaft bei der Wilnaer Agrarbank führte zum Ukas vom 9. Juli 1899[3],

[1] V. S. d. G. III, Nr. 1124.
[2] V. S. d. G. III, Nr. 21366, I, Abs. 9.
[3] V. S. d. G. III. Nr. 17417.

durch den ein vom Finanzminister im Einverständnis mit dem General-Gouverneur von Wilna ernannter Aufsichtsbeamter der Direktion der Bank beigegeben wurde. — Ein Eingreifen der Staatsbank machte sich auch bei der Charkower Agrarbank nötig. Der Direktor dieser Bank, Altschewsky, verpfändete die bei vorzeitiger Tilgung eingehenden Pfandbriefe bei andern Kreditanstalten und ließ das Geld hierfür der ihm nahestehenden Charkower Handelsbank auf Konto der Agrarbank überweisen; aus der Handelsbank entlieh er es auf seinen Namen und verwendete es zu industriellen Gründungen in Südrußland, besonders zur Finanzierung der Donez-Juriew Metallurgischen Werke. Während der Krise brach die Spekulation zusammen. Altschewsky beging Selbstmord. Die Handelsbank mußte liquidieren, während die Agrarbank gemäß dem Ukas vom 20. Juni 1901[1] von der Staatsbank 6 Millionen Rubel gegen Verpfändung ihres Wertpapierbesitzes erhielt. Unter der Leitung der Staatsbank wurde die Agrarbank saniert, die 6 Millionen Rubel Vorschuß wurden teils aus dem Reservefonds zurückgezahlt, teils durch Ausgabe neuer Aktien und Zuzahlung zu den alten aufgebracht. Um derartigen Schiebungen vorzubeugen, wurde durch ein allerhöchst am 29. April 1902[2] bestätigtes Reichsratsgutachten bestimmt, daß die flüssigen Mittel einer Aktien-Hypothekenbank nur soweit bei Privatbanken als Depositen oder auf laufende Rechnung eingezahlt werden dürfen, als diese Einlagen $^1/_{10}$ des Kapitals (Grund- und Reservekapital) der gebenden und $^1/_{10}$ des Kapitals der empfangenden Bank nicht übersteigen. Am 1. Januar 1905 wiesen die Bilanzen der 10 Aktienbanken zusammen 21,9 Millionen Rubel auf diesem Konto nach. — Auch die Moskauer Agrarbank bedurfte der Unterstützung der Staatsbank. — Bei einigen Banken kamen Unregelmäßigkeiten bei der Tilgung der Pfandbriefe vor; standen die Papiere unter pari, so wurden hauptsächlich die Pfandbriefe ausgelost, die die Direktion und ihr nahestehende Leute besaßen.

Staatsaufsicht. Diese Vorkommnisse veranlaßten eine Verschärfung der Staatsaufsicht. Durch Ukas vom 16. Oktober 1882[3] bereits war der Finanzminister ermächtigt worden, einer Bank die Ausgabe von Pfandbriefen zu verbieten, wenn sie unvorsichtig arbeitet und die Darlehen den Satzungen nicht entsprechen. Jedes einzelne Geschäft und jede Pfandbriefausgabe mußten vor Abschluß an die Kreditkanzlei im Finanzministerium zur Genehmigung eingesendet werden. Die Prüfung konnte nur eine formale sein. Durch Ukas vom 15. August

[1] V. S. d. G. III, Nr. 20410.
[2] V. S. d. G. III, Nr. 21366, I, Abs. 7.
[3] V. S. d. G. III, Nr. 1124.

1901[1] wurden Staatskommissare eingeführt, die nur teilweise die Funktionen der Zentralbehörde übernommen haben. Instruktionen für die Bevollmächtigten des Finanzministeriums bei der Hypothekenbank wurden am 28. Oktober 1900 erlassen. Die Staatskommissare werden von der Bank bezahlt, sie haben die Aufsicht über alle Geschäfte, sie können an den Sitzungen der Direktion, der Schätzungs- und Revisionskommissionen und an den Generalversammlungen teilnehmen, und müssen das Revisionsprotokoll unterschreiben. Vor jeder Pfandbriefausgabe müssen sie das Vorhandensein der vorschriftsmäßigen Deckung bescheinigen; sie brauchen dies nicht eigenhändig zu tun, sondern können es auf mechanischem Wege ausführen.

Alle Pfandbriefe werden in der Reichsdruckerei gedruckt und müssen vor der Drucklegung von der Aufsichtsbehörde genehmigt werden. Der größern Schutzbedürftigkeit der Pfandbriefinhaber Rechnung tragend, gab ein Reichsratsgutachten vom 29. April 1902[2] dem Finanzminister das Recht, wenn er es für nötig hält, für die Hypothekenbanken eine Revisionskommission zu ernennen, ohne daß eine Minderheit der Aktionäre — wie es bei den Handelsbanken vorgesehen ist — darum nachsucht.

Zu den Aktienhypothekenbanken ist auch die Zentralbank des russischen Bodenkredits zu zählen. Sie sollte die Kreditpfandbriefe, die auf dem russischen Markt nur niedrige Kurse erzielten, aufkaufen und dafür eigene Pfandbriefe in Metallwährung ausgeben. Diese sollten im Ausland untergebracht werden, das die Papierpfandbriefe nicht nehmen wollte. Man hoffte auch dadurch verhindern zu können, daß das Angebot kleiner Mengen Papiere einer Bank den Kurs drücke, wie es häufig geschah. Die Gutsbesitzer, die ihre Darlehen in Pfandbriefen erhielten, brauchten meist ihr Geld sehr rasch und suchten ihre Papiere sobald wie möglich zu verkaufen. Die Satzungen wurden am 6. April 1873[3] genehmigt. Das Aktienkapital sollte 15 Millionen Rubel in 60000 Aktien zu 250 Rubel betragen.

Die Bank durfte Pfandbriefe der russischen Aktienhypothekenbanken und der Städtischen Kreditgesellschaften erwerben und für den gleichen Betrag eigene Metallpfandbriefe ausgeben, deren Summe das zehnfache Aktien- und Reservekapital nicht übersteigen sollte. Die angekauften Pfandbriefe hatte sie bei der Staatsbank zu hinterlegen und noch für 12 Monate Zinsen und Amortisation der auszugebenden Metall-

---

[1] V. S. d. G. III, Nr. 20615.
[2] V. S. d. G. III, Nr. 21366, I, Abs. 4.
[3] V. S. d. G. II, Nr. 52098.

pfandbriefe. Die Aktionäre schossen 40% gleich, 20% im Jahre 1876 ein.

Die Bank erwarb im ganzen bis zum Jahre 1875 39,24 Millionen Rubel Kreditpfandbriefe und 5,33 Millionen Rubel 5½% Obligationen der Odessaer Städtischen Kreditgesellschaft und setzte dafür 44,25 Millionen Rubel 5½% und 5% Goldpfandbriefe im Ausland ab. Während in den ersten Jahren die Geschäfte gut gingen, kam die Bank durch das Sinken des Rubelkurses Ende der 70er Jahre in dieselben Schwierigkeiten, in die der Gegenseitige Bodenkreditverein gekommen war; der Zinsendienst der Metallanleihen kostete viel mehr, als die Kreditpfandbriefe und das Aktienkapital an Zinsen einbrachten. Wie der Bodenkreditverein, so wendete auch sie sich an die Regierung mit der Bitte um Hilfe. Finanzminister v. Reutern ließ 1877 die Staatsbank 15000 Aktien für 3 Millionen Rubel übernehmen, die als 4. Einzahlung galten. Statt der 5. Einzahlung sollte der Bank gemäß dem Ukas vom 22. Dezember 1878[1] ein 5%iger Vorschuß in der Höhe der Kursverluste aus der Staatskasse gewährt werden; in Wirklichkeit wurden aber die Verluste bis zum Jahre 1887, im ganzen 3½ Millionen Rubel, aus dem Aktienkapital gedeckt. Wyschnegradski veranlaßte die Zurückziehung des nicht ausgeführten Ukases vom 22. Dezember 1875, nach dem der Bank ein Vorschuß gegeben werden sollte; durch Ukas vom 30. Mai 1887[2] wurden der Bank 3,54 Millionen Rubel zur Deckung der Verluste und weitere 3 Millionen Rubel als Kapital aus der Staatskasse überwiesen. Im ganzen hatte sie also 9,54 Millionen Rubel vom Staat erhalten. Ihr war aber damit immer noch nicht geholfen, da die Verluste aus der Valuta fortdauerten. Es waren im Jahre 1894 noch 37,32 Millionen 5% und 5½% Pfandbriefe im Umlauf, deren Dienst halbjährlich 1,25 Millionen Rubel Metall erforderte; ihr Pfandbriefbesitz und der Rest ihres Kapitals erbrachten 1½ Millionen Rubel Kredit pro Semester; zu einem Kurs von 1 Rubel Gold = 1½ Rubel Kredit ergab die Differenz schon einen beträchtlichen Verlust im Jahr. Die Konversion der 6% Pfandbriefe der Aktienbanken in 5% fügten ihr einen weiteren Schaden zu. Im Jahre 1893 wendete sich die Gesellschaft abermals an die Regierung mit der Bitte um Beistand. Obgleich 1887 bei Überweisung der 6,54 Millionen Rubel erklärt worden war, daß keinesfalls eine weitere Unterstützung folgen werde, und die Bank nun auf eigenen Füßen stehen solle, kam Witte ihr abermals zu Hilfe. Mit Rücksicht auf den Kredit Rußlands im Ausland hielt er es für geraten, es nicht zu einem Krach kommen zu lassen, der doch

[1] V. S. d. G. II, Nr. 59149a (im Nachtrag).
[2] V. S. d. G. III, Nr. 4506.

immer Mißtrauen gegen russische Werte hervorgerufen haben würde; gerade vor der großen Währungsreform wäre ihm das ungelegen gekommen. Die 44,57 Millionen Rubel Pfandbriefe, die die Bank besaß, wären auch plötzlich auf den Markt geworfen worden, hätten die Kurse gedrückt und die Konversion der Pfandbriefe der Aktienbanken erschwert. Der Bank wurden 42½ Millionen Rubel 3% ewig steuerfrei, in 81 Jahren rückzahlbare Goldanleihe von 1894 II. Emission übergeben; dafür trat sie an die Staatskasse ihren Pfandbriefbesitz ab und zahlte noch 0,66 Millionen Rubel in bar. Mit Hilfe eines Syndikats ausländischer und russischer Banken wurden die 5% und 5½% Metallpfandbriefe unter günstigen Bedingungen für die Inhaber in die der Bank übergebene 3% Goldanleihe konvertiert, von der im ganzen 41,62 Millionen Rubel emittiert wurden; 1903 waren noch 40,36 Millionen im Umlauf.

—

Eine Vertretung haben sich die russischen Bodenkreditanstalten in dem Komitee des Kongresses der Vertreter der russischen Bodenkreditanstalten[1], das allerhöchst am 12. März 1876[2] bestätigt wurde, geschaffen. Dieses Komitee gibt eine Statistik über die Tätigkeit aller Agrarbanken (mit Ausnahme der Adelsagrar- und Bauernagrarbank) und über die Verschuldung des Grundbesitzes, getrennt nach ländlichem und städtischem, heraus; diese Statistiken sind in das Jahrbuch des russischen Finanzministeriums aufgenommen. Auf Grund ihrer geschäftlichen Wahrnehmungen stellen sie auch eine Bodenpreisstatistik auf[3]. Das Komitee wird von der Regierung zu Gutachten herangezogen; die Konversion der 6%igen Pfandbriefe der Aktienagrarbanken erfolgte nach einem Plane, der von dem Komitee ausgearbeitet war.

[1] Die österreichischen Landeskreditanstalten errichteten 1898 ein allgemeines Informationsbüro in Wien zur Förderung der gemeinsamen Tendenzen dieser Landesinstitute durch persönliche Fühlungnahme, durch in gemeinsamem Interesse unternommene Aktionen, durch Schaffung einer einheitlichen Statistik usw. (Satzungen sind abgedruckt bei Hecht: Der europäische Bodenkredit. Bd. I, Leipzig, 1900).

[2] V. S. d. G. II, Nr. 55693.

[3] Die Bodenpreisstatistik soll häufig nicht zutreffend sein. Besseres Material liefern die Notariatsakten, die die Grundbücher ersetzen, auf Grund deren das statistische Zentralkomitee seine Bodenpreiserhebung in den Jahren 1882 bis 1887 vornahm (vergl. Kollmann, die Kaufpreise des Grundeigentums im Großherzogtum Oldenburg, Tübingen 1895, S. 13 u. f.)

Zwölftes Kapitel.

Leihhäuser auf Aktien.

Neben den beiden staatlichen Lombarden entwickelten sich 12 Aktienlombarde, von denen der erste 1840 gegründet wurde; 4 sind in Petersburg, 4 in Moskau, 2 in Warschau, und je 1 in Odessa und Astrachan. Sie hatten am 1. Januar 1905 im ganzen 10,62 Millionen Rubel Aktienkapital, 6 von ihnen 1 Million Rubel und mehr. Ihre Reserven beliefen sich auf 1,98 Millionen Rubel. 2 von ihnen hatten Obligationen von zusammen 1,11 Millionen Rubel im Umlauf. An Vorschüssen hatten sie 19,76 Millionen Rubel auf bewegliche Habe und Wertsachen ausgeliehen. Außer zweien sind sie alle Mitglieder von Gegenseitigen Kreditgesellschaften. Die Gesellschaften arbeiten fast alle mit gutem Erfolg, manche verteilen bis 25 % Dividende. Die Aktien einiger Lombarde werden auch an der Börse gehandelt.

Die Aktienlombarde sind mit ihrem Kredit teuerer als die staatlichen und städtischen Leihhäuser; auf die 19,76 Millionen Rubel Darlehne nahmen sie im Jahre 1904 4,63 Millionen Rubel Zinsen = 23,5 % ein. Bei den städtischen Lombarden machten die Pfandzinsen 18 %, bei den beiden staatlichen Leihkassen 8,8 % der Darlehen aus. Der Reingewinn der Aktienlombarde war mit 1,79 Millionen Rubel im Durchschnitt 14,3 % des Aktien- und Reservekapitals; die zur Verteilung gelangende Dividende betrug für 1904 im Mittel 12,1 %. Je 100 Rubel Darlehen brachten 9,10 Rubel Reingewinn; bei den staatlichen und städtischen Leihhäusern warfen je 100 Rubel Darlehen 2,44 bezw. 3,65 Rubel ab. Die hohen Verwaltungskosten der Aktienlombarde werden von denen der städtischen Leihhäuser noch übertroffen; sie machten pro 100 Rubel Darlehen im Jahre 1904 bei den ersteren 9,35 Rubel, bei den letzteren 10,89 Rubel aus; bei den Leihkassen entfielen hierauf 1,51 Rubel.[1]

[1] Betschasnow, P., Lombarde in Rußland (Jahrbuch Rußlands 1906. Herausgegeben vom Zentral-Statistischen Komitee) Petersburg 1907.

Dreizehntes Kapitel.

Bankers.

Im alten Rußland waren die Klöster die Bankers gewesen [1]. Später erscheinen auch einige Firmen in den Hauptstädten. Als der erste Türkenkrieg die Aufnahme einer Anleihe nötig machte — früher hatte man die Klöster geschröpft — mußte man nach Holland gehen. Die erste Anleihe wurde von Raimond und De Smet-Amsterdam übernommen und zwar durch Vermittlung des Hofbankers Friedrichs, nach dessen Tod durch den Engländer Sutherland, der in Petersburg wohnte. Sutherland genoß großes Ansehen; er betrog aber die venetianischen Gesandten. Als er 6 Millionen fl. von der Regierung erhalten hatte, die er nach England überweisen sollte, führte er das nicht aus; als er gemahnt wurde, erklärte er den Bankrott und beging Selbstmord. Schuld an dem Zusammenbruch waren seine Beziehungen zur Kaiserin Katharina II; unter den Schuldnern Sutherlands waren die höchsten Würdenträger, Fürst Potemkin, Fürst Wjasemski, Graf Besborodkow, Graf Ostermann und auch der Großfürst Paul Petrowitsch. Die Schulden des Großfürsten und Potemkins wurden von der Staatskasse übernommen. Mit der Zunahme des Wohlstandes und der Entwickelung der Industrie nahmen auch die Bankhäuser zu. Aus einzelnen großen Handels- und Industrie-Firmen zweigten sich die Finanzgeschäfte zu besonderen Bankhäusern ab.

An Staatsanleihen hat sich zum ersten Mal das inzwischen eingegangene Haus Stieglitz & Co., Petersburg (bei den beiden 5 % Anleihen von 1854 und 1855, den sogenannten Stieglitzanleihen) beteiligt. Zur Zeit sind an größeren Bankhäusern in Rußland zu nennen H. Wawelberg, Petersburg; J. W. Junker & Co., Petersburg und Moskau; E. M. Meyer, Petersburg; Gebr. Dschamgarow (Armenier) Moskau; O. Chayes und R. Sonschein & Co., Odessa. Außer-

[1] Miljukow, Skizzen zur Geschichte der russischen Kultur. Petersburg, 1900. Bd. I, S. 118 (russ.).

ordentlich groß dagegen ist die Anzahl der kleinen Bankers, die neben dem Umwechseln von Serien und Kupons, der Börsenspekulation und der Versicherung der Losanleihen sich hauptsächlich mit dem Diskont von Wechseln beschäftigen, die sonst nicht unterzubringen sind. Dabei werden auf der Diskontnote offiziell nur 12 % Zinsen angesetzt; man stellt die Note aber auf ein früheres Datum aus, so daß 1/2 oder noch 1 mal so viel Tage berechnet werden. Dann gehen für Damno und Provision noch ein paar Prozent ab, und schließlich wird der Kunde mit später fälligen Kupons oder Serien bezahlt, so daß im ganzen ungefähr 30 % herauskommen. Einige dieser kleinen Bankers, besonders Moskauer, Warschauer und Odessaer verschaffen sich Kapital durch Akzepte, indem sie von ausländischen, meist Berliner Banken ihre Wechsel akzeptieren lassen und zum Privatsatz im Auslande begeben. Als Sicherheit dient meist ein Depot von Wertpapieren oder Wechseln, die bei der Höhe des Diskontsatzes natürlich nur eine geringe Sicherheit bieten. Die Wechsel werden meist vor Verfall umgetauscht, oder wenn sie von Berlin zum Inkasso versendet worden sind, vom Deponenten eingelöst. Die deutsche Reichsbank lehnte 1897 die Diskontierung dieser russischen Finanzakzepte ab. Aus dem Verkehr sind sie aber deshalb noch nicht verschwunden.

Seit 1884 die Moskauer Gesellschaft für Handelskredit, die 1872 für Del Credere Übernahme[1] gegründet worden war, geschlossen ist, bleibt dieser Geschäftszweig den Bankers vorbehalten, da sich die Aktienbanken nicht damit befassen.

Durch am 26. Juni 1889[2] allerhöchst bestätigtes Gutachten des Reichsrats wurde dem Finanzminister das Recht eingeräumt, den Bankers einzelne Geschäftsarten oder das ganze Geschäft zu verbieten, in welchem Falle er einen Liquidator bestellt. Auf die Betreibung verbotener Geschäfte wurden hohe Geldstrafen, für Rückfall sogar Gefängnisstrafe gesetzt.

Wie in Westeuropa, so wird auch in Rußland das Bankhaus von den Aktienbanken verdrängt. Eine Gesundung des Handels und der Geschäftsprinzipien, die häufig noch stark zum Betrug neigen (z. B. Fälschungen im Getreide-, im Pelzhandel), wird dem Kleinbanker einen Hauptteil seines Geschäfts, den Diskont von unsicheren Waren- und Reitwechseln, wegnehmen und ihn schließlich selbst ausschalten.

Der A r t e l s c h t s c h i k. Eine Eigentümlichkeit im Kassenwesen der russischen Banken und Geschäfte sei hier noch

---

[1] Das Del Credere-Geschäft ist eine Kreditversicherung. Gegen eine Provision, deren Höhe sich nach dem Risiko richtet, „steht“ der Provisionsempfänger „Del Credere“, d. h. er haftet für den Eingang einer Forderung bei Verfall, die bei ihm versichert ist.

[2] V. S. d. G. III, Nr. 6137.

angefügt. Der Kassierer zahlt nicht selbst aus und nimmt keine Zahlungen entgegen; er schreibt nur eine Empfangs- oder Zahlungsanweisung aus, die der Kassenkontrolleur gegenzeichnet. Auf diese Anweisung hin zahlt dann ein Artelschtschik das Geld aus bezw. nimmt es in Empfang. Der Artelschtschik ist Mitglied eines Artels[1], das sich am ehesten mit einer Genossenschaft vergleichen läßt, und das für ihn haftet. Mit der Buchführung hat er gar nichts zu tun; meist kann er jeden Augenblick den Bestand seiner Kasse angeben, da er auf einer ganz einfachen Rechenmaschine (ein Rahmen mit einigen Reihen beweglicher Kugeln), die in Rußland sehr weit verbreitet ist, die Ein- und Auszahlungen zu oder abzieht. Große Banken und Geschäfte haben mehrere Artelschtschiks. Auch die Kassenboten werden lediglich solchen Artelen entnommen.

[1] Das Artel ist eine Vereinigung unter sich gleichberechtigter Personen, die gemeinsame wirtschaftliche Zwecke verfolgen und solidarisch unter einander haften.

Das Wort Artel wird vom türkischen orta = Gemeinde abgeleitet, ist also nicht russischen Ursprungs. Im Süden hat die Verfassung des Saparoger Kosakenheeres das Muster für viele Artels abgegeben. Die Kosaken holten in Trupps Salz von den Tataren und verkauften es dann in der Ukraine (Grenzland) gemeinsam. Auch sonst zogen die Leute gemeinsam auf Erwerb aus, da es für den einzelnen zu gefährlich war; so bildeten sich Artele der Jäger, Fischer, Händler. Später entstanden auch Artele der Lastträger, Packer, Schauerleute, Dienstmänner usw. und Börsenartele, die Markthelfer und Kassendienste verrichten; es haben sich auch Bettler und fahrende Musikanten zu Artelen zusammengeschlossen.

Je nach dem Zweck, den sie verfolgen, treten die Leute nur für einige Zeit oder für unbestimmte Zeit zu Artelen zusammen. Die Mitglieder wohnen zusammen und führen unter Leitung eines Ältesten gemeinsame Wirtschaft. Die Arbeit nimmt das Artel an, das entsprechende Leute an die Arbeitsstelle sendet. Der Gewinn wird gleichmäßig verteilt. Verschiedene Artele haben eigenes Vermögen angesammelt und erheben von neu Eintretenden eine Aufnahmegebühr. Da die Mitglieder unter einander solidarisch haften und Schäden, die ein Artelschtschik einem Arbeitgeber zufügt, abarbeiten müssen, so nehmen die Artele nur Leute auf, deren Zuverlässigkeit sie kennen Das Artel hält auf Nüchternheit und sorgt im Krankheitsfall für seine Angehörigen und für Ersatz auf deren Arbeitsstellen. Es nimmt die Mitglieder, die ihre Arbeiten nicht ordentlich verrichten, die Blau machen usw. in Strafe, und stößt sie, wenn sie sich nicht bessern, ganz aus (vgl. Stieda: Die Artelle in Rußland [Jahrb. f. Nat. u. Stat. Neue Folge. Bd. 6], Grünwaldt, C.: Das Artelwesen in Rußland [Russische Revue. Bd. 4 u. 9.]).

IV. Kleinkreditanstalten.

Vierzehntes Kapitel.

Organisationen und Gesetzgebung.

Die ersten Darlehnskassen haben die Raskolniki[1] gehabt, die aus ihnen an bedürftige Gemeindemitglieder Vorschüsse zum Ankauf von Pferden und Geräten gaben. Im Gouvernement Bjälostok gab es ebenfalls Gemeindebanken, die zinslose Vorschüsse an hilfsbedürftige Gemeindemitglieder gewährten. In den Ostseeprovinzen wurden nach der Bauernbefreiung in der Zeit von 1816—1818 Gemeindekassen errichtet aus Strafgeldern, Überschüssen und Schenkungen. Der Gemeindevorstand verwaltete die Kasse, die Darlehen unter Bürgschaft gegen 6 % Zinsen gab. Im Jahre 1793[2] war bereits eine Bauernbank auf der Insel Oesel gegründet worden, die ihr Kapital aus dem Verkauf des Getreides der Kronmagazine erhielt. Sie gewährte Darlehen und unterstützte hilfsbedürftige Bauern.

Kommunalkassen Seit 1837 wurden auf den Apanagegütern der kaiserlichen Familie Kommunalkassen errichtet, die unverzinsliche Darlehen an Bauern auf 3 Jahre gaben. Wegen ihres bureaukratischen Betriebs hatten die bis 1861 eröffneten 122 Kassen geringen Erfolg.

Spar- und Hilfskassen. Nach dem Reglement von 1840 konnte bei jedem Wolost[3] eine Spar- und eine Hilfskasse für die Domänenbauern errichtet werden. Beide Kassen, die von einander getrennt gehalten werden mußten, unterstanden der Verwaltung der Staatsdomänen. Sie gaben Darlehen gegen 6 % an Bauern bis 60 Rubel auf 3 Jahre, an Gemeinden auf 16 Jahre. 1863 gab es 1726 Spar- und 2899 Hilfskassen; erstere hatten 3,3 Millionen Rubel Einlagen, letztere hatten

---

[1] Sekten, die sich seit dem 16. Jahrhundert von der Staatskirche (rechtgläubige, orthodoxe) abzweigten.

[2] V. S. d. G. I, Nr. 25714.

[3] Wolost ist die unterste Verwaltungseinheit, bestehend aus mehreren Gemeinden.

7,5 Millionen Rubel Vorschüsse gegeben. Da aber die Leute fast nie Zinsen gezahlt hatten, so ist die Hälfte der Summe auf aufgelaufene Zinsen zu rechnen. Die Verwaltung der Kassen war meist parteiisch, der Gemeindevorstand nutzte häufig seine Macht unrechtmäßig aus.

Dorfbanken. Für die Apanageguts- und Domänenbauern war die Hülfe nicht so nötig wie für die Bauern der Gutsbesitzer. Nur vereinzelt waren für sie Anstalten errichtet worden. So hatte bereits 1777 der Moskauer Kaufmann Larin eine Summe ausgeworfen, von der in seinem Heimatdorfe Ljubutsch (Rjäsan) eine Bank errichtet werden sollte, die 1817[1] genehmigt wurde. Sie gab Darlehen an Bauern gegen 6 %. Über die Geschäfte sollte genau Buch geführt werden, und falls irgend eine Unordnung entstände, sollten die Bücher unverzüglich der Moskauer Universität zur Berichtigung gebracht werden.

Im Jahre 1820 hatte der Kriegsminister Graf Arkatschejew auf seinem Gut im Nowgorodschen Gouvernement für seine Bauern 10 000 Rubel für eine Bank gestiftet, die Spareinlagen annahm und Darlehen an arme Bauern zinslos, an wohlhabende gegen 6 bis 12 % gewährte.

Ein Ukas vom 25. Januar 1883[2] ordnete die Gründung von Dorfbanken an, für die im Jahre 1885 Mustersatzungen ausgearbeitet wurden. Das Grundkapital — mindestens 300 Rubel — kann aus den Überschüssen der Gemeinde, durch Schenkungen oder zinslose Darlehen von Semstwos oder Privaten gewonnen werden. Einlagen dürfen sie bis zur fünffachen Höhe ihres Kapitals annehmen und Vorschüsse nicht über 200 Rubel auf längstens 12 Monate gegen höchstens 12 % geben. Nach den Normalsatzungen wurden bis 1. Oktober 1903 863 Dorfbanken neu gegründet. Ihre Tätigkeit läßt sich schwer feststellen, da ihre Berichte, soweit sie überhaupt eingehen, unzulänglich sind. Am 1. Januar 1902 besaßen 582 Banken zusammen nur 3 Millionen Rubel eigenes Kapital und 5 Millionen Rubel Einlagen; sie hatten 8 Millionen Rubel Vorschuß gewährt.

Außerdem bestanden die Spar- und Hilfskassen weiter, von denen aus 596 Berichten für 1900 sich nur für 372 Kassen das Kapital auf 2,53 Millionen Rubel, die Einlagen auf 3,54 Millionen berechnen lassen.

Gemeindekassen in Polen. Bereits seit 1866 waren in den polnischen Gouvernements Gemeindekassen mit Hilfe von zinslosen Vorschüssen aus dem Kapital, das für gemeinnützige Bedürfnisse bestimmt war, gegründet worden. Wenn die Kasse aus dem Gewinne ein eigenes Kapital angesammelt hat, so muß der zinslose Vorschuß zur Errichtung neuer

[1] V. S. d. G. I, Nr. 26 924.
[2] V. S. d. G. III, Nr. 1336.

Kassen verwendet werden. Bis zum Jahre 1901 entstanden auf diese Weise 872 Kassen. Außer diesen waren 447 Kassen aus verschiedenen Mitteln errichtet worden, sodaß im ganzen 1319 in 1281 Gemeinden in Tätigkeit waren. Nur 4 Gemeinden hatten keine Kassen. Sie werden vom Dorfältesten und 2 gewählten Mitgliedern verwaltet; die Revision üben 3 gewählte Hofbesitzer aus. Sie unterstehen der Verwaltung der Bauernangelegenheiten, die die Kassen einmal jährlich durch einen Kommissar prüfen läßt.

Nach den Bestimmungen, die im Jahre 1884 für sie erlassen wurden, geben sie gegen Verpfändung von Land Darlehen an kleine Landwirte, die zu der Gemeinde gehören, auf 12 Monate in Höhe von 100—200 Rubel gegen 8 % Zinsen. Da sie keinen Personalkredit gewähren, haben sie für den ärmsten Teil der Dorfbevölkerung keine Bedeutung. Sie nehmen Einlagen und können die Einnahmen aus den Geldstrafen, welche die Gemeinde verhängt, den Kassen zuführen. Die 1319 Kassen hatten im Jahre 1902 8 Millionen eigenes Kapital und 15 Millionen Einlagen.

Seit 1873 wurden die Vorschuß- und Hilfskassen des Gouvernements Mohilew auf Veranlassung der Verwaltung errichtet. Sie geben jedem Glied der Gemeinde Vorschüsse bis 10 Rubel, für je weitere 20 Rubel muß ein Bürge gestellt werden. Im Jahre 1901 gab es 145 Kassen, die mit solchem Erfolg arbeiteten, daß sie ihr Kapital um das Vierfache vergrößert und auf 1 Million Rubel gebracht hatten.

Hier sind endlich noch drei Banken besonderen Typs zu erwähnen. Die Bank der Gräfin Branitzka im Dorf Bjälga Zerkow (Gouvernement Kiew). Die Gräfin hatte 1838 zur Verbesserung der Lage ihrer Bauern 285 700 Rubel bestimmt, aus deren Zinsen 1880 eine Bank mit 91 000 Rubel Kapital errichtet wurde. Sie gibt Vorschüsse unter Bürgschaft, zum Ankauf von landwirtschaftlichen Maschinen, sowie unter Verpfändung von Land, Waren, Wertpapieren und Produkten auf ½—25 Jahre gegen 6—12 %. Am 1. Januar 1900 hatte sie 210 000 Rubel eigenes, 6000 Rubel Reservekapital. — Die Alexander-Bauernbank in Sumsko wurde 1885 von J. H. Charitonenko durch Schenkung von 50 000 Rubel errichtet; sie untersteht dem Semstwo, das ihre Verwaltung ernennt. — Die Bank für Hausindustrielle (Kustare) des Semstwo von Perm[1] wurde 1893 eröffnet. Sie gibt Dar-

[1] Die Hausindustrie, die für Rußland mit seinen langen Wintern und teilweise wenig ertragreichen Böden sehr wichtig ist, hat eine besonders große wirtschaftliche Bedeutung für das Gouvernement Perm. Dort zählt man nach den Nachrichten für Handel und Industrie (Berlin,

lehen an einzelne Handwerker, die keine Arbeiter beschäftigen, unter Bürgschaft, sowie an Artele unter solidarischer Haft der Mitglieder. Den Aufsichtsrat ernennt die Semstwo-Versammlung; die Geschäfte führt die Verwaltung, bestehend aus 3 Mitgliedern. Ihr Kapital betrug am 1. Januar 1901 140000 Rubel.

Im Jahre 1903 haben 3 weitere Semstwos die Genehmigung erhalten, derartige Banken zu eröffnen.

Spar- und Leihgenossenschaften. Den ersten Versuch zur Einführung der Spar- und Leihgenossenschaft nach dem Muster der Schulze-Delitzschen Vereine in Deutschland machte der Gutsbesitzer Luginin auf seiner Besitzung Roschdestwensk im Gouvernement Kostroma. Nach vielen Mühen gelang es ihm, einige Bauern dahin zu bringen, eine Genossenschaft zu bilden, der er einen zinslosen Vorschuß von 1000 Rubel auf 10 Jahre gewährte. Die Satzungen dieser Genossenschaft wurden im Jahre 1865 [1] bestätigt. Die Bauern sahen in dem Unternehmen des Gutsherrn erst einen Versuch, die Verluste, die ihm die Bauernbefreiung gebracht hatte, wieder einzuholen; als aber den Mitgliedern am Schluß des Jahres ein Gewinn zufiel, wurde die Genossenschaft rasch beliebt. Eine zweite derartige Genossenschaft wurde im Jahre 1869 gegründet, die Spar- und Leihkasse in Fallin in Lifland, deren Satzungen am 21. März 1869 [2] bestätigt wurden. Gleichzeitig wurde der Finanzminister ermächtigt, im Einvernehmen mit dem Minister des Innern Spar- und Leihgenossenschaften nach dem Muster der beiden bestehenden zu genehmigen. Bis zum Jahre 1871 waren im ganzen 16 gegründet worden.

Die Satzungen der Kassen und der Genossenschaften waren ziemlich gleich. Bei beiden haften die Mitglieder unbeschränkt mit ihrem Vermögen im Verhältnis ihres Anteils, nur bei einigen bis zum zehnfachen Betrag desselben. Der Anteil, meist 50 Rubel, wird nach und nach eingezahlt. Mitglieder können Personen beiderlei Geschlechts, auch Artele werden. Die Genossenschaften geben Personalkredit bis zum $1\frac{1}{2}$fachen Betrag des Anteils, darüber hinaus muß Bürgschaft geleistet werden; der Höchstbetrag ist in den einzelnen

4. Oktober 1906) über 30 verschiedene Zweige der Hausindustrie, die etwa 12000 Arbeiter beschäftigt und jährlich gegen $4\frac{1}{2}$ Millionen Rubel umsetzt. Die Hausindustrie bildet das notwendige Hilfsgewerbe für die ackerbautreibende Bevölkerung und liefert der Fabrikbevölkerung das einzige Existenzmittel, wenn die Werke die Betriebe einstellen oder einschränken.

Das Wort Kustar = Hausindustrieller weist auf die Holzverarbeitung hin (Kustj = Strauch). Recht geschmackvolle, teilweise künstlerische Arbeiten sieht man im Kustarmuseum in Moskau, durch das der Verkauf der Waren organisiert werden sollte.

[1] V. S. d. G. II, Nr. 42598.

[2] V. S. d. G. II, Nr. 46879.

Satzungen verschieden festgelegt. Den Kassen ist eine Grenze der Vorschußhöhe nicht vorgeschrieben. Da sie so größere Geschäfte betreiben können, sind sie mehr in Städten errichtet; sie beschränken sich ausschließlich auf die drei baltischen Provinzen. Einige, deren Geschäftskreis einen sehr großen Umfang angenommen hatte, sind in Gegenseitige Kreditgesellsehaften[1] umgewandelt worden. Die Genossenschaften sind mehr auf dem Lande zu Hause. Beide dürfen Einlagen auch von Nichtmitgliedern annehmen bis zur Höhe des fünffachen Kapitals. 5 % des Reingewinns müssen zur Bildung eines Reservefonds verwendet werden. Verwaltung und Aufsichtsrat werden bei den Vereinen von der Versammlung gewählt, bei den Kassen besteht kein Aufsichtsrat.

Die Einführung der Spar- und Leihgenossenschaften war nicht leicht; Bauern, die erst ein Jahrzehnt von der Leibeigenschaft befreit, die nie zur Fürsorge erzogen waren, schlossen sich schwer zur Selbsthilfe zusammen; die Armut der Bauern war ein weiteres Hindernis. Auch suchten die ländlichen Wucherer, aus deren Klauen die Bauern durch die Genossenschaften befreit werden sollten, diese mit allen möglichen Mitteln zu vereiteln.

Zwei Broschüren, die im Jahre 1870 erschienen, forderten die Gouvernements- und Kreissemstwos auf, die Förderung des Kleinkredits in die Hände zu nehmen. Diese nahmen sich auch der Sache im Anfang mit großem Eifer an. Von 360 Semstwos unterstützten 67 Spar- und Leihgenossenschaften. Einige Semstwos beriefen Versammlungen der Leiter der Genossenschaften und unterwiesen sie in der Geschäftsführung. Ende der 1870er Jahre ließ der Eifer der Semstwos nach; die Hälfte der Genossenschaften war durch ihre Bemühungen entstanden.

Eine weitere Förderung erfuhr das Kleinkreditwesen durch die Moskauer Kaiserliche Landwirtschaftliche Gesellschaft. Auf Anregung des Fürsten Wassiltschikow setzte der aus Anlaß des Jubiläums der Gesellschaft Ende 1870 in Moskau tagende Kongreß der russischen Landwirte einen Ausschuß zur Untersuchung der Frage des Kleinkredits ein. Aus diesem ging das „Komitee für ländliche Spar- und Leihgenossenschaften und gewerbliche Genossenschaften bei der Moskauer Kaiserl. Landwirtschaftl. Gesellschaft“, das im September 1871 bestätigt wurde, hervor. Dieses Komitee arbeitete Mustersatzungen aus, die es verbreiten ließ. Es wendete sich auch an den Finanzminister mit der Bitte, den Genossenschaften Betriebsmittel zur Verfügung zu stellen, da die Bevölkerung zu arm sei, um sie sich selbst zu verschaffen. Darauf

[1] Diese sind Banken, für welche die ganze Bankgesetzgebung gilt, während die Genossenschaften nur die Anforderungen zu erfüllen haben, die an die Kleinkreditanstalten gestellt werden.

wurde die Staatsbank am 25. Februar 1872 angewiesen, den Genossenschaften auf 9 Monate Kredite zu eröffnen, wenn sie einen Rechenschaftsbericht bereits gegeben haben. Ende der 80er Jahre benützten diesen Kredit nur 200, 1901 nur 65 Genossenschaften.

Das Komitee gab ein Handbuch zur Anleitung für die Gründung von Genossenschaften heraus, und ließ die Satzungen und Gesuche an den Finanzminister drucken, sodaß sie nur unterschrieben zu werden brauchten; ferner ließ es eine Anweisung für Buchhaltung und Rechnungswesen ausarbeiten und sendete an die bestehenden Genossenschaften Rechenschaftsberichtsformulare. Durch die Bemühungen des Komitees, das von der Regierung einen Zuschuß erhielt, wurden viele Genossenschaften gegründet.

Auch die jüdische Kolonisations-Gesellschaft, die im Jahre 1896 gegründet wurde, um den Ackerbau unter den Juden zu verbreiten und die Lage der jüdischen Landwirte zu heben, hat sich an der Gründung von Spar- und Leihgenossenschaften beteiligt. Die Gesellschaft hat ihren Sitz in Paris, in Petersburg gibt es ein Zentralkomitee; sie verfügt über große Mittel. Unter den jüdischen Siedlungen im Nordwestgebiet, die in den Jahren 1836 bis 1853 durch die Regierung auf Kronland entstanden, suchte die Gesellschaft erst einen Zusammenschluß zustande zu bringen. Die ersten Spar- und Leihgenossenschaften wurden im Gouvernement Minsk im Jahre 1901 ins Leben gerufen; sie geben den Kolonisten Maschinen auf Abzahlung, Saatgut, künstlichen Dünger und auch bares Geld. Es sind eine Reihe Genossenschaften vorbereitet worden, doch erhielten nur einige von ihnen die Bestätigung.

Im Jahre 1896 wurden Mustersatzungen für die Spar- und Leihgenossenschaften erlassen, und die Gründungen nahmen darauf etwas zu. Bis zum 1. Januar 1903 waren 884 Genossenschaften eingegangen oder genehmigt, aber nicht in Tätigkeit getreten. Die Bauern haben selbst sehr häufig als Grund des Eingehens angegeben: „Weil keiner von uns lesen kann.“ Am 1. Januar 1905 gab es 934 Genossenschaften mit 370000 Mitgliedern. Das Anteilskapital betrug bei 885 Genossenschaften 13,45, der Reservefonds 3,37, die Einlagen 30,32 Millionen Rubel, ausgeliehen hatten sie 47,61 Millionen Rubel.

Manchmal bekommen die Dorfwucherer die Genossenschaften in ihre Hände und benutzten das bei der Genossenschaft erhaltene Geld zum Wuchern; dann bringt die Genossenschaft nur Unheil statt Segen. Derartige schlechte Erfahrungen haben viele zu Gegnern der Spar- und Leihgenossenschaften gemacht [1].

---

[1] Auch bei sonstigen genossenschaftlichen Einrichtungen haben sich derartige Mißbräuche herausgestellt. So gründen zum Beispiel die

Kreditvereine. Durch den Ukas vom 1. Juni 1895[1] wurde eine neue Art Kleinkreditanstalten geschaffen, die Kreditvereine. Sie erhielten ihr Kapital nicht durch die Einzahlungen der Mitglieder, wie die Spar- und Leihgenossenschaften, sondern durch die Staatsbank oder durch freiwillige Gaben einzelner Personen oder Körperschaften. Im folgenden Jahre wurden zwei Mustersatzungen für sie herausgegeben; die einen waren für Kreditvereine im allgemeinen, die andern für solche, die durch die Staatsbank errichtet werden, bestimmt. Am 1. Oktober 1906 hatten 1084 Kreditvereine, von denen die meisten von der Staatsbank, einige von den Semstwos ins Leben gerufen waren, 2,47 Millionen Kapital, 7,03 Millionen Einlagen und 3,58 Millionen geliehen und 11,99 Millionen Rubel Vorschüsse gegeben.

Einen ganz lokalen oder ständischen Charakter haben die Leihkassen der Steppengebiete (Baschkiren und Kirgisen), die Leihkassen für das Kosakenheer und die Leihkassen des Turkestangebietes.

Verbände. Durch Ukas vom 21. April 1901[2] wurde der Berdjansker-Verband der Spar- und Leihgenossenschaften und Kreditvereine bestätigt; er umfaßt die Genossenschaften der Krim, wo sie besonders entwickelt sind[3]. Zugleich wurde der Finanzminister ermächtigt, nach den Satzungen dieses Verbandes weitere zu bestätigen. Die Verbände haben bis jetzt nicht die Befugnis, den Geldausgleich zwischen den einzelnen Kassen zu übernehmen. Es ist jedoch beabsichtigt, ihnen die Annahme von Einlagen und Gewährung von Darlehen an Genossenschaften zu gestatten, wodurch sie die Funktionen von Zentralkassen übernehmen würden.

Verwaltung der Kleinkreditanstalten. So mannigfach die Kleinkreditanstalten waren, ihre Bedeutung und ihre Erfolge waren außerordentlich gering. Die Kommission für die Bedürfnisse der Landwirtschaft, die im Jahre 1902 eingesetzt wurde, beschäftigte sich auch mit der Frage des Volkskredits. Auf ihre Veranlassung wurde, um die Pflege des Kleinkreditwesens einheitlich zu gestalten, durch Ukas vom 7. Juni 1904 die Verwaltung der Kleinkreditanstalten[4] geschaffen, der alle Genossenschaften, Kassen und Vereine unterstellt wurden. Bis dahin hatten die Dorfbanken der Land-

bemittelteren Dorfgenossen eine Molkereigenossenschaft; sie haben es dann ganz in der Hand, die Milchpreise noch mehr zu drücken, als es früher der Fall war (vergl. Grünwaldt, Das Artelwesen in Rußland. Russische Revue. Bd. 9. S. 120).

[1] V. S. d. G. III, Nr. 11756.

[2] V. S. d. G. III, Nr. 19961.

[3] Totomjanz: Die Genossenschaftsbewegung in Rußland (Genossenschaftliche Volksbücher Nr. 3, Hamburg 1904.

[4] Gesetz über den Kleinkredit. Finanzbote 1904. Nr. 29. Tätigkeit der Verwaltung der Kleinkreditanstalten. Finanzbote 1907. Nr. 12.

wirtschaftsabteilung des Ministeriums des Innern unterstanden, die Kreditvereine der Staatsbank und die Spar- und Leihgenossenschaften der besondern Kanzlei für Kreditangelegenheiten im Finanzministerium. Diese „Verwaltung" setzt sich aus Gouvernementskomitees und einem Zentralkomitee zusammen. In letzteres entsenden alle beteiligten Ressorts Vertreter, nämlich die Ministerien des Innern, der Finanzen, des Kriegs, der Justiz, der Landwirtschaft und Domänen und die Staatskontrolle. Den Vorsitz führt ein Vertreter des Verwaltungsrats der Staatsbank, aus deren Gewinn die Kosten der Verwaltung gedeckt werden. Dieser Verwaltung wurde die Förderung des Kleinkredits übertragen; zugleich wurden neben den bestehenden Spar- und Leihgenossenschaften und Kreditvereinen noch ländliche Gemeindespar- und Leihkassen und Semstwo-Kleinkreditkassen geschaffen. Ein Entwurf von Satzungen über letztere ging den Semstwos zur Begutachtung zu. Am 14. September 1905 wurden die Mustersatzungen der Spar- und Leihgenossenschaften, am 5. Dezember 1905 die der ländlichen Gemeindespar- und Leihkassen und im Juni 1906 die der Semstwo-Kleinkreditkassen bestätigt, die von der Verwaltung ausgearbeitet worden waren.

Vom 1. September 1904 bis 1. Januar 1907 wurden 955 Kreditvereine genehmigt, die meist von der Staatsbank 1000 bis 2000 Rubel Kapital erhielten; 46 wurden von Semstwos unterstützt. Spar- und Leihgenossenschaften wurden während dieser Zeit 139 eröffnet, von denen 15 Darlehen von der Verwaltung als Grundkapital nahmen. Gemeinde-Spar- und Leihkassen wurden 67 errichtet, davon 54 auf Grund der Satzungen für Dorfbanken vom Jahre 1885. Semstwokassen für Kleinkredit wurden 15 bestätigt, von denen 7 von der Verwaltung Vorschüsse erhielten.

Nach den Angaben der Verwaltung hatten (in 1000 Rubel):

	Grund- u. Reserve-kapital	Ein-lagen	Ge-liehen	Aus-geliehen
1084 Kreditvereine, 1. Oktober 1906	2 481	7 037	3 586	11 999
885 Spar- u. Leihgenossenschaften, 1. Januar 1905	16 828	30 321	5 301	47 617
754 Dorfbanken, 1. Januar 1904	4 588	7 963		12 416
2497 Spar- und Hilfskassen, 1. Januar 1904	14 848	11 897		24 351
161 Kommunalkass. d. Apanagenbauern, 1. Januar 1904 . .	1 005	192		1 423
32 Kassen für die Kirgisen . .	96	—		70
92 Kassen für die Baschkiren .	671	5		406

Die „Verwaltung" unterstützte ferner die Herausgabe der „Chronik für Kleinkreditanstalten" und gab volkstümlich gehaltene Brochüren zur Belehrung der Bauern über den Nutzen der Kassen und die Einrichtung derselben heraus; sie förderte auch die Kongresse der Vertreter der Kleinkreditanstalten und suchte solche zu veranlassen.

Den Kleinkreditanstalten wurden dieselben Vorrechte verliehen, welche die Sparkassen genießen; ihre Einlagen wurden von der Kapitalrentensteuer, ihre Geschäfte von der Stempelsteuer befreit. Sie sollten mehr die Ersparnisse der kleinen Leute anziehen und diese nicht allein den Reichssparkassen zufließen lassen, die sie für Zwecke verwenden, die den Einlegern fern liegen. Die Verpflichtungen dürfen das Zehnfache des Kapitals nicht übersteigen; während bei den Aktienbanken die Verpflichtungen das fünffache nicht überschreiten dürfen, wurde ihnen, wie den Gegenseitigen Kreditgesellschaften, der zehnfache Betrag erlaubt, da angenommen wurde, daß sie ihre Schuldner besser kennen als die Großbanken, deshalb sicherer arbeiten, und die Einleger weniger Gefahr laufen.

Die Inspektion der Kleinkreditanstalten, die bis zum Jahre 1904 recht mangelhaft war, wurde durch das Gesetz verschärft. Die Staatsbank stellte jetzt ausschließlich für die Revision der Kleinkreditanstalten bestimmte Inspektoren an; im Jahre 1906 waren 82 tätig.

Beurteilung. Diese Kleinkreditanstalten, die gerade in Rußland so segensreich wirken könnten, stehen, so mannigfacher Art sie sind, zum großen Teil lediglich auf dem Papier. Hat auch die Zahl der Anstalten sowie deren Betriebsmittel und die von ihnen gewährten Darlehen zugenommen, besonders seit die Verwaltung der Kleinkreditanstalten geschaffen wurde, so ist der Erfolg doch bis jetzt als sehr gering zu bezeichnen. Spielt das bare Geld auch auf dem Lande eine ganz andere Rolle als in der Stadt, können dort schon wenige Rubel viel Gutes stiften, so ist nicht außer Acht zu lassen, daß ein großer Teil der Darlehen, die die Kassen auf der Aktivseite nachweisen, lediglich aufgelaufene Zinsen sind, während die Kapitale zum Teil überhaupt nicht zurückgezahlt werden; aus Mangel an Mitteln können die Kassen dann überhaupt keine Tätigkeit entfalten. Die Zeiten, die Rußland jetzt durchgemacht hat, waren allerdings wenig geeignet für die Entwickelung des Kleinkredits, und die Wirksamkeit der im Jahre 1904 geschaffenen Verwaltung kann nach den bisherigen Erfolgen nicht beurteilt werden.

Auf alle diese Kassen, besonders auf die Spar- und Leihgenossenschaften wurden die übertriebensten Hoffnungen gesetzt. Aber hält es oft schon in Deutschland bei seinem Schulzwang schwer, die geeigneten, genügend gebildeten Leute zu finden, die eine Genossenschaft leiten und die geringe notwendige Buchführung übernehmen können, so ist das noch viel mehr in Rußland der Fall, dessen Landbewohner zum größten Teil Analphabeten sind[1]. Einzelne Gutsbesitzer haben sich der Sache angenommen, und auch die Semstwos haben viel getan. Aber Bauern, die weder lesen, schreiben noch rechnen können, die jeglichem Fortschritt in der Betriebsmethode also fern stehen müssen, sind unsichere Schuldner; und so lange die Klassen, für die die Kleinkreditanstalten geschaffen sind, in tiefster Unbildung gehalten werden, ist ein Gedeihen derselben kaum möglich.

[1] Im ganzen Reich waren 78,9% aller Einwohner Analphabeten; läßt man die Städte unberücksichtigt, so waren 82,6% der ländlichen Bevölkerung des Lesens und Schreibens unkundig (vergl. Erste allgemeine Volkszählung im russischen Reich. 1897. Petersburg 1905).

V. Die Arbeitsteilung im russischen Bankwesen.

Fünfzehntes Kapitel.

Kreditbillete, Depositen, Kontokorrentguthaben.

Die Schaffung der Umlaufsmittel hat in Rußland mit ganz geringen Ausnahmen der Staat in die Hand genommen. Nicht nur die metallischen Umlaufsmittel, sondern auch die Papierumlaufsmittel wurden vom Staate geschaffen. Als das schwerfällige Kupfergeld einen Ersatz forderte, wurden im Jahre 1768 die Assignaten in Umlauf gesetzt, die anfänglich lediglich Geldzertifikate waren, da ihr Gegenwert in den beiden Assignatenbanken in Metall hinterlegt war. Bald aber wurden sie zum Kreditmittel für die Regierung, die einen größern Betrag in Umlauf setzte als dem Einlösungsfonds entsprach. Es wurde zuerst die Einlösung gegen Silber, dann auch die gegen Kupfer eingestellt, und damit waren die Assignaten Papiergeld geworden.

Im Jahre 1810 versuchte Rußland die Silberwährung einzuführen; aber zwei Jahre später bereits wurden die Assignaten zum gesetzlichen Zahlungsmittel zum Tageskurs erklärt. Erst 1839 wurde unter Finanzminister Kankrin der Silberrubel wieder zum alleinigen gesetzlichen Zahlungsmittel erhoben und den Assignaten ein fester Kurs gegeben, nämlich $3^1/_2$ Rubel Assignaten = 1 Rubel Silber; gleichzeitig wurde die Einlösung gegen Silber wieder aufgenommen. Von 1843 an wurden die Assignaten gegen die neugeschaffenen Staatskreditbillete und gegen Silber eingezogen.

Eine besondere Art Umlaufsmittel, die Depositenbillete, wurde im Jahre 1839 eingeführt. Diese Billete gab die Depositenkasse der Kommerzbank gegen Einlage von Metall aus; sie waren vollmetallisch gedeckt und jedereit einlöslich. Von 1843 an wurden sie wieder eingezogen.

Banknoten auf Grund von Hypotheken waren die Kreditbillete, die gemäß dem Ukas vom 1. Juli 1841 von der Staatsleihbank und von den beiden 1772 gegründeten Depositenkassen der Waisenräte ausgegeben wurden. Diese Kreditbillete waren $^{1}/_{6}$ in Bar, sonst durch die den 3 Banken verpfändeten Hypotheken und deren sonstige Aktiva gedeckt. Diese beiden letzten Arten von Umlaufsmitteln waren in der Hauptsache in Moskau und Petersburg im Verkehr.

Assignaten, Depositenbillete und Kreditbillete wurden von 1843 an von der Verwaltung der Staatskreditbillete gegen neue Staatskreditbillete umgetauscht. Der für den Umtausch nötige Betrag der Staatskreditbillete sollte bis zu $^{1}/_{6}$, die darüber hinausgehende Emission Rubel für Rubel in Metall gedeckt sein. Sie hatten Zwangskurs zur Parität mit dem Silber und waren jederzeit einlösbar. Sie waren vom Staate ausgegeben, welcher die $^{5}/_{6}$ des Betrags des Kontingents durch seinen Besitz sicher stellte. Die Kreditbillete waren also keine Banknoten, sondern einlösliches Papiergeld mit Zwangskurs. Durch den Krimkrieg wurden die Kreditbillete uneinlöslich.

Mit der Gründung der Staatsbank wurde dieser die Verwaltung der uneinlöslichen Staatskreditbillete übertragen. Sie waren auch jetzt keine Banknoten, denn die Bank verwaltete nur die Billete und gab sie nicht selbständig aus. Die Emission erfolgte noch immer für die Bedürfnisse der Staatskasse. Um dieser Vorschüsse während des Türkenkrieges (1877/78) machen zu können, erfolgte eine Kreditbillet-Emission, die als „zeitweilige“ bezeichnet wurde; diese Billete gab nicht der Staat, sondern die Bank aus, sie waren also Banknoten, die aber ebenfalls den Bedürfnissen des Staates dienten. Zur Befriedigung der Bedürfnisse des Handels und der Industrie wurden erst 1888 Kreditbillete emittiert, die Rubel für Rubel in Gold gedeckt waren.

Durch Wittes Reform wurden die Staatskreditbillete zu einlösbaren Banknoten, die bis zum Betrag von 600 Millionen Rubel zur Hälfte, darüber hinaus Rubel für Rubel in Gold gedeckt sein müssen.

Für Rußland spielen die Kreditbillete, die Noten der Staatsbank, eine größere Rolle als die Noten in den westlichen Staaten. Als Kreditmittel kommen sie nur für den Betrag von 300 Millionen Rubel in Betracht, da die Emissionen über 600 Millionen Rubel voll in Gold gedeckt sein müssen. Bei der geringen Menge der Umlaufsmittel spielen sie aber als solche eine große Rolle. Abrechnungswesen, Kassenführung, Scheckverkehr — also metallsparende Zahlungsmethoden — sind in Rußland noch verhältnismäßig sehr wenig ausgebildet. Durch die große Entfernung und den langsamen Gang des Handels im Reiche läuft das Geld auch weniger rasch um, es werden also verhältnismäßig mehr Umlaufsmittel gebraucht.

Seit die polnische Bank von der Staatsbank übernommen

wurde, hat diese als einzige Anstalt Noten ausgegeben, abgesehen von dem verhältnismäßig geringen Betrag, den die Russisch-Chinesische Bank emittiert hat, und der auf chinesischem Gebiete umläuft.

Es waren am 1. Januar 1905 im Verkehr;

	Stück	Prozent	Summe		Prozent
alte Noten	—	—	241 812	Rubel	—
1 Rubel	13 136 935	16,7	13 136 935	„	1,4
3 „	37 961 101	48,2	113 883 303	„	12,2
5 „	10 590 638	13,4	52 953 190	„	5,7
10 „	4 661 556	5,9	46 615 560	„	5,0
25 „	7 482 572	9,5	187 064 300	„	20,1
50 „	829 708	1,1	41 485 400	„	4,5
100 „	3 947 905	5,0	394 790 500	„	42,5
500 „	159 658	0,2	79 829 000	„	8,6
	78 770 073	100,0	930 000 000	Rubel	100,0

Den größten Betrag liefern die 100-Rubelscheine, nämlich 42,5 % des Umlaufs. Nicht unbeträchtlich ist jedoch auch die Summe der kleinen Noten. Dabei ist vielleicht kein Volk weniger geeignet, kleine Scheine im Verkehr zu haben, als das russische. Der Russe faltet gewöhnlich die Note so viele Male zusammen, wie es nur irgend geht. Da die Bruchstellen den Schmutz leichter annehmen als die glatten Flächen, werden die Scheine sehr leicht schmutzig; sie zirkulieren ja auch, da sie auf so kleine Beträge wie 1 und 3 Rubel lauten, anstelle der Silbermünzen beim ärmeren Volk; die großen Scheine werden wohl meist in Notentaschen, die kleineren aber mit dem Metallgeld zusammen im Geldbeutel getragen, werden also leichter schmutzig. Es sind eine große Menge Kreditbillete im Umlauf, bei denen man vor Schmutz kaum den Druck erkennen kann. Die Gefahr, die diese Scheine durch Krankheitsübertragung bieten, ist außerordentlich groß. Bei der großen Ausdehnung des Reiches und dem langen Umlauf der Noten — je kleiner sie sind, desto länger halten sie sich im Verkehr, je größer, desto eher kehren sie zur Ausgabestelle zurück — ist ein häufiger Umtausch der beschmutzten gegen neue nicht leicht zu ermöglichen.

Die Kreditbillete erfreuen sich einer großen Beliebtheit beim Publikum, das sie mit Diminutiven und Kosenamen benennt.

Die Kreditbillete der russischen Staatsbank sollen noch leichter zu fälschen sein als die der Bank von England; es kommen auch viel Fälschungen vor, die im Ausland abgesetzt und erst entdeckt werden, wenn sie an die Kassen der Staatsbank kommen. Die Revolutionäre haben dies mehrfach ausgenutzt; während der polnischen Erhebung wurden von den Aufständigen falsche Kreditbillete in Umlauf gesetzt; auch in den letzten Jahren soll dies mehrfach von den Revolutionären versucht worden sein. Sie erreichen dadurch zweierlei: sie schädigen den Kredit des Staates und verschaffen sich Mittel[1].

Neben diesen 930 Millionen Rubel Kreditbillets waren am 1. Januar 1905 683,6 Millionen Rubel Goldmünzen und 123 Millionen Rubel Silbermünzen im Umlauf (auf 143,98 Millionen Einwohner am 1. Januar 1905); über die Hälfte, nämlich 362,5 Millionen Rubel der Goldmünzen waren 5-Rubelstücke, von den Silbermünzen waren 93 Millionen 1-Rubelstücke und 29 Millionen ½-Rubelstücke. Seit 1897 ist der Verkehr mit Goldmünzen getränkt worden, der sie erst nicht nehmen wollte. Bis zum Jahr 1904 stieg das Gold im Verkehr bis auf 773,3 Millionen Rubel, während des Krieges nahm das Gold im Verkehr etwas ab, 1906 war es aber wieder auf 837,8 Millionen Rubel gestiegen.

Außer den Noten und dem Metallgeld sind noch Kupons und Schatzscheine (Serien genannt, weil sie in Serien ausgegeben werden) in großer Zahl als Zahlungsmittel im Umlaufe. Die Schatzscheine besonders sind als Zahlungsmittel sehr beliebt. Sie tragen 3 und 3,6 % Zinsen, haben etwa die Größe der deutschen Tausendmarkscheine und sind mit jährlichen Kupons versehen. Diese sind klein und sitzen am Stück, also nicht an einem besonderen Kuponbogen.

Die Serien sind in Stücken zu 50 und 100 Rubeln ausgegeben und müssen von den Staatsrenteien und der Staatsbank zu pari zuzüglich der Zinsen bis zum 1. des laufenden Monats in Zahlung genommen werden. Die Zinsen sind bei den 3,6 % Serien leicht zu berechnen; sie machen pro 100 Rubel und pro Tag 1 Kopeke aus. Die Serien sind, da sie Umlaufsmittel sind und Zinsen bringen, ein sehr bequemer Kassenbestand. Sie werden gerne bei Zahlungen verwendet, bei denen der Empfänger froh ist, überhaupt Geld zu bekommen; dann fehlen oft mehrere Kupons, die dem Zahler zu Gute kommen, da der Empfänger keinen Abzug machen kann, wenn er den Kunden nicht verlieren will. Die Verwendung der Serien und Kupons bei Zahlungen entspringt nicht allein dem Mangel an Zahlungsmitteln, sondern meist der kleinlichen Absicht, an der Zahlung etwas zu „reißen"; in Petersburg trifft man sie nicht so häufig wie z. B. in Moskau. Am 1. Januar 1905 waren ca. 250 Millionen Rubel

[1] Ende November 1907 wurde in Berlin ein Lager der russischen Revolutionäre entdeckt, in dem 19000 Bogen Papier gefunden wurden, wie es zur Herstellung von 3 Rubelnoten verwendet wird; aus dem Papier hätten sich 152000 Scheine, also fast ½ Million Rubel verfertigen lassen.

3 und 3,6 % Serien im Verkehr; nicht alle dienen jedoch als Umlaufsmittel, 40 Millionen z. B. waren im Besitz der Sparkassen.

Die Mittel der Handelsbanken, mit denen sie ihrer Hauptaufgabe, der Versorgung der gewerblich tätigen Welt mit dem nötigen Kredit, nachkommen, sind zweifacher Art: einmal sind es die eigenen Kapitalien, also das vom Staat, von den Städten, von den Aktionären oder von den Mitgliedern aufgebrachte Grund- oder Aktienkapital und der aus den Gewinnen gebildete Reservefonds, das andere Mal fremde Kapitalien, die Depositen und die Kontokorrentguthaben der Kunden der Banken. Am 1. Januar 1905 betrugen (in 1000 Rubel):

	Grund- u. Reservekapital	Depositen	Kontokorrentguthaben
bei der Staatsbank . .	55 000	52 917	245 919
„ 38 Aktienbanken .	269 434	274 224	612 285
„ 217 Gegenseitigen Kreditgesellschaften	45 660	110 795	123 410
„ 264 Stadtgemeindebanken[1]	44 980	87 414	21 458
	415 074	525 350	1 003 072

Es sind hier sämtliche Einlagen (ewige, ohne und mit Kündigungsfrist) und die Kontokorrentguthaben aller Art zusammengestellt, bei der Staatsbank jedoch die Guthaben der Regierung ausgelassen. Die Zahlen zeigen, daß die Aktienbanken, die jüngste Bankart, die größten Kapitalien zusammenfassen.

Der ersten Aufgabe der Banken, der Einsammlung der zeitweilig nicht verwendeten Kapitalien beim Publikum, stellen sich in Rußland viele Hindernisse entgegen. Der Kapitalreichtum des Landes ist nicht groß, die Bildung des Volkes ist verhältnismäßig niedrig, und der Sparsinn und die Fürsorge ist noch wenig geweckt. Die Verwendung der Schecks, die in England so ausgebreitet ist, und für die in Deutschland so eifrig Propaganda getrieben wird, ist im Privatpublikum noch sehr wenig ausgebildet.

Immerhin zeigen die $1^1/_2$ Milliarden Rubel Depositen und Kontokorrentguthaben der Banken neben den mehr als 1 Milliarde Rubel betragenden Sparkasseneinlagen, daß die gewerbsmäßige Kapitalzusammenziehung auch Rußland nicht fremd ist.

Bei den Hypothekenbanken spielen die eigenen Kapitalien gegenüber den fremden eine verschwindend ge-

---

[1] Die Stadtgemeindebanken sind hier mitgezählt, obgleich sie sowohl kurzfristigen wie langfristigen Kredit gewähren, da bei ihnen die Geschäfte ersterer Art überwiegen.

ringe Rolle; außer den Stadtgemeindebanken verschaffen sie sich alle durch Pfandbriefausgabe die für die Kreditgewährung nötigen Mittel. Es betrug am 1. Januar 1905 (in 1000 Rubeln):

	Pfandbriefumlauf
der Reichsadelsagrarbank	651 943
der Bauernagrarbank	417 754
10 Aktienbanken	1 010 689
29 städtische Kreditgesellschaften . .	793 634
Chersoner Landschaftsbank	150 989
Tifliser und Kutaïsker Adelsbank .	46 518
2 baltische Bodenkreditanstalten[1] . .	67 798
Polnischer Bodenkreditverein . . .	138 732
	3 278 057

Diese gewaltige Summe von über 3 Milliarden Rubel Pfandbriefe ist zum weitaus größten Teil in Rußland untergebracht; nur ein Teil ist ins Ausland gegangen. Die Grundkapitale und Reservefonds der verschiedenen Banken machen etwa 265 Millionen Rubel aus.

[1] Die Angaben beziehen sich auf die lifländische und estländische adlige Bodenbank. Die Bilanz der kurländischen, sowie die der Alexander Adelsbank in Nischni-Nowgorod waren mir nicht zugängig; sie erscheinen nicht im Jahrbuch des Finanzministeriums und nicht in der Beilage des Finanzboten (Jahrgang 1904, 1905 und 1906), die etwa dem Zentralhandelsregister des deutschen Reichsanzeigers entspricht.

Sechzehntes Kapitel.

Wechseldiskont, Lombard, Spezial-Kontokorrent, Emissionsgeschäft.

Der Wechseldiskont. Der Wechsel spielt in kapitalreichen Ländern, in denen die Käufer weniger den Kredit in Anspruch nehmen, in denen Barzahlung sich eingebürgert hat, und Schecks und Überweisungen gebräuchlicher sind, eine geringere Rolle als in Rußland. Im Verhältnis werden dort mehr Geschäfte durch Wechsel geregelt als im Westen. Die längeren Fristen, die in Rußland — mit infolge der großen räumlichen Ausdehnung — gewährt werden müssen, vermehren das Wechselmaterial beträchtlich. Wenn in Deutschland ein Kaufmann gegen 3 Monate Ziel kauft und für die Lieferungen auf sich ziehen läßt, so laufen gleichzeitig halb soviel Wechsel auf ihn um wie auf einen russischen Kaufmann, der beim gleichen Umsatz 6 Monatswechsel gibt; 6 Monate Frist sind aber in Rußland gebräuchlich, häufig müssen noch längere Fristen gewährt werden. Die Möglichkeit, einen Wechsel diskontieren zu können, spielt also in Rußland eine große Rolle. In welchem Maße kommen nun die einzelnen Bankarten für dieses Geschäft in Frage? Es belief sich der Wechselbestand am 1. Januar 1905 (in 1000 Rubel) bei

		Prozent
der Reichsbank	171 799	17,2
den Aktienbanken	619 912	62,0
„ Gegenseitigen Kreditgesellschaften	139 937	14,0
„ Stadtgemeindebanken	68 213	6,8
zusammen	999 861	100

Außer den Banken kommen als Diskonteure noch die großen Handelsfirmen in Betracht, die ihren Kunden Wechsel diskontieren.

Früher hatte die Staatsbank fast ebensoviel Wechsel im Portefeuille wie die Privatbanken; noch am 1. Januar 1896 hatte die Staatsbank 168,4, die Aktienbanken 204,6 Millionen Rubel Wechsel im Bestand. Wie in den westeuropäischen Ländern so zeigt es sich auch in Rußland, daß die Bedeutung der Zentralbank für das Wechselgeschäft im Rückgang begriffen ist, und zwar liegt der Hauptgrund hierfür in der Erstarkung der Aktienbanken. Durch Depositenzufluß haben diese ihre Betriebsmittel stark vermehrt, während die Staatsbank mit ihren in der Hauptsache gleichbleibenden Mitteln die anschwellenden Bedürfnisse nicht befriedigen kann und anderen Banken gegenüber weiter darin zurücksteht, daß diese in Verbindung mit dem Wechsel- einen umfangreichen Kontokorrentkredit gewähren. Wie aus einer Mitteilung der Staatsbank an die Presse aus dem Jahre 1900 hervorgeht, beruht diese Erscheinung z. T. aber auch darauf, daß die Aktienbanken feine Wechsel unter der offiziellen Rate diskontieren; für die Staatsbank liege keine Veranlassung vor, durch Unterbietung den Privatbanken Konkurrenz zu machen. Groß kann dieser Diskont zu niederer als der offiziellen Rate nicht sein, von der die Staatsbank, wie verlautet, nicht abweicht. Wird der Anteil der Staatsbank am Gesamtdiskont auch geringer, so ist deren Stellung auf dem Wechselmarkt doch bedeutend, da sie, wie man hört, die einzelnen Banken in der Höhe des Diskontkredits, den sie einzelnen Firmen gewähren, direkt beeinflußt. Der Privatdiskont spielt an der Petersburger Börse eine geringe Rolle; man kann ihn nicht eigentlich als Verbindungsglied zum zwischenländischen Kapitalmarkt bezeichnen. Die sehr bedeutenden Summen, die namentlich Deutschland gegen Wechsel hergibt, werden vielmehr durch unmittelbare Kundschaftsverhältnisse zwischen russischen und deutschen Banken flüssig gemacht, und zwar werden die Wechsel meist nicht diskontiert, sondern in Depot genommen.

Das Lombardgeschäft. Im Lombardgeschäft hatten die verschiedenen Banken am 1. Januar 1905 folgende Summen angelegt (in 1000 Rubeln):

	gegen Wertpapiere	Prozent	gegen Waren und Warendokumente	Prozent
Staatsbank	29 929	31,2	51 336	55,7
Aktienbanken[1] . .	45 377	47,3	33 897	36,8
Gegenseitige Kreditgesellschaften .	12 033	12,6	4 618	5,0
Stadtgemeindebanken	8 507	8,9	2 272	2,5
Summe	95 846	100	92 123	100

Außer diesen Summen kommen für die Aktienbanken hier noch die Kredite gegen Sicherstellung, 1. durch Wertpapiere und 2. durch Waren und Warendokumente in Betracht; die ersteren[1] beliefen sich auf 50,12 Millionen Rubel, die letzteren auf 137,60 Millionen Rubel.

[1] Soweit die Beträge für Wertpapiere und Waren und Warendokumente in den Bilanzen getrennt sind.

Bei der Staatsbank und den Aktienbanken überwiegt der Warenlombard, während bei den übrigen der Wertpapierlombard die größere Rolle spielt und zwar um so mehr, je geringer die Kapitalien der Banken sind. Der Warenlombard gestaltet sich dadurch, daß die Waren sicher untergebracht werden müssen, sehr schwierig, während für die verpfändeten Wertpapiere andere als in der Bank schon vorhandene Räume nicht nötig sind. Für die Beleihung von Getreide kommen noch besonders die Eisenbahngesellschaften in Betracht, denen diese Geschäfte durch die Ukase vom 14. Juni 1888 und 24. Januar 1889 [1] gestattet wurden. Den Eisenbahngesellschaften wurde weiter im Jahre 1890 gestattet, im Ausland Agenturen für den Verkauf von Getreide einzurichten.

Neben den Eisenbahnen sind die Handelsbanken besonders an der Beleihung von Getreide beteiligt. Infolge des scharfen Wettbewerbs kamen die Banken ihren Kunden immer mehr entgegen; sie beliehen das Getreide immer höher und beliehen noch im Transport begriffene Getreidepartien, natürlich mit hohen Zinsen und gutem Gewinn. Durch dieses weite Entgegenkommen zogen die Banken einen neuen Schlag Exporteure groß, da nur ein ganz geringes Kapital zum Beginn eines Geschäftes nötig ist. Anstelle der großen, hochanständigen Weltfirmen wie Raffalowitsch, Ernest Maß, Rodokanaki & Co. in Odessa, die liquidiert haben, traten kleine Händler, die den südrussischen Getreidehandel in den schlechten Ruf gebracht haben, in dem er jetzt mit Recht steht. Das Getreide wird absichtlich von ihnen mit Spreu, Trespen, Sand untermischt, die Lieferungen in der Qualität weit unter den Proben gehalten, die Termine werden nicht berücksichtigt. Die Geschädigten können ihnen nicht beikommen, da diese Exporteure nichts zu verlieren haben und leichten Herzens den Bankrott erklären. Die Getreidekontrollen, welche von dem Börsenkomitee in Odessa und Nikolajew ausgeübt werden, um das Vertrauen zum russischen Getreidemarkt wieder zu heben und den Betrügereien wenigstens etwas zu steuern, haben bis jetzt nur einen geringen Erfolg zu verzeichnen.

Hier hat der reichliche Lombardkredit, den die Banken gewährten, schädlich nicht nur für den Handel, sondern auch für die Produzenten gewirkt, die auch unter der Unreellität des russischen Getreidemarktes zu leiden haben.

S p e z i a l k o n t o k o r r e n t (o n c a l l). Da, wie bereits bei Besprechung des Postens Nr. 7 der Aktivseite des Staatsbankausweises ausgeführt ist, die russische Effektenbörse das Termingeschäft nicht kennt, so ist das spekulierende Publikum auf den Kassekauf unter gleichzeitiger Lombardierung der gekauften Papiere angewiesen. Es wiesen am 1. Januar 1905 (in 1000 Rubeln)

---

[1] V. S. d. G. III, Nr. 5348 u. 5727.

			Prozent
die	Reichsbank	89 755	19,6
„	Aktienbanken	303 097	66,1
„	Gegenseitigen Kreditgesellschaften	63 413	13,8
„	Stadtgemeindebanken	2 187	0,5
	zusammen	458 452	100

auf diesem sogenannten Spezialkontokorrent ausgeliehen in den Bilanzen nach. Die Aktienbanken sind an diesem Geschäfte am stärksten beteiligt, von den Gegenseitigen Kreditgesellschaften kommen in größerm Maßstab nur die hauptstädtischen hierfür in Betracht. Die Stadtgemeindebanken haben nur einen ganz verschwindend geringen Anteil daran.

Das Effekten- und Emissionsgeschäft. Ziemlich undurchsichtig ist das Emissionsgeschäft in Rußland gehalten, und das liegt im Wesentlichen an der Organisation der Aktienhandelsbanken, die neben den Privatbankers hierfür lediglich in Frage kommen. Die Banken sind als Depositenbanken gegründet, sie sollen ihre Mittel im Wechsel- und Lombardgeschäft arbeiten lassen und nur freie Summen in Wertpapieren anlegen, außer den garantierten Papieren, die sie für den Reservefonds erwerben müssen. Die Banken vermeiden deshalb zumeist, offen als Emissionsbanken aufzutreten. Sie übernehmen zwar die Aktien, suchen sie aber, soweit sie nicht rasch an die Kundschaft abgestoßen werden können, vom eigenen Wertpapierenkonto herunter zu bringen; die Papiere werden deshalb auf den Namen eines Aufsichtsratsmitglieds überschrieben und erscheinen dann auf dem Lombardkonto oder auf dem Kontokorrentkonto, sichergestellt durch Wertpapiere. Die Einführung an der Börse erfolgt dann, wenn das erste Jahr verflossen und die erste Bilanz im amtlichen Finanzboten abgedruckt ist. Da auch hierzu ein Prospekt über das Unternehmen nicht nötig ist, aus dem man etwas über die Gesellschaft ersehen könnte, so geschieht die ganze Emission im Dunkeln, sicher nicht zum Vorteil des Publikums, das sich allerdings ja öfters auch durch verlockende Prospekte täuschen läßt. Einige Bankhäuser haben dem Mangel an Öffentlichkeit bei der Emission abhelfen wollen und haben Prospekte veröffentlicht, doch kamen sie davon wieder ab, da die Aktienbanken ihnen nicht folgen konnten.

Ehe eine neugegründete Gesellschaft ihre Tätigkeit beginnen kann, muß das Grundkapital bei der Staatsbank eingezahlt sein. Wenn die Gründer nicht das volle Kapital haben, so schießt ihnen eine Bank die fehlende Summe auf einige Tage für die Einzahlung bei der Staatsbank vor. Die Versammlung beschließt dann, das Geld abzuheben und zahlt es der Bank zurück, die die Aktien sofort beleiht.

Siebzehntes Kapitel.

Der kurzfristige ländliche Kredit.

Verschieden von dem kaufmännischen Kredit ist der kurzfristige Kredit, den Gutsbesitzer und Bauern genießen. In der Hauptsache muß er noch aus Privathand gedeckt werden. Nur 6 Gegenseitige Kreditgesellschaften dienen vornehmlich dem ländlichen kurzfristigen Kredit; davon sind 4 von Gutsbesitzern, 2 von Bauern errichtet; je eine befindet sich in Moskau, Witebsk und Tiflis, 3 in Kreisstädten. Nur die Tifliser ist 1895, die 5 anderen sind erst in den Jahren 1903 und 1904 entstanden. Meist betreiben die Landwirte, die sie errichteten, auf ihren Gütern Nebengewerbe. Den 13 von Kreissemstwos ins Leben gerufenen Gegenseitigen Kreditgesellschaften gehören ebenfalls Landwirte als Mitglieder an, die dementsprechend bei ihnen Kredit genießen.

Kurzfristiger Kredit wird den Gutsbesitzern auch von der Staatsbank seit dem Jahre 1884 gegen Hinterlegung von Solawechseln und gleichzeitiger Verpfändung von Immobilien auf 9 Monate gegeben. Dieses Geschäft, das wegen der geringen Pünktlichkeit der Landwirte im Zahlen schlecht in den Aufgabenkreis einer Notenbank paßt, nahm erst rasch zu, ist aber seit 1897 im Rückgang begriffen. Zum Ankauf von landwirtschaftlichen Maschinen gewährt die Staatsbank ebenfalls Darlehen. In unserem Ausweis (S. 30) erscheinen die beiden Posten mit 8,25 Millionen bzw. 0,77 Millionen Rubel. Den Aktienbanken und Gegenseitigen Kreditgesellschaften wurde durch Ukas vom 11. Mai 1898 ebenfalls gestattet, gegen Solawechsel Darlehen an Landwirte zu geben; der neue Entwurf der Normalsatzungen der Stadtgemeindebanken sieht auch für sie diese Kredite vor.

Kurzfristiger Kredit für die Bauern. Zum Ankauf von Land leiht die Bauernbank dem Bauern Mittel, er bedarf jedoch noch weiterer Mittel, um Land zu pachten. Nach Karysschew[1] sind 30 Millionen der Bauernbevölkerung an der Pacht von Staats- und Privatland interessiert, und 50 Millionen Deßjatinen beträgt die Fläche des gepachteten Landes. Allerdings herrscht nur z. T. Geldpacht, z. T. bezahlt der Bauer in Getreide oder durch Arbeit. Die Zahlung der Pacht bringt Kreditbedürfnisse mit sich. Andere Kreditbedürfnisse entstehen durch Mißernten und Krankheiten; der Bauer muß im Herbste nach der Ernte zu niedrigen Preisen alles Getreide veräußern und im Frühjahr zu sehr viel höhern das Saatgut wieder kaufen. Die Pachten vermittelt oft ein Mittelsmann, der den Bauern die Pacht stundet, dafür aber hohe Zinsen nimmt. Kaufleute, Händler und Dorfgenossen geben dem Bauern Vorschüsse. Die Zinsen steigen bis zu 1000 %. Bekannt ist die Form, daß der Bauer pro Rubel und Woche 1 Kopeke zu zahlen hat, das sind 52 % im Jahre; manchmal sind es auch bis 5 Kopeken pro Woche, dann steigt der Zins bis 260 %. Oder der Händler gibt einen Vorschuß und bedingt sich aus, daß der Schuldner ihm nach einiger Zeit Getreide oder Vieh 1/4 unter Marktpreis verkauft. Es kommt auch vor, daß der Wucherer das Inventar oder das ganze Anwesen kauft, der Schuldner es aber in Nutzung behält und es wieder zu Eigentum bekommt, wenn er die Schuld bis zum Termin zurückbezahlt. Ein großer Teil der Darlehen wird in ein von der Wolostverwaltung geführtes „Buch der Geschäfte und Verträge" eingetragen. Die Höhe der Zinsen ist aus den Eintragungen meist nicht ersichtlich; es geht aber aus ihnen hervor, daß bei dem größten Teil der Darlehen keine Frist angegeben wird; der Gläubiger kann also jeden Augenblick Rückzahlung fordern, und der Schuldner muß stets in Angst vor dem Gläubiger leben.

Welche Anstalten sollen dem Wucher steuern? Die Staatsbank gibt den Kleinkreditanstalten Darlehne und auch den Semstwos, die die Gelder an Bauern weiter verleihen sollen. Groß sind die Beträge hierfür bis jetzt nicht. Sonst sind nur die im Abschnitt Kleinkreditanstalten behandelten Institute anzuführen, nämlich Kommunalkassen, Spar- und Hilfskassen, Dorfbanken, Gemeindekassen in Polen, Vorschuß- und Hilfskassen des Gouvernements Mohilew und die Spar- und Leihgenossenschaften. Die letztgenannten Anstalten sind die wichtigsten. Große Erfolge hat das Kleinkreditwesen aber noch nicht zu verzeichnen.

Projekt eines Getreidetrusts. Ein Vorschlag, der Deutschland und England besonders interessiert, ging von dem Charkower Universitätsprofessor Migulin[2] aus. Er reichte der

[1] N. Karysschew, Die bäuerliche Pacht von Nichtgemeindeland. Jurew 1892 zit. bei E. v. Bergmann: Zur sozialen Bedeutung des bäuerlichen Kredits in Rußland. S. 206.

[2] Migulin: Eine russische Landwirtschaftsbank. Charkow 1902.

„Kommission für die Bedürfnisse der Landwirtschaft“ das Projekt einer Russischen Landwirtschaftsbank ein. Eine Bank mit 100 Millionen Rubel Aktienkapital, das die Staatskasse zur Hälfte übernehmen sollte, sollte die Pflege des Kleinkredits und des Meliorationskredits übernehmen und den An- und Verkauf, Lombard und Transport landwirtschaftlicher Produkte, sowie den Diskont von Wechseln von Landwirten ausführen. Depositen sollten für die kurzfristigen Geschäfte die Mittel liefern, Pfandbriefe, die durch Staatsgarantie bei niederem Zinsfuß gute Kurse erlangen sollten, für den Meliorationskredit. Für das Ausland wichtiger war die Absicht, die Bank mit den amerikanischen Getreideexporteuren zur gemeinsamen Beherrschung des Getreidemarktes in Verbindung treten zu lassen. Durch den Zusammenschluß der beiden wichtigsten Lieferanten glaubte Migulin, die Bank werde die Preise diktieren und nach Belieben in die Höhe treiben können, da England und Deutschland auf die russische Zufuhr angewiesen seien. Dieser Getreidetrust war gedacht als Mittel gegen die deutschen Zölle und gegen die Abwehrmaßregel der deutschen Importeure gegen die Unreellität im südrussischen Getreidehandel, von der in dem Abschnitt über das Lombardgeschäft gesprochen wurde. Bei dem großen Einfluß, den die Regierung auf das wirtschaftliche Leben in Rußland ausüben kann, würde wohl ein derartiges Projekt trotz des Widerstandes, den es unter den Exporteuren finden würde, und trotz der Schwierigkeiten durchführbar sein.

Die Kommission, welcher der Satzungsentwurf eingereicht wurde, verwertete ihn jedoch nicht. Der russisch-japanische Krieg schob das Projekt in den Hintergrund.

Achtzehntes Kapitel.

Der Hypotheken- und Faustpfandkredit.

Der langfristige Kredit der Gutsbesitzer. Für Rußland ist der Agrarkredit so wichtig wie vielleicht für kein anderes Land Europas. Nach der ersten Volkszählung im Jahre 1897 [1] gehörten von 125,64 Millionen Einwohnern 96,89 Millionen dem Bauernstand an; das sind 77,1 %; zieht man nur das europäische Rußland in Betracht, so bilden die Bauern 84,16 % der gesammten Bevölkerung. Da man die Kosaken (2,92 Millionen), die eingeborenen Stämme (8,29 Millionen) und die Kleinbürger, (13.38 Millionen) letztere zur Hälfte, den Bauern zurechnen kann, wie die Statistik empfiehlt [2], so macht dieser Stand 90 % der Bevölkerung aus. In der Landwirtschaft sind 16,84 Millionen selbständig Erwerbtätige, die 71,44 Millionen Familienangehörige haben. Nur 13,4 % der Bevölkerung wohnt in Städten.

Auch bei dem Außenhandel kommt dieses Überwiegen der landwirtschaftlichen Interessen zum Vorschein. Der Getreideexport Rußlands betrug 1905 569,1 Millionen Rubel, das ist mehr als die Hälfte der gesamten, 1077,3 Millionen Rubel bewerteten Ausfuhr.

Einzelnen großen Gutsbesitzern hatten früher die Zaren Geld vorgestreckt. Das Kreditbedürfnis der kleineren befriedigten die Klöster, die selbst einen erheblichen Landbesitz hatten; bei der Säkularisation unter Katharina II., die „zum Ruhme Gottes“ vorgenommen wurde, gehörten der Geistlichkeit 10½ % aller steuertragenden Seelen. Die erste Bodenkreditanstalt war die 1754 von der Kaiserin Elisabeth gegründete Adelsleihbank, die Güter und Dörfer belieh. Auch die 1772 geschaffenen Depositenkassen und die 1775 eingerichteten Kollegien der allgemeinen Fürsorge gewährten auf Güter Darlehen.

---

[1] Erste allgemeine Volkszählung im russischen Reich. 1897. Petersburg 1905.

[2] Ebenda. Bd. I. S. XIII.

An die Kollegien wendeten sich die Gutsbesitzer der Provinz, und für sie erlangten diese sehr große Bedeutung; die Staatsleihbank zählte unter ihren Schuldnern hauptsächlich die Würdenträger und Hofleute in Petersburg. Im Jahre 1786 ging die Adelsleihbank auf die Staatsleihbank über; da diese jedoch nur geringen Erfolg hatte, wurde 1797 die Staatshilfsbank für den Adel eröffnet, die nach 1½jähriger Tätigkeit wieder geschlossen und der 25jährigen Liquidationskasse zur Abwicklung der Geschäfte übertragen wurde. Nur die Hilfsbank hatte Pfandbriefe ausgegeben, die drei andern Bodenkreditanstalten hatten ihre Mittel für die Beleihungen aus Depositen, Mündelgeldern und aus Anleihen aus der Staatskommerzbank erhalten. Der Liberalismus der Bauernbefreiungsperiode wollte den staatlichen Hypothekenkredit beseitigen und diesen der Privatinitiative überlassen. Im Jahre 1859 wurden die Beleihungen eingestellt; die Rückzahlung der Depositen hatte sie unmöglich gemacht. Der Ukas gab als Grund Satzungsänderungen an; es sollte nicht mehr die Zahl der Seelen das Beleihungsmaß bilden, sondern der Schätzungswert des Gutes. Bei ihrer Schließung betrug die Schuld des Adels an sie 425½ Millionen Rubel, von denen 315 Millionen Rubel durch die Ablösungszahlungen, die einbehalten wurden, getilgt wurden. Außer diesen drei rein staatlichen Landbanken waren bis zur Bankreform nur die 3 Kreditkassen der baltischen Provinzen (1802 und 1830) und der Landschaftliche Kreditverein im Zartum Polen (1825), die auf dem Prinzip der Gegenseitigkeit beruhten, sowie die Alexander-Adelsbank in Nischni-Nowgorod (1841) und die Alexanderbank in Tula (1845) gegründet worden. Diese 6 Banken setzten auch nach der Reform ihre Tätigkeit fort.

Die Kommission, welche die Agrarkreditfrage beriet, empfahl private, auf Gegenseitigkeit beruhende Banken an Stelle der staatlichen; von den Aktienbanken fürchtete sie, daß diese auf der Jagd nach Geschäften und Gewinnen die Gutsbesitzer zu leichtsinnigem Schuldenmachen verleiten könnten. Erst 1864 wurde die Landschaftsbank für das Gouvernement Cherson gegründet und 1866 die Satzungen des Gegenseitigen Bodenkreditvereins bestätigt. Von 1859 bis 1866 waren also die kreditbedürftigen Gutsbesitzer auf privaten Kredit angewiesen, denn die 7 Bodenkreditanstalten (3 baltische, polnische Gegenseitigkeitsgesellschaften, die Tulaer und Nischni-Nowgoroder Alexanderbanken und die Chersoner Bank) hatten nur Bedeutung für ihren beschränkten Wirkungskreis. Auch der Gegenseitige Bodenkreditverein konnte sich nur allmählig ausdehnen, und erst die in den Jahren 1871 und 1872 emporschießenden Hypothekenbanken auf Aktien gaben reichlichere Kreditmöglichkeiten.

Welches war die Wirkung des Übergangs vom Staatsbankwesen zum Privatbankwesen auf dem Gebiete des Agrarkredits? Keineswegs eine günstige. Ein Jahrzehnt gab es überhaupt keine Agrarkreditbanken oder doch nur solche von lokaler Bedeutung. Sagt man einerseits, daß die Gutsbesitzer in den 60er Jahren ja die Ablösungszahlungen bekommen hätten, für sie Geld also nicht nötig gewesen sei, so muß man anderseits auch bedenken, daß durch Aufhebung der Leibeigenschaft und der Frondienste ihnen eine billige Arbeitskraft genommen war, auf die bis dahin die Wirtschaft eingerichtet war, und daß dadurch und durch die Verringerung des Landes häufig eine Änderung der Bewirtschaftung nötig war. Oft genug war auch das den Bauern zugeteilte Land ungeschickt ausgeschieden. Nur ein Beispiel: Wenn ein Gut einen großen Viehstand besitzt, und seine ganze Wirtschaftsweise darauf eingerichtet ist, so muß es diese ändern, wenn man ihm Wiesen wegnimmt, deren es für seinen Viehstand bedarf, wenn das Ackerland nicht für Kleebau geeignet ist. Übergang zu andern Wirtschaftsmethoden erfordert aber immer Kapital, und die Landwirte mußten ihren Kredit sehr teuer bezahlen, während sie vorher aus den Staatskreditanstalten sehr billig Darlehen erhalten hatten. Statt die veraltenden Banken den neuen Verhältnissen entsprechend zu gestalten, den billigen Staatskredit den Landwirten aber zu erhalten, trieb ein falsch angewendeter Liberalismus die Gutsbesitzer Wucherern in die Hände oder verteuerte ihnen wenigstens den Hypothekenkredit um das Doppelte. Selbst die Kredite der Aktienbanken kamen die Gutsbesitzer noch auf 10 bis 12 % zu stehen, da die Pfandbriefe nur zu niedrigen Kursen zu begeben waren.

Der Fehler wurde bald eingesehen, und die Regierung suchte das Agrarbankwesen mit allen möglichen Mitteln zu entwickeln. Normalsatzungen wurden aufgestellt, nach denen der Finanzminister die Gründung von Hypothekenbanken genehmigen konnte, so daß also kein Ukas mehr dazu nötig war; den Semstwos wurde die Errichtung von Banken erlaubt; das Ziel wurde voll und ganz erreicht, die Hypothekenbanken schossen überall aus der Erde, sodaß 1872 bereits die Regierung die überrasche Entwicklung hemmen mußte. Die entstandenen Banken machten sich untereinander scharfe Konkurrenz und drängten ihre Darlehen den Landwirten auf, die über ein Jahrzehnt nur schwer Kredit und nur zu hohen Sätzen gefunden hatten.

Der plötzliche Überfluß an Kredit hatte auch nachteilige Folgen. Die leichtsinnig aufgenommenen Schulden konnten schwer wieder abgetragen werden und führten zu einer argen Verschuldung des Grundbesitzes. In Südrußland wurden die Landwirte durch die Darlehen zu starkem Weizenbau veranlaßt, den die gehobenen Getreidepreise und die Ausfuhrerleichterung durch die neuen Eisenbahnen begünstigten. Bei der großen Abhängigkeit der Weizenkultur vom Klima mißlang in vielen Gegenden jedoch der Anbau und mußte wieder aufgegeben werden. Da die plötzliche Ausdehnung der Getreidefelder nur bei einer oberflächlichen Bodenkultur möglich war, so verunkrauteten die Felder sehr; es nahm die grüne Steppe ab und damit auch der Viehbestand, auf den die Landwirtschaft wegen der geringen Verbreitung des künstlichen Düngers angewiesen ist[1].

Die Darlehen der Aktienbanken kamen auf 10 bis 12 %, die Schuldner des Gegenseitigen Bodenkreditvereins hatten ebensoviel zu entrichten. Derartige Sätze mußten zu einer Überschuldung führen. Im Jahre 1885 kehrte man durch die Gründung der Reichs-Adelsagrarbank zum Staats-Hypothekenkredit zurück. „Zur Erhaltung des erblichen Adels auf seinen Gütern" wurde sie errichtet. Der Hypothekenkredit verbilligte sich wesentlich, da durch die Staatsgarantie die Kurse der Adelsbankpfandbriefe hochgehalten wurden, und die übrigen Banken ihre Darlehen verbilligen mußten, um mit der Adelsbank konkurrieren zu können. Eine große Menge Vergünstigungen wurden den adligen Schuldnern gewährt, und dennoch hat der Grundbesitz des Adels stark abgenommen. Nach der Grundbesitzstatistik des Zentralstatistischen Komitees[2] waren in den 50 Gouvernements des europäischen Rußland:

im Jahre 1877 = 114632 Besitzungen mit 73076789 Deßjatinen;
im Jahre 1905 = 107247 Besitzungen mit 53169008 Deßjatinen

im Besitz des erblichen Adels; innerhalb 28 Jahre hat dieser also um fast 20 Millionen Deßjatinen abgenommen. Es müssen in der Hauptsache große Besitzungen gewesen sein, die aus den Händen des Adels glitten, denn 1877 kam auf eine dieser Besitzungen durchschnittlich 637,5 Deßjatinen, 1905 nur 495,8 Deßjatinen.

In weitgehendem Maße hat der Staat die privaten Agrarkreditanstalten unterstützt. Die Konversion der Pfandbriefe wurde mit Hilfe der Staatsbank ausgeführt; den Banken wurde dadurch die Möglichkeit gegeben, ihren Schuldnern billige Darlehen zu gewähren. Es liegt ja auch im Interesse des Staates selbst, daß die Gutsbesitzer billige Kredite ge-

---

[1] Matthaei, Friedrich: Über die Bodenkreditanstalten und die Lage des Realkredits in Rußland. (Rußische Revue. Bd. 23. S. 483.)

[2] 1. Statistik des ländlichen Grundbesitzes 1905. 50 Gouvernements des europäischen Rußlands. Herausgegeben vom Zentral-Statistischen Komitee (Ministerium des Innern). Petersburg 1907.

nießen und nicht durch hohe Zinssätze in Überschuldung kommen. Den in Schwierigkeit geratenen Anstalten wurde die Staatshilfe in ausgiebigem Maße zuteil; der Gegenseitige Bodenkreditverein, die Zentralbank des russischen Bodenkredits, die Nischni-Nowgoroder Alexander-Adelsbank und die Tulaer Alexanderbank, die Saratow-Simbirsker und die Charkower Agrarbank wurden vom Staate unterstützt oder mit Staatshilfe liquidiert. Krachs hätten das Vertrauen zu den Pfandbriefen erschüttert, dadurch diese im Kurs gedrückt und den Darlehnnehmern die Hypotheken verteuert. Deshalb war es durchaus richtig, daß der Staat einsprang und dann auch um weiteren Mißständen vorzubeugen, die Aufsicht verschärfte.

Welchen Anteil haben nun die einzelnen Banken an der Darlehnsgewährung? Die gesamte Verschuldung des privaten ländlichen Grundbesitzes belief sich im Jahre 1904 auf 2079,57 Millionen Rubel, es hafteten hierfür 59,43 Millionen Deßjatinen = 49 % des ganzen privaten ländlichen Grundbesitzes[1].

Es belief sich die Kapitalschuld der auf ländliche Grundstücke am 1. Januar 1905 ausgeliehenen Darlehen (in 1000 Rubel) bei[2]:

Reichs-Adelsagrarbank Sonderabteilung }	784 725	Rubel
Bauernagrarbank	420 554	"
10 Aktienbanken	594 575	"
Chersoner Landschaftsbank	155 419	"
Tifliser und Kutaïsker Adelsbanken .	6 724	"
Alexander Adelsbank in Nisch-Nowgorod	—	"
Landschaftlicher Kreditverein im Zartum Polen	138 745	"
3 baltische Bodenkreditanstalten . .	68 774	"
84 (von 264) Stadtgemeindebanken .	1 945	"
zusammen	2 171 461	Rubel

Den stärksten Anteil an den Beleihungen hat also die Reichsadelsbank und die Bauernbank, einen hervorragenden Anteil nehmen auch die Chersoner Bank und der polnische Bodenkreditverein in der Beleihung von Land ein, wie ihn

[1] Nach den Angaben des Komitees der Vertreter der russischen Bodenkreditanstalten. Jahrbuch des Finanzministeriums 1906/7. S. 282.

[2] Wegen der Alexander Adelsbank in Nischni-Nowgorod und der 3 baltischen Bodenkreditanstalten (vergl. die Anmerkung auf S. 143). Die Angaben für den Landschaftlichen Kreditverein im Zartum Polen beziehen sich auf den 1. Mai 1904.

die Aktienbanken nicht erreichen. Eine untergeordnete Rolle spielen die 3 Adelsbanken, die 3 baltischen Bodenkreditanstalten und die Stadtgemeindebanken.

Langfristiger Kredit für die Bauern. Eine besondere Rolle spielt die Bauernbank; sie soll die Fehler der Bauernbefreiung wieder gut machen und dem Landmangel der Bauern abhelfen. Seit ihrer Gründung bis zum 1. Januar 1906 hat die Bank den Ankauf von 8,27 Millionen Deßjatinen Land an die Bauern vermittelt. Von 1877 bis 1905 ist in den 50 Gouvernements des europäischen Rußlands nach der zitierten Statistik des Zentralkomitees der Privatbesitz der Bauern von 5,78 Millionen Deßjatinen auf 13,21 Deßjatinen gestiegen.

Es waren überhaupt im Privatbesitz:

	1877: Deßjatinen	1905: Deßjatinen
Von Bauern	5 787 570	13 214 025
„ Bauerngemeinden . .	764 595	3 729 352
„ Bauerngenossenschaften	—	7 654 006
zusammen	6 552 165	24 597 383

Innerhalb 28 Jahren hat sich also der Privatbesitz der Bauern und Bauernvereinigungen um 18 Millionen Deßjatinen vermehrt.

Durch Pachtung haben die Bauern ebenfalls bedeutende Landstrecken in Bewirtschaftung genommen. Dennoch klagen sie nach wie vor über Landmangel, keiner Mißernte sind die Wirtschaften gewachsen, und die Hungersnöte sind in einzelnen Teilen des Reiches schon chronisch geworden.

Die erste und die zweite Duma scheiterten an der Agrarfrage; zwangsweise Enteignung des Privatbesitzes und Aufteilung desselben an die Bauern forderte die Opposition; die Radikalen wollten die Enteignung z. T. ohne Entschädigung. Man denke sich die Folgen für den Agrarkredit bei einer hypothekarischen Verschuldung der Landwirtschaft von über 2 Milliarden Rubel. Und dann die weitere Demoralisierung der Bauern, wenn sie kostenlos Landzuweisungen erhielten! Jeglicher Antrieb, die Wirtschaftsmethode zu verbessern, würde da fehlen, und in wenigen Jahren würde das Land wiederum nicht reichen, und der Bauer neues fordern. Der unselige Einfluß des Mir, der einen Eigentumsbegriff und die Achtung vor dem Eigentum nicht hat aufkommen lassen, würde durch kostenlose Landzuteilungen fortgesetzt werden.

Stolipins und Fürst Wassiltschikows Agrarreform hatte außer der Befreiung der Bauern von dem Druck des Mir und der Beseitigung der Beschränkung der Freizügigkeit, wie Paßzwang usw., den Bauern erhebliche Ländereien, die dem Staate und dem Zaren gehörten, zur Besiedlung angewiesen und für Kolonisation im Etat für 1907 = 11 Millionen Rubel ausgeworfen. Der Bauernbesitz hat also in letzter Zeit gewaltig zugenommen und vergrößert sich mit dem Fortschreiten der Arbeiten der Landaufteilungskommission ständig. Kann nun aber die Landzuteilung ein endgültiges Mittel zur Hebung der Landnot der Bauern sein?

Bei der Bauernbefreiung betrug das Durchschnittslos eines Bauern ca. 4 Deßjatinen; heute ist es auf wenig mehr als eine Deßjatine herabgesunken. Mögen sie jetzt noch so viel Land bekommen, einmal müssen die Zuteilungen aus Mangel an weiterm verfügbaren Land ein Ende haben, und dann tritt die alte Landnot wieder ein. Rußland hat trotz der hohen Kindersterblichkeit eine starke Bevölkerungszunahme und zwar hauptsächlich auf dem Lande. Die Städte wachsen nur in den westlichen Provinzen, in den Industriezentren rasch, und auch dort nimmt die Landbevölkerung noch stärker zu als die städtische. Nach der Bevölkerungsstatistik [1] wuchs in den letzten 15 Jahren (1890—1905) in Polen die ländliche Bevölkerung um 2,11 Millionen Seelen, die städtische nur um 0,92 Millionen. Es läßt sich beinahe mathematisch berechnen, wann das verfügbare Land zu Ende sein wird. Denn der Bauer wird, sich selbst überlassen, seine alten Geräte, seine rückständige Wirtschaftsweise beibehalten und so das neue Land aussaugen und ruinieren; die nicht gedüngten und schlecht bearbeiteten Felder werden Mißernten geben, und der Jammerruf: „Mehr Land" wird wieder von allen Seiten ertönen; der Bauer, nie an Selbsthilfe gewöhnt, wird nach Staatshilfe schreien, wie er es bis jetzt stets getan hat. Die Landzuteilungen können ebenso wenig eine Proletarisierung verhindern, wie es der Mir getan hat. Auf die Selbsthilfe ist noch wenig zu rechnen; „weil keiner lesen und schreiben kann" ging die Hälfte der Spar- und Leihgenossenschaften wieder ein. Suchten aber die Agronomen der Semstwos durch Vorträge die Bauern zu belehren, gleich waren sie „verdächtig", und die Polizei unterband bald ihre Tätigkeit. Die Schulen, die z. T. in uneigennützigster Absicht, z. T. aber auch um sozialistische Propaganda zu treiben, von Privaten aus eigenen Mitteln errichtet werden, werden bald von den Regierungsorganen lahm gelegt und begegnen deren heftigster Opposition. Ohne Hebung der Bildung, ohne Verbesserung der Wirtschaftsmethoden wird das alte Elend bald wieder hereinbrechen.

Noch eine andere Seite hat der Übergang von Gutsland in Bauernhände. Mag die Wirtschaft der Güter auch noch sehr viel zu wünschen übrig lassen, sie ist doch unvergleich-

[1] Arbeiten des Warschauer Statistischen Komitees. Bd. 22.

lich viel besser als die Bauernwirtschaft. Auch in den Gegenden, in denen Teilpacht besteht, in denen also die Bauern einen Teil des Gutslandes bestellen und dafür einen anderen Teil für sich bearbeiten, bilden die Gutswirtschaften für die Bauern Musterbetriebe. Werden sie aufgeteilt, so fällt die Anregung weg, die die Güter jetzt den Bauern bieten. Es geht aber damit noch viel mehr verloren: hochgezüchtete Heerden, zu hoher Kultur gebrachte Böden, alte Herrensitze [1]. Während z. B. in Mitteldeutschland die Bauern durchschnittlich mehr Getreide pro Morgen ernten als die Güter, ist das in Rußland gerade umgekehrt; dort produzieren die Güter das meiste Getreide, das zur Ausfuhr kommt. Ihr Verschwinden muß die Ausfuhr der landwirtschaftlichen Produkte, die den überwiegenden Teil der Ausfuhr bilden, zurückgehen lassen und damit die Handelsbilanz zu Rußlands Ungunsten beeinflussen.

Die Bauernbank hat, und damit kehren wir zum Ausgangspunkt zurück, ihre Aufgabe, den Erwerb von Land durch Bauern zu vermitteln, seit ihrer Reorganisation erfüllt. Es wird ihr nachgesagt, sie habe die Preise für das Land in die Höhe getrieben, sie unterstütze eigentlich den Adel, dem sie die Güter zu hohen Preisen abnehme. Allein auf die Tätigkeit der Bauernbank kann — wenn überhaupt — die Preissteigerung des Bodens natürlich nicht zurückgeführt werden; ohne die Aufsicht der Bank, die ihr 1896 vorgeschrieben wurde, wären die Bauern wahrscheinlich beim Ankauf viel häufiger übervorteilt worden. Jedenfalls ist dadurch, daß die Bank den staatlichen Kredit den Bauern zugänglich machte, einer so schamlosen Ausbeutung der Landbevölkerung vorgebeugt worden, wie sie in Galizien besonders durch die Rustikalbank geschah [2]. Hätte der Staat dieses Kreditbedürfnis nicht befriedigt, so wäre es schließlich von Privaten gedeckt worden, aber sicher nicht so billig.

---

[1] Während der Bauernunruhen sind genügend derartige Fälle auch im Westen bekannt geworden; hier sei nur ein Beispiel angeführt. Ein Herrenhof im Gouvernement Rjäsan, der aus der Familie der Naryischkin stammt, und auf dem Peter des Großen Mutter geboren wurde, war in kurzer Zeit verwüstet. Die Bauern rissen die Steine aus dem Herrenhaus, Teiche und Wasseranlagen versumpften, der Park wurde an einen Waldschlächter verschleudert. Ein Achtel des Erlöses soll nach einem Gemeindebeschluß zu Gemeindefesten verwendet, d. h. in Schnaps vertrunken werden. — Um der sinnlosen Zerstörung etwas vorzubeugen, bestimmte die Regierung, daß die Gebäude, die sich für Wohlfahrtsanstalten, z. B. Krankenhäuser usw. eignen, den Bauern nicht übergeben werden sollen. Aber vielfach zerstören die Bauern die Gebäude vorher, ehe die Kommission über die Verwendbarkeit der Gebäude entscheiden kann, um die Einrichtung derartiger Anstalten zu verhindern, weil sie fürchten, es könnten die Steuern wachsen.

[2] Caro: Der Wucher, Leipzig 1893.

Die Reform Stolipins hilft der dringendsten Not ab und schafft erst einmal Luft; ihr muß eine Hebung des Bildungsniveau, eine Hebung der Wirtschaftsmethode und ein Ausbau des Kleinkreditwesens auf der Grundlage der Selbsthilfe folgen, sonst wird der Ruf „Land und Freiheit“ kaum verstummen.

Der Meliorationskredit[1] ist in Rußland gänzlich unentwickelt. Ein Versuch wurde durch das Gesetz vom 6. Mai 1896[2] gemacht, durch das die Abteilung für Landwirtschaft und Landwirtschafts-Statistik mit der Verabreichung von Darlehen zu Meliorationszwecken durch Vermittlung der Semstwos beauftragt wurde. Durch Gesetz vom 29. Mai 1900[3] wurden die Gouvernementskomitees zur Vermittlung herangezogen. Im Jahre 1902 wurden 50 000 Rubel zu Darlehen an Molkerei-Genossenschaften in Westsibirien[4] bestimmt. Der Meliorationsfonds betrug am 1. Januar 1906 3,31 Millionen Rubel; es waren bis zum 1. September 1906 im ganzen 1310 Darlehen in Höhe von 2,75 Millionen Rubel gegeben. Von diesen Vorschüssen waren 226 zur Förderung landwirtschaftlicher Bauten, 174 zur Förderung von Obstgärten, 173 für Bewässerungs- und 172 für Entwässerungsanlagen, 125 zur Erwerbung von Zuchtvieh bestimmt. Die Darlehen nahmen bis zum Jahre 1903, in dem $^{3}/_{4}$ Millionen Rubel gewährt wurden, zu und gingen dann infolge des Krieges zurück. Bis jetzt hat der Meliorationskredit nur einen sehr geringen Umfang angenommen.

Der städtische Hypothekenkredit. Vor der Bankreform gaben dieselben staatlichen Anstalten langfristigen Kredit auf städtischen Besitz, die ihn auf ländlichen Besitz gewährten; es waren dies die Adelsleihbank, die später auf die Staatsleihbank überging, die Depositenkassen und die Kollegien der allgemeinen Fürsorge. Mit der Schließung dieser Anstalten im Jahre 1859 war der städtische Grundbesitz ebenso wie der ländliche auf den Privatkredit angewiesen. Einige Stadtgemeindebanken, die auf Häuser Geld ausliehen, bestanden zwar bereits, doch waren sie noch sehr wenig entwickelt; erst in den letzten zehn Jahren ist ihre Bedeutung

[1] Zehn Jahre Meliorationskredit, Finanzbote 1906. Nr. 37.

[2] V. S. d. G. III, Nr. 12892.

[3] V. S. d. G. III, Nr. 18695.

[4] Die Molkereiwirtschaft wird in Westsibirien durch die ausgedehnten Weideflächen sehr begünstigt; seit der Erbauung der sibirischen Bahn hat sie sich rasch entwickelt. Nach Auhagen (Die Zukunft der russischen Landwirtschaft. Zeitschrift für Sozialwissenschaft. X. Jahrgang. Heft 11, S. 660) besitzt jetzt fast jedes größere Dorf in erreichbarer Nähe der Bahn bis in das Altaigebirge eine modern eingerichtete Sammelmolkerei oder Entrahmungsstelle. Die Butterausfuhr Sibiriens betrug 1906 ca. 1 Million Zentner.

für den städtischen Hypothekenkredit gestiegen. Hauptsächlich befriedigen diesen Kredit die Städtischen Kreditgesellschaften und die Aktienhypothekenbanken. Die ersteren sind vorwiegend in den Städten Polens und der baltischen Provinzen zu finden, auf die die Aktienbanken ihre Tätigkeit nicht ausdehnen.

Es hatten am 1. Januar 1905 (in 1000 Rubel):

29 Städtische Kreditgesellschaften . .	mit	793 904
10 Aktienhypothekenbanken	„	415 362
231 (von 264) Stadtbanken	„	42 262
Tifliser und Kutaisker Adelsbank . .	„	39 765
alle Banken zusammen	mit	1 291 293

städtischen Besitz beliehen.

Pfandgeschäft. Bei dem Mangel an Fürsorge und Sparsinn und bei der Leichtlebigkeit der Russen haben die Leihhäuser eine größere Bedeutung und können sehr viel Gutes bewirken. Es zählen in Rußland zu den regelmäßigen Kunden der Leihhäuser Leute, die in Deutschland dort kaum zu finden sind. Dennoch sind außer in den beiden Hauptstädten die Leihhäuser nur mit sehr geringen Kapitalien versehen. Es bestanden außer den beiden staatlichen Leihkassen 12 Leihhäuser auf Aktien und 78 städtische Leihhäuser.

Am 1. Januar 1905 hatten

2 staatliche Leihkassen in Moskau und Petersburg	13 196 285	Rubel
8 Leihhäuser auf Aktien in Moskau und Petersburg	14 450 878	„
2 städtische Leihhäuser in Moskau und Petersburg	3 166 750	„
in den Hauptstädten	30 813 913	Rubel
4 Leihhäuser auf Aktien in der Provinz	5 313 280	Rubel
76 städtische Leihhäuser „ „ „	4 861 281	„
in der Provinz	10 174 561	Rubel
in Hauptstädten und Provinzen zusammen also	**40 988 474**	Rubel

ausgeliehen. Die Hauptstädte sind also bei weitem besser mit Leihhäusern versorgt als die Provinzstädte.

Schluß.

Wenn wir zum Schluß die Fülle der Organisationsformen der Kreditvermittelung überblicken, so sehen wir, daß das gesamte Bankwesen in Rußland noch in der Entwickelung begriffen ist, und zwar nach dem deutschen Muster der Arbeitsvereinigung, während das Englands, das seinen Abschluß fast erreicht hat, die weitgehendste Arbeitsteilung aufweist. Nach der Bankreform im Jahre 1860 beginnend, hat sich das moderne Bankwesen in Perioden entwickelt, die durch Krisen und Regierungsmaßregeln begrenzt sind.

Bei den staatlichen sowohl wie bei den kommunalen und selbst bei den privaten Kreditinstituten muß der große Einfluß des Staates auffallen. Besonders tritt er auf dem Gebiete des Agrarkredits hervor, der eine sehr viel größere Bedeutung für Rußland hat als für die westeuropäischen Staaten. Durch die Ausnützung des Staatskredits für die Pfandbriefe und die dadurch ermöglichte Heranziehung des ausländischen Kapitalmarktes ist der Hypothekenzinsfuß wesentlich erniedrigt worden. Der staatliche Betrieb und die Kontrolle lassen sich bei diesen einfachen Geschäften verhältnismäßig leicht durchführen und werden sich wohl auch ferner bewähren, wenn das System nicht wie s. Z. unter Wyschnegradski benutzt wird, einem einzelnen Stande außergewöhnliche Vergünstigungen zu gewähren. Die Bauernbank hat das erreicht, was sie konnte: sie hat den Bauern zu einer beträchtlichen Menge Land verholfen. Sie allein kann aber die Not des Bauernstandes nicht beseitigen; dazu gehört Verbreitung von Bildung, und daran fehlt es noch fast überall. Auch der Kleinkredit, der nicht nur für die Bauern, sondern auch für die Handwerker der Städte in Betracht kommt, liegt trotz vielfacher Versuche noch vollkommen im Argen, hauptsächlich aus Mangel an Bildung. „Weil keiner lesen und schreiben kann", gehen die Spar- und Leihgenossenschaften ein; und dabei neigen die Russen zu genossenschaftlicher Arbeit, wie die Artele beweisen.

Was den Handelskredit betrifft, so wird vielfach darüber geklagt, daß die Zinssätze zu hoch seien; sie sind in der Tat durchschnittlich höher als im Westen. Die Höhe der Zinssätze hängt davon ab, in welchem Grade die Geldwirtschaft durchgeführt und Kapitalansammlungen stattgefunden haben, in welchem Maße also Angebot und Nachfrage von Kredit stehen. Sie hängen ferner von der Höhe des Risikos ab, das der Geldgeber läuft; es kommt darauf an, ob eine hohe kaufmännische Moralität vorhanden, ob eine feste Regierung eine gute und rasche Justiz ausübt. Diese Voraussetzungen für niedere Leihsätze treffen für Rußland nur in beschränktem Maße zu. Der Kapitalreichtum ist noch gering, die Erschließung der Bodenschätze, Handel, Industrie und Landwirtschaft stellen so große Anforderungen an den Kapitalmarkt, daß das Ausland herangezogen werden muß. Die Nachfrage nach Kredit ist also groß, das Angebot gering. Sieht man auch von den jetzigen anomalen Zuständen ab, wo Geldsendungen von einem Haus zum anderen Bedeckung von Bewaffneten bedürfen, wo die Güter sich selbst wieder Tscherkessen als Leibwachen halten müssen, weil der Schutz des Staates nicht ausreicht, so steht doch die Sicherheit, Billigkeit und Schnelligkeit der Justiz in Rußland der der westlichen Staaten weit nach. Auch läßt sich die kaufmännische Moralität, besonders je weiter man nach dem Osten des Reiches kommt, nicht immer mit der des deutschen oder englischen Kaufmanns vergleichen. Bei der Höhe der Zinssätze ist aber zu berücksichtigen, daß auch die Gewinne, die gemacht werden, in Rußland im Durchschnitt höher sind als im Westen.

Wenn aber auch ein Teil der Intelligenz wirtschaftlichen Aufgaben ein geringes Verständnis entgegenbringt und den Handels- und Industriestand noch etwas als Schmarotzertum ansieht, so ist doch zu erwarten, daß eine Hebung des Bildungsniveaus und eine Verbesserung und Verbilligung des Rechtsschutzes eine Verbilligung und Verbreitung des Kredites und eine Gesundung der Geschäftsprinzipien mit sich bringt.

Altenburg
Pierersche Hofbuchdruckerei
Stephan Geibel & Co.